明治維新という大業

――〝大東亜四百年戦争〟のなかで

松浦光修

何《いずくん》ぞ富国《ふこく》に止《とど》まらん。
何《いずくん》ぞ強兵《きょうへい》に止《とど》まらん。
大義《たいぎ》を四海《しかい》に
布《し》かんのみ。

横井小楠《よこいしょうなん》（慶応二年）

はじめに

アーティストでエッセイストのデュラン・れい子さんが、かつてベストセラーになった『一度も植民地になったことがない日本』のなかで、こういうことを書いています。

れい子さんがアムステルダムの画廊で版画の個展を開くことになった時のこと……、前日になってもその準備が整いません。あわてて作業をしていたのですが、画廊が閉まる時間になり、掃除の中年女性がモップとバケツをもってあらわれます。

「ごめんなさい。私、もう少しつづきをやりたいんですけど……」

中年女性は、快くうなずいて、先に掃除をすませます。その人は、南米から来たのだといいます。ようやく個展の準備も終わり、大きな荷物をかかえて外に出ると、その姿を見た先の中年女性が気の毒がって、自分の車で送ってくれる、ということになりました。

古い小さな車の運転席から、彼女は、れい子さんに、こう聞きます。

「私は日本について、何も知りません。日本のマスターズ・カントリーは、どこなんですか？」

「マスターズ・カントリー」とは、「ご主人さまの国」……つまり「宗主国《そうしゅこく》」という意味です。中年女性は、れい子さんが有色人種であるのを見て、有色人種ならば必ず、過去に自分の国が、どこかの白人の国の植民地にされていたはず……と思って、それで、日本はどこの国の植民地にされていたのか……と、聞いてきたのです。

れい子さんが、「日本は一度も、植民地になったことはないんですよ」と答えると、彼女は、〝信じられない〟という顔をして、バックミラーごしに、まじまじと……れい子さんの顔を見つめた……といいます。

なるほど、わが国は建国以来、一度も外国の植民地になったことはありません。ふつうの日本人は、ふだんそれを〝あたりまえのこと〟と思って暮らしていますが、世界の有色人種の人々から見れば、それは〝信じられないこと〟なのです。

なぜ日本は建国以来、一度も国家の自由と独立を失わずに存続し、今も世界一、豊かで安全な国として、存在しつづけているのでしょう？　その大きな謎は、歴史をたどることで、解いていくしかありません。

けれども、これまでの歴史の本で、そのような問いに、ちゃんと答えてくれるものは、ほとんどなかったように思います。私も歴史学者の端くれですが、日本の歴史学者の多くは、〝自分たちプロは、細かい史料研究が仕事で、巨視的な歴史叙述などは、評論家に任せておけばよい〟などと、たぶん心のどこかで、思っているような気がします。

しかしそれでは、日本の歴史学者として、ある意味、もっとも大切な問いから、目をそらしていることになりはしないでしょうか。少なくとも私は、〝なぜ日本は、一度も植民地にならなかったのか？〟という問いに対して、あくまでも自分なりにではあっても、それなりの答えを出したい、と思っています。

もちろん、その問いに答えようとすれば、まずは「明治維新とは何か？」という問いに、直面するでしょう。そして、「明治維新とは何か？」という問いに答えようとすれば、おのずから、十六世紀以後の世界史の流れをどう見るか……という問いにも、直面せざるをえなくなるはずです。

そこで、いろいろと私なりに考えたあげく、私は、本書で〝大東亜《だいとうあ》四百年戦争〟という歴史の見方を提示することにしました。かつて林房雄という作家が「大東亜百年戦争」という歴史の見方を提示しましたが、私はその時間軸を、一挙に三百年延ばして、戦国時代のスペイン人・ポルトガル人の侵入から、昭和の大東亜戦争までを〝一つの戦いの歴史〟として見てみよう、と思ったのです。

本書では、第一章で、近ごろ目につくようになった〝明治維新否定（＝反薩長）史観〟の問題点についてお話しします。第二章では、豊臣秀吉の白人諸国との〝戦い〟について、お話しするつもりです。

第三章では、明治維新を導いた「尊皇攘夷《そんのうじょうい》」という考え方についてお話しし、第四章と第五章では、明治維新の理念を集約している「五箇条の御誓文」について、お話します。「終章」では、近代日本の歴史の流れを〝点描《てんびょう》〟するつもりです。

いろいろな方向に話が拡散し、雑駁《ざっぱく》なお話になるかもしれませんが、それも〝なぜ日本は、一度も植民地にならなかったのか？〟という問いに対する、私なりの答えを、ご理解いただくためですので、どうかご容赦ください。お読みいただき、〝そういう歴史の見方もあるのか〟と、参考にしていただければ、著者の幸い、それにすぎるものはありません。

なお、本書で引用している日本側の史料で、昭和二十一年以前の、原文が難解なものは、私なりの現代語訳で引用しています。それらのうち、できれば原文も、あわせてお読みいただきたい、と思ったものは、現代語訳のあとに〈原文〉として付けているものもあります。適宜、ご参照ください。また、〔注…〕は、私が付したものです。

平成三十年九月九日

松浦　光修《みつのぶ》

明治維新という大業――〝大東亜四百年戦争〟のなかで【目次】

第二章　豊臣秀吉と〝大東亜四百年戦争〟

第三章　「尊皇」とは何か？　「攘夷」とは何か？

第四章　「五箇条の御誓文」への道

第一章　「維新の大業」を、消そうとしているのは誰か？

「西南の役」の激戦地「田原坂」の現在の風景
（熊本市文化振興課提供）

第一節　「明治維新否定（＝反薩長）史観」の正体

「維新の大業」という言葉

昭和六十二年（一九八七）、「日本テレビ」で「田原坂《たばるざか》」という、西郷隆盛を主人公にしたドラマが放送されました（主演、里見浩太朗）。もう三十年以上も昔の作品ですが、今時の時代劇とはちがって、脚本も役者も、じつに立派なものでした（今もＤＶＤで見ることができます）。

そのドラマは、熊本県の民謡「田原坂」の悲しげな歌の一節「右手《めて》に血刀《ちがたな》、左手《ゆんで》に手綱《たづな》、馬上ゆたかな美少年」が流れるなか、こういうナレーションからはじまります。「維新の大業を成し遂げた男たちの前に、もう一つの越さねばならぬ坂があった。その名を……」。

と……その瞬間、「田原坂」というタイトルが大写しになる、という演出です。「維新の大業」という言葉が、そのころまでは〝あたりまえの言葉〟として、地上波のテレビで流れていたことに、私は隔世《かくせい》の感を覚えます。

近ごろ大きな書店に行き、日本史のコーナーの前に立ったところ、明治維新を誹謗《ひぼう》し、薩摩藩・長州藩を中傷《ちゅうしょう》し、志士たちを罵倒《ばとう》した本が、ずらりと並んでいました。それらの本によれば、吉田松陰も西郷隆盛も、幕末の志士たちは、みな「テロリスト」なのだそうです。

しかし、幕末の志士たちは、自己の政治目的のため、何の関係もない一般の人々を無差別、かつ大量に殺傷したりしてはいません。「テロ」の定義はさまざまでしょうが、ふつうは、そういう行為を「テロ」というのではないでしょうか。

それに……、現代の「独裁国家」のなかには、みずからの民族の歴史と伝統をふまえ、正当な自治権を要求している地域の人々を、「テロリスト」と呼んで弾圧している国もあります（たとえば、民族の自由と独立と、生命と人権の尊重を求めて行動しているチベット、ウイグルの人々を、安易に「テロリスト」と呼んではいけないはずです）。ですから、「テロリスト」という言葉を安易に使っていると、もしかしたら知らないうちに、一党独裁国家の人権弾圧に加担してしまうことにも、なりかねません。

幕末の志士たちを、のきなみ「テロリスト」と呼ぶ人々は、そのような全体主義国家の政権と同じく、悪質な「フェイク・ヒストリー」（ウソ歴史）を拡散している、ともいえます。そのような人々は、たぶんイスラム過激派の「自爆テロ」と、大東亜戦争時の特攻隊の区別もつかない（つけられない）人々なのでしょう。

どうも平成二十七年あたりから、幕末の志士を「テロリスト」あつかいする本が、大量に出版され、大規模に広告されはじめた気がします。ネット上で「明治天皇は、長州で別人にスリかえられた」などという珍説《ちんせつ》が拡散されはじめたのも、そのころのような気がします。

ちなみに、そのような珍説のルーツは、たぶん太田龍《おおたりゅう》氏の『長州の天皇征伐』という本です。この人は、平成二十一年に七十八歳で没した「元・日本革命的共産主義者同盟《きょうさんしゅぎしゃどうめい》」の「委員長」ですが、平成十九年には、『地球の支配者は爬虫類《はちゅうるい》的異星人である』という珍本を出されていますので、晩年は、いわゆる「トンデモ本」の世界にいかれた方……とお見受けします。

笑って放置していても、いいのかもしれません。しかし、そういう人々が撒き散らした珍説でも、世の中には、それを本気で信じる人々が、必ず一定数はいるものです。現に私は、山口県の、ある神社の宮司さんから、〝明治天皇スリかえ説〟という根も葉もない珍説の舞台にされてしまい、それを信じて、その地域を訪れる人が増えて当惑している、とお聞きしたことがあります。地元の人々にとっては、たいへんな〝風評被害〟です。

「オウム真理教」を思い出します。はじめのころ「オウム真理教」は「珍宗教」として、笑って放置されていました。しかしそれが、いつのまにか凶悪な犯罪集団に化し、罪のない多くの人々が殺傷されたのです。ですから明治維新にかかわる、そのような珍説も、あらかじめ用心をしておくに、こしたことはありません。

二つの「フェイク・ヒストリー」

それにしても、なぜ平成二十七年ごろから、そのような「フェイク・ヒストリー」が、世間に拡散されはじめたのでしょう？　これは、あくまでも私の推測にすぎないのですが、そのような現象の背後には、たぶん、こういう事情もあるのではないでしょうか。

「南京大虐殺」と「従軍慰安婦の強制連行」が「フェイク・ヒストリー」であることは、すでに多くの方が、ご存じのところか、と思います。戦後のメディアの歴史において、その二つほど、戦前の日本軍の名誉と日本民族の名誉を、徹底的に貶めた「フェイク・ヒストリー」は他にありません。それらは、今も世界に拡散され、海外に住む日本人たちにも、多大の被害を与えつづけています。よく知られているのは、それが原因で、海外の学校で学んでいる日本人の子供たちがイジメにあっている、という事例です。

ところが平成二十六年、それらの「フェイク・ヒストリー」の〝発信源〟である『朝日新聞』

は、「従軍慰安婦の強制連行」の根拠としてきた証言は、すべて虚偽であった、と認めました。なんと三十二年もの長きにわたって、そのような「フェイク・ヒストリー」を、世界中に広めつづけてきた新聞社が、あくまでも〝いちおう〟ではありますが、それが〝まちがい〟であった、と認めたわけです。（しかし、『朝日新聞』は、そのことに関する自社の訂正記事を、ネット上では検索できないようにする「メタタグ」を仕込んでいたことが、平成三十年八月に発覚しています。きわめて悪質な隠蔽工作で、『朝日新聞』は、もはや報道機関として〝終わっている〟といっていいでしょう。）

戦後の日本国民は、そのような反日思想に染まったオールド・メディア（新聞、テレビ、週刊誌など）と、これも反日思想に染まった教師たちの教育により、ずっとマインド・コントロールされてきました（拙著『いいかげんにしろ日教組』参照）。身近によほど見識のある人がいるか……、あるいは、よほどの読書家でもないかぎり、ほとんどの国民は、そのマインド・コントロールから逃れるすべは、ほぼなかったといっていいでしょう。

なにしろ、これまで、ふつうの国民には、他に情報を得る手段もなければ、他に教育を受ける手段も、ほとんどなかったのです。ですから、ほとんどの国民が、そのようなマインド・コントロールのもとで、誤った歴史認識を刷り込まれてしまったのも、ある意味、しかたがないことでしょう。たとえていえば、目隠しをされ、耳栓をされ、口にガムテープを張られて、一方的に罵られてきたようなものです。抗《こう》するすべは、ほぼありません。

崩れゆく「オールド・メディア」

しかし、今はネットやSNSなどが、その「閉ざされた言語空間」に、少しずつ風穴を開けつつあります。とくに今の若者たちにとって、情報を得るための主な媒体は、それらの「ニュー・メディア」です。

その普及は、はじめは強固な要塞に開いた小さな一穴《いっけつ》にすぎなかったでしょうが、今や多くの人々が、ゆっくりとではありますが、しかし確実に、歴史の真実に目覚めつつあります。そして、ふと……気がつくと、反日メディアや反日教師たちが、いくら「従軍慰安婦が！」「南京大虐殺が！」などと叫んでも、もはや多くの国民は、眉にツバをして聞くようになったのです。

「ああ、またアレか……」という時代になりはじめています。もっとも今は、そのような時代の流れに逆らうかのように、反日勢力によるネット工作も、かなり盛んになってきていますので、その点は、用心しておかなくてはなりません。

彼らの気に入らない動画サイトが、すぐに閉鎖されることもあります。「差別」「レイシズム」「ヘイト」などという看板をふりかざした言論封殺が、彼らの得意ワザです。

もちろん、いまだに〝オールド・メディアだけが情報源〟という中高年は、少なくありません。したがって、今は「年齢差」が「情報格差」と連動しはじめています。たとえば、平成三十年二月の沖縄県名護《なご》市の市長選挙でも、同年六月の新潟県の県知事選挙でも、十歳代から五十歳代までの政治意識と、六十歳代以上の政治意識が、真逆になっているという調査結果が出ていました。たぶん今の日本の〝世代間の情報の断層〟は、そのあたりにあるのでしょう。

さて……、こうしてオールド・メディアや反日教師たちが全世界に拡散してきた「フェイク・ヒストリー」が、つぎつぎと「フェイク・ヒストリー」であると（少なくとも国内では）露見しつつあります。「フェイク・ヒストリー」にもとづいて、日本国民をマインド・コントロールしてきた国内・国外の「反日勢力」は今、かなり困っているようです。

そこで、彼らは「新たなフェイク・ヒストリー」を、大急ぎで、いくつも捏造しはじめているのではないでしょうか。「新たなフェイク・ヒストリー」も、「朝鮮人の強制労働」など、いろいろとありますが、その一つが、「維新否定（＝反薩長）史観」ではないか……、と私は思っています。

〝反日の人々〟は、それにさまざまな「効果」を期待しているはずです。一つは、〝日本を貶《おとし》める〟という「直接的な効果」です。

もう一つは、時の政権を攻撃できる、という「間接的な効果」です。なぜ「維新否定（＝反薩長）史観」によって、時の政権を攻撃できるのか……というと、本書を書いている時点（平成三十年九月）で、総理として政権を担っているのは、安倍晋三さんだからです。

安倍が憎けりゃ、長州まで憎い？

いうまでもなく、安倍さんは、平成二十四年十二月、ふたたび総理大臣になった方ですが、地元は、山口県（長州）です。尊敬する人物は、郷土の偉人・吉田松陰です。

その吉田松陰を貶め、「維新否定（＝反薩長）」本を書いている人々は、現在、少なくありません。それらの人々が書いた本は、大量にありますが、それを代表する一冊といえば、今のところ原田伊織《はらだいおり》という人が書いた『明治維新という過ち』でしょう。

私も一度、読んではみたのですが、そもそも歴史の解釈以前の問題として、歴史の事実認識そのものに、「どうして、そのようなことが断定的に言えるのであろう?」と疑問に思われる箇所が、数えきれないほど多く見うけられます。その本は、少なくとも、いささかでも歴史学を学んだことがある人なら、とても書けないたぐいのものであることは、まちがいありません。

まして、その〝根拠不明な事実認識〟の上に、〝奇妙な解釈〟が重なっています。ですから私には、もう〝トンデモ本に近いもの〟としか思えなかったのですが、一見すると、〝豊富な知識〟が満載されている……かのようにも見えますから、一般の読者の方々が、そのような本の「正体」を見抜くのは、容易ではないでしょう。

その本では、いろいろな幕末の志士たちが、のきなみ感情的な言葉で、口汚く罵られています。もちろん、歴史上の人物を批判するのは自由ですが、それはあくまで事実にもとづいて論理的に批判されるべきですし、その言葉も、正確に用いられなくてはなりません。そうしなければ、すでにこの世の人ではなく、反論するすべのない人々を「冤罪《えんざい》」に陥れてしまうことになるからです。「歴史の法廷」には、検察官も弁護人もおらず、「反対尋問」もありません。「再審制度」もありません。ですから歴史を語る人は、プロ、アマを問わず、可能なかぎり「冤罪」をつくらないよう、過去に対して、慎重で謙虚な姿勢で臨まなければならないのです。

「日教組教育、第一世代」

原田氏は平成二十七年、自ら監修した『日本近代史「明治維新」という嘘（別冊宝島二三六八）』のなかでもこう語っています。「長州閥が支配した陸軍は、アジアへの侵略を主張した吉田松陰に、盲従するように侵略戦争を主導していきました」。

どうも、この人の歴史認識の中核には、〝近代日本は侵略国家である〟という強固な〝思い込み〟があるようです。昭和二十年生れということですから、いわば〝日教組教育、第一世代〟で、そのような自分の〝思い込み〟について、たぶんこれまで、一度も疑ったことがないのでしょう。

しかし、その〝近代日本は侵略国家である〟という〝思い込み〟が、そもそもまちがっていた……としたら、この人は、どうするのでしょうか。なぜ日本が、日清戦争、日露戦争、大東亜戦争などを、戦わざるをえなかったか……ということについては、大きな問題で、そう簡単に説明できるものではありませんが、近ごろは、さまざまな角度から書かれた質のよい本が、つぎつぎと出版されています。

戦後、一般的に信じられてきた〝近代日本は侵略国家である〟という認識は、〝思い込み〟にすぎない……ということが、しだいに明らかになりつつあるのです。たとえば、近年、わが国では、信頼できるイギリスやアメリカの知識人たちが書いた重厚な資料の翻訳本が、次々と出版されています。

たとえば、満州事変については、R・Fジョンストン／中山理訳『紫禁城の黄昏』上・下の全訳が出版されています（「岩波文庫」から、この本の悪質な省略本が出ていることは、よく知られているところですが、こちらの方は全訳です)。

大東亜戦争については、チャールズ・A・ビアード/阿部直哉・丸茂恭子訳『ルーズベルトの責任』、また、最近では、ハミルトン・フィシュ/渡辺惣樹訳『ルーズベルトの開戦責任』、ハーバート・フーバー著/渡辺惣樹訳『裏切られた自由』、チャールズ・カラン・タンシル/渡辺惣樹訳『裏口からの参戦』なども出版されています。

日本のみを断罪する「戦勝国史観」は、すでに海外でも過去のものとなりつつあるのです。いまだにそのような歴史観に〝国ごと〟しがみついているのは、たぶん世界でも、三~四か国くらいではないでしょうか。

クローチェいわく、「すべての歴史は、現代の歴史」

問題は、わが国の歴史学者たちです。〝近代日本は侵略国家である〟という〝思い込み〟をもととして、日本の歴史を語る人が、わが国では今も、学界の主流を占めています。

そして、その〝思い込み〟が、日本史の他の分野にも〝反日史観汚染〟を拡大しつづけているのです。どういうことか……というと、その人の専門は近世史、中世史、古代史などであったとしても、〝頭のなかの日本近代史〟は、若いころに刷り込まれた「反日史観」のまま……という歴史学者がふつうである、ということです。

したがって、ふつうの日本史の学者は、〝近代日本は侵略国家である〟という〝思い込み〟をベースにして、わが国の近世史、中世史、古代史などを研究することになるわけですが、すると、……どうなるでしょう？ どのような時代を研究しても、その日本史という物語の「エンディング」にあるのは、近代日本なのですから、その人が意識する……しないにかかわらず、どこかしらそれを〝忖度〟した近世史像、中世史像、古代史像が出来上がるのです。

クローチェ（一八六六―一九五二）というイタリアの政治家・哲学者・歴史学者がいます。「すべての歴史は現代の歴史である」という名言で有名です（羽仁五郎訳『歴史の理論と歴史』）。

要するに、それは、こういう意味です。〝遠い過去のことを、史料にもとづいて、歴史家が誠実に論述しても、その歴史家本人は現代人なのであるから、結果的には、その現代人の「意識」が歴史をつくりだしているにすぎない〟。たとえていうと、ある人が、どのような景色を見て、どのように語っても、その景色は、その人の視力に応じた景色にすぎない……。そして、その人の表現力に応じた言葉でしかない、ということです。

ですから、〝近代日本は侵略国家である〟という〝思い込み〟をベースにしている現代の日本史の学者が語る歴史像は、たとえどのような時代を語ろうと、そのような「意識」が、その歴史学者の〝語り〟に、自然に反映してしまいます。ですから、〝日本史に興味がある〟という若者がいて、日本史を日本の大学で学んでも、学べば学ぶほど〝日本が嫌いになる〟という冗談のような現象も、ふつうに起こっているのです。

そして戦後の大学では、そのような現象が、〝師匠〟から〝弟子〟へと、世代を超えて〝遺伝〟しているケースも少なくありません。まことに嘆息するほかない事態です。

そのような〝思い込み〟で、わが国の歴史を見ている人々は、たとえていえば、あたかも自分がサングラスをかけていることに気づかないまま、「この世は、どこもかしこも暗い！」と、不平を言っている人に似ています。なるほど本人には、確かにそう見えるのでしょうが、隣にいる人は、「そう言う前に、そのサングラスを外してみたらどうですか」と忠告したくもなるでしょう。

ともあれ、先の原田氏は、そのような〝思い込み〟をもととして、近代日本の歩みは「過ち」に満ちており、その出発点となった明治維新も「過ち」に満ちており、その主力となった長州藩も「過ち」に満ちている……と〝思い込んで〟います。とすれば……、この人の歴史認識は、じつは何も新しいものではなく、古い反日自虐史観……、具体的にいえば、「東京裁判」や「三十二年テーゼ」などの〝焼き直し〟にすぎない、といえるでしょう。

「東京裁判史観」と「三十二年テーゼ」

「東京裁判史観」とは、昭和二十一年から二十三年にかけて行われた東京裁判（極東国際軍事裁判）のベースになっている歴史観のことをいいます。そこでは、満州事変から大東亜戦争までが、つまり〝日本の一方的な侵略〟と断定されています。

もう一つの「三二年テーゼ」というのは、コミンテルンの歴史観です。コミンテルンというのは、レーニンが設立した世界の共産主義者ネットワークで、そこから日本共産党に対して、一九二七年（昭和二）には「日本問題に関する決議」（二十七年テーゼ）という指令が、また、一九三二年（昭和七）には、「日本における情勢と日本共産党の任務に関するテーゼ」（三十二年テーゼ）という指令が出ています。

そこでは、明治維新以後の近代日本の歩みが、つまり〝すべて悪〟にされています。ですから、明治維新以後の日本の歩みを「過ち」とする歴史観は、「東京裁判史観」よりも、「二十七年テーゼ」や「三十二年テーゼ」に近い、といえるでしょう。

何のことはありません。つまり、最近の「明治維新否定論」は、戦前の共産党に源流をもつ、古い〝反日自虐史観〟の〝焼き直し〟にすぎないのです。

ですから、先の原田伊織氏監修『別冊宝島』では（当然そういうところに行きつくのかもしれませんが……)、最後の方に、安倍政権批判が展開されています。今も「改憲＝悪」という図式を信じて疑わない人々が少なくありませんが、その雑誌も、「改憲＝悪」を、前提としてつくられているのです。

たとえば、その雑誌には、安倍さんの祖父である岸信介《のぶすけ》について、「『自主憲法の制定』を政治における使命としていた」と書き、その「岸」の「改憲」への思いが、「佐藤栄作、安倍晋三にも受け継がれている」とも書いています。つまり、「長州＝安倍＝改憲＝悪」という単純な図式です。

ここまでくると、「明治維新否定(＝反薩長)史観」の〝正体見たり〟といった感があります。要するに、その雑誌の場合、明治維新と長州の否定は、近代日本そのものの否定に直結し、さらには〝安倍政権打倒〟と〝改憲阻止〟という政治的主張へも直結しているのです。

ちなみに、それでは、もしも明治維新がなければ、日本はどうなっていたのか……ということについて、原田氏は、どう語っているのか? なんと「現在のスイスやデンマークなどのような自立国家が成立していた」と語っています。

いったい何を根拠として、そのような〝お花畑〟のようなことがいえるのか、あきれるほかありません。十五世紀から二十世紀にかけての、厳しい国際環境は、けっしてそのように甘いものではなかったことは、本書でも、第二章以下で、いろいろと触れていこうと思っています。

龍馬への濡れ衣

「維新否定（＝反薩長）史観」の「正体」を、まとめると、こうなります。それは、近代日本の歩みそのものを〝根こそぎ否定したい〟という破壊的な暗い衝動と、歴史の現実から乖離《かいり》した逃避的な感情と、「安倍政権批判＝改憲阻止」の政治的主張の複合体です。

「坊主憎けりゃ袈裟《けさ》まで……」という言葉も思い浮かびます。そういう人たちにとって、はたして明治維新が「坊主」なのか、それとも「安倍政権」が坊主なのか？　そこのところは、私にはわかりません。

なお他にも、別の角度から「維新否定（＝反薩長）史観」を広めている人もいます。たとえば、イギリスとフランスが「薩長土佐をテロ軍団として装備し下剋上戦争をやらせた」とするものです（西鋭夫《としお》『新説・明治維新』）。

この人は、坂本龍馬の活動資金に疑惑をもっているらしく、この本で「お金はどうしたのか？　軍資金はどこから出てきたのか？」（前同）などと、近年のオールド・メディアよろしく龍馬の〝疑惑〟を追求しています。しかし、残念ながら、龍馬が外国から工作資金をもらっていた証拠など、一つもありません。

元国税庁調査官で、龍馬の経済活動を研究した大村大次郎さんは、こう断言しています。

「龍馬がイギリスの回し者だったという説」は、「まったくのデタラメ」（『龍馬の家計簿―元国税調査官が龍馬の金銭資料を徹底捜査』）。

その「デタラメ」を広めている西氏は、昭和十六年生まれで、この人も「今の若者が右傾化しています」（同前）と見えています。そういえば、先の原田氏も、昭和二十年生れの〝日教組教育、第一世代〟でした。

その世代の方には、事実をよく確認もせず、とにかく先人たちを貶めることを〝快〟とする、不思議な精神構造をおもちの方が多いのでしょうか？　私が、そういう方々に言いたいのは、「歴史を語るなら、もう少しマジメに勉強してから、語っていただきたい」という……ただそれだけのことです。

第二節　〝反日つながり〟の学者、教師、官僚

なぜ吉田松陰、高杉晋作を、教科書から消したがるのか？

「従軍慰安婦の強制連行」や「南京大虐殺」が「フェイク・ヒストリー」であると露見し、その反日思想の矛先を明治維新に転じようとしているのは、なにも「オールド・メディア」や「トンデモ本」の作者たちだけではありません。学者、官僚、教師も、かなり怪しいのです。

たとえば、「学習指導要領《がくしゅうしどうようりょう》」の改定に向けて、大学や高校の教師たちでつくる「研究会」が、怪しい動きを見せています。『産経新聞』の記事を、少し見てみましょう。

「（見出し）高校歴史教科書／「従軍慰安婦」収録語に／研究会提案「南京大虐殺」も
（記事）今年度内に告示される高校の次期学習指導要領に合わせ、高校や大学の教員らの研究会が教科書などに提言する歴史用語精選《れきしょうごせいせん》の一次案に、中学教科書では消えた『従軍慰安婦』が採用されたことが二日、わかった。……精選案をまとめたのは、高校や大学の

教員ら四百人で構成する高大連携《こうだいれんけい》歴史教育研究会……人名では龍馬のほか、吉田松陰、高杉晋作なども外れた」（『産経新聞』・平成二十九年十二月三日）

高校の教科書の用語に「従軍慰安婦」と「南京大虐殺」を残し、「吉田松陰」「高杉晋作」「坂本龍馬」を消そう……というのです。ここに集っている教師たちは、いったい、どこの国の教科書をつくろうとしているのか、私には疑問です。

ちなみに、この怪しい「研究会」の会長は、昭和二十年生まれで、東大名誉教授、中央教育審議会の委員の油井《ゆい》大三郎という人物です。その人の著書を見ると、こういうことが書かれています。

「日本での占領改革は、日本人側の協力もあったが、基本的には占領軍によって制度が『上から改革』されたという性格を否定できないのであり、民主主義の精神を血肉化していく『精神革命』の課題は、占領終了後の日本人に託されたというべきであろう。……しかし、二〇一五年の安保法制の強行採決により、自衛隊の海外派兵を防止してきた憲法九条が、一内閣の解釈変更で空洞化しようとしている現状を考えると、占領政策の成果を守り、発展させる課題は、なお日本人の双肩にかかっているといわざるをえないのである」（『未完

の占領政策』増補新装版）

要するにGHQの占領政策は〝不徹底〟で、その意味で「未完」であり、したがってこれから日本は、もっと「精神革命」を徹底しなければならない……というわけです。この人の頭のなかには、たぶんGHQのニューディーラーたちが、まだ〝進駐〟しているのでしょう。

今の「日本人の双肩」に、「占領政策の成果を守り、発展させる課題」が、かかっている……はずがありません。その主張は、どこからどう見ても、私には、日本共産党の人々と、少しも変わらないようにも見えるのですが、そのような人物が中央教育審議会の委員として、わが国の教育政策に強い影響力をもっている……というのですから、まことに恐ろしい話です。

なお、この怪しい「研究会」の副会長は、東京学芸大学名誉教授の君島《きみしま》和彦という人物です。「朝鮮日報」のインタビューで、「竹島は韓国領だという主張が正しい」と、あきれた答えをした、ということで知られています（高橋史朗「日本を取り戻す教育」第二十七回／『日本の息吹』平成三十年四月号）。

そうじて今も〝大学の世界〟は、一般社会と比べると、共産主義的な考え方の人の人口比率が、かなり高いようです。特に「日本史学」と「教育学」の世界は、きわめて高い傾向にあります。

ですから、そういう人々から教えを受けた小・中・高の教師たちが同様の考え方に染まっていくのは、ある意味では当然のことかもしれません。そのような傾向を代表する組織といえば、いうまでもなく日教組です。

日教組《にっきょうそ》は、もちろん「明治維新否定」

反日教育では、もはや〝老舗《しにせ》〟の感がある日教組ですが、ここでは平成三十年の「教研集会」のようすを見てみましょう。

「幕末に関する授業を報告した佐賀市の中学校男性教員は、明治150年の祝賀ムードについて、『「明治維新は素晴らしかった」と刷り込まれてしまう』と苦言を呈した。幕末の対米条約交渉で、幕府側がみせたとされる、したたかな態度に絡め、『現政権にも見習ってほしい』と安倍政権の対米外交を揶揄《やゆ》する一幕もあった」（『産経新聞』平成三十年二

月四日）

わが国の少年・少女に「明治維新は素晴らしい」と思わせてはいけない……というのです。しかし、このたぐいの教師たちは、そもそも、日本国も日本史も「すばらしい、と思わせてはいけない」と考えています（拙著『いいかげんにしろ日教組』）。

この記事を見ると、日教組の教師たちは、どうやら〝幕府びいき〟のようですが、そもそも幕末の幕府の対外交渉は、それほど、称《たた》えられるべきものでしょうか？　ペリー来航は事前に予告されていたのに、何の手も打たない（打てない）まま、その日を迎え、そのあげくに「安政の五カ国条約」という不平等条約を押しつけられたのですから、（幕府の心ある官僚の奮闘は、もちろん多とするものの）けっして手放しで、ほめられるものではありません。

そして、そのような外交を比較の対象にして、またもや安倍政権に対する「揶揄《やゆ》」です。今のオールド・メディアもそうですが、安倍政権を「揶揄」できるのであれば、もはや「ファクト（事実）」も「エビデンス（証拠）」も「ロジック（論理）」も、もう……どうでもよくなっているのでしょう。

この「教研集会」を報じた新聞記事には、いわば〝サヨク思考〟の〝全開ぶり〟が描写されていて、私には、とてもおもしろいものでしたので、もう少し引用してみます。

「郷土愛を育む授業への批判も相次いだ。千葉県の小学校男性教員は、地元のインフラ整備などに尽力した偉人を取り上げ、児童の郷土への誇りと愛情を育んだ授業実践を報告したが、複数の教員から『突き詰めていくと、現状を肯定する危険性がある』『社会の矛盾や格差、搾取、支配者の狙いなども気づかせるべきだ』と、授業手法に否定的な声が相次いだ」（前同）。

「これって……昭和二十年代くらいの、学校の先生たちですか?」と、わが目を疑いたくもなりますが、これは、まぎれもなく平成三十年（二〇一八）の教員たちの集会の風景なのです。教育界が、どれほど「サヨク・ガラパゴス化」しているか……ということの、よい一例といえます。

〝日本を否定せよ！　郷土も否定せよ！〟と……とにかく〝否定が好きな人々〟です。ということは、たぶん彼らは〝家族も否定せよ〟といいたいのでしょう（「ジェンダー・フリー教育」は、その思想の一端かと思われます）。しかし、心理学的にいえば、それは必然的に、〝自分も否定せよ！〟というところにまで到達するでしょう。そのような「自己否定感」がきわまると、どうなるでしょうか？

残念ながら、たぶん自傷行為、ひいては自殺につながるでしょう。私は、かねてから日教組の反日教育は、〝自殺誘発教育〟である……と指摘してきました。そのような教育を、日本は戦後、ずっと巨額の税金を投入して、つづけてきたわけですから、今の日本が、これだけの「自殺大国」になってしまったのも、残念ながら当然の話です。私は、〝反日自虐史観の教育は、つまりは自殺誘発教育である〟ということに、一刻も早く多くの日本人が気づいてほしい、と願っています。

もっとも、平成十八年に改正された「教育基本法」には、すでに「我が国と郷土を愛する……態度を養うこと」（第二条の五）の必要性がうたわれています。ですから、「国」や「郷土」への「愛」を否定することは、明らかに「教育基本法」に違反しているのですが、なぜか文部科学省が、そういう教育に「是正勧告」をしたという話は聞きません。

なぜでしょう？　それは、たぶん文部科学省も、「同じ穴のムジナだから……」ではないでしょうか。

文部科学省が、かなり怪しい

先ほど東大名誉教授・油井大三郎という人物の名前を出しました。この人は、中央教育審議会の委員ということですから、たぶん文部科学省の〝覚えがめでたい人〟なのでしょう。それでは、なぜそういう人と文部科学省は〝近い関係〟にあるのでしょうか？　それは、文部科学省という役所そのものが、いつのまにか、油井氏と同様の思想をもつ人々が、主流派を形成する役所になっているからではないか、と思います。

官僚のトップは「事務次官」です。その事務次官の経験者の一人として、平成二十九年からの「加計事件」の報道で有名になった前川喜平という人がいます。この人は、安倍内閣の「安保法制」の審議中、自分の身分をかくして、「安保法制反対デモ」に参加していた、という人です。（小川榮太郎『徹底検証「森友・加計事件」朝日新聞による戦後最大の報道犯罪』参照）

平成二十七年、ユネスコの世界遺産に「明治日本の産業革命遺産」が登録され、松下村塾《しょうかそんじゅく》もその一つとして登録されましたが、前川氏は、そのことにも反対しています。この人が韓国の新聞のインタビューを受けて語った内容を、『産経新聞』が報じていますので、それを見てみましょう。

「そもそも前川は、『明治日本の産業革命遺産』をユネスコの世界文化遺産として申請することに反対だった。……前川は、『遺産の肯定的、否定的な面を正しく説明しなければならない。日本政府は今からでも（情報センターについて）韓国と議論しなければならない』と強調。さらに、来年以降、小中学校で道徳の授業が本格実施されることについても、『個人より国が重要であるという国家主義的な方向に動いている。危険だと感じる』と批判した」（『産経新聞』平成二十九年十二月十三日）

ここに見える「情報センター」というのは、ユネスコの世界遺産委員会で、日本政府が「徴用《ちょうよう》政策を実施していたことについて理解できるような措置を講じる」と表明したことにより、東京に設置される予定の施設です。前川氏は、その施設を九州に設置したがっていて、それがかなわなかったので、そのことについて、「今からでも……韓国と議論しなければならない」と語っているわけです。

なぜ「韓国と議論しなければならない」のか、私には、よくわかりません。このようなタイプの人は、シナや朝鮮に対して、しばしば事実にもとづかない、〝幻の罪悪感〟にとりつかれている人が、少なくありませんので、「日本は、韓国の要求は、なんでも丸のみしなければならない」という〝強迫観念〟におちいっているのでしょうが、まことにお気の毒な話です。

ユネスコの世界遺産といえば、平成三十年七月、「潜伏《せんぷく》キリシタン関連遺産」が、「世界遺産」に登録されました。「明治日本の産業革命遺産」の申請に反対し、「長崎教会群とキリスト教の遺産」を候補にするよう、はたらきかけてきたのが、前川氏です。なぜでしょう？　世界に向けて、〝日本は、キリスト教を弾圧してきた悪い国です〟と、反日宣伝をするつもりでなければ、幸いなのですが……。

ちなみに、慶応元年（一八六五）、大浦天主堂に浦上の農民があらわれて、フランス人のプチ・ジャンというカトリックの神父に「サンタ・マリアの像はどこ？」と聞いたことが、〝信徒発見〟のきっかけです。しかし、キリスト教とはいっても、「隠れキリシタン」の信仰は、先祖を神として敬う、日本的なものに変容していて、彼らの多くは、カトリックには入信しませんでした。

それで怒ったプチ・ジャン神父は、帰国して、ナポレオン三世に、日本を改宗させるため、フランス軍による日本占領を進言しています（平川祐弘「神道はなぜ『敵役』にされたのか」・『産経新聞』平成三十年五月二十五日）。その〝侵略的な武力〟を背景にした〝排他的な思想〟は、かつてのスペイン・ポルトガルと、何もかわりません（この点については、本書の第二章で、くわしくお話します）。

話をもとにもどすと、前川氏が、道徳教育の本格実施についても、「国家主義的な方向に動いている。危険だと感じる」と語っているのも、あきれた話です。日教組の教師がそういうなら、まだ理解できますが、文部科学省の官僚のトップだった人物が、そういうことを言うのですから、開いた口がふさがりません。

たぶん前川氏の〝頭のなか〟は、日教組と同じなのでしょう。この人は、こういうことも言っています。

「日教組は、もっと力をもってほしい。安保法案などが出てきた時には、『教え子を再び戦場に送るな』という日教組の原点に立ち返り、もっと闘ってほしかった」（『女たちの21世紀』九二号／アジア女性センター）

この人は文部科学省の事務次官より、日教組の委員長をしていた方が、幸せな人生を送れたでしょう……。

そういえば、平成二十九年の春には、「聖徳太子」のお名前が、教科書から消されそうになる……という事件がありました。幸いなことに、心ある政治家と民間からの声があがり、お名前が削られることはなかったのですが、その年の年末になると今度は、先ほど申し上げたとおり、吉田松陰や坂本龍馬の名前を消そう、という動きがあらわれています。

こうした動きが、いっこうに止まらないのも、結局のところ、日本の教育行政の中枢に〝反日官僚〟がいて、彼らと、〝反日学者〟や〝反日教師〟が連携しているからでしょう。

ちなみに、東京地検特捜部は、平成三十年七月四日、受託収賄《じゅたくしゅうわい》容疑で、文部科学省の局長・佐野太容疑者を逮捕し、同二十六日には、同省の国際統括官・川端和明容疑者を逮捕しています。文部科学省の腐敗は、私たちの想像を、はるかに超えています。もはや省を解体して、一から出直すしかないのではないでしょうか。そもそも、小・中・高の教壇に一度も立ったこともない人々が、教育行政のトップにいること自体、まったく理解しがたい話です。

幸い今は、安倍内閣で、〝反日官僚〟〝反日学者〟〝反日教師〟などの動きは、かなり封じられています。しかし、安倍政権も〝いつまでも〟というわけにもいきません。ですから、そのあと彼らは、ふたたびその活動を活発化させるでしょう。その点について、心ある人々は、今から警戒しておかなくてはなりません。

「歴史戦」とは「心理戦」

「歴史戦」という言葉があります。「フェイク・ヒストリー」を利用して、過去の日本人を貶《おとし》め、現在の日本人たちを委縮させ、そして、未来の日本人たちを縛りつづけよう……とする勢力が、わが国の内外には、確実に存在します。

武力を用いることなく、日本を精神的に屈服させよう……とする行為ですから、それは、要するに「戦い」で、したがって「歴史戦」と呼ばれているわけです。そういえば、スイス政府が編纂して、全家庭に配布している『民間防衛』という本には、こういうことが書かれています。

「軍事作戦を開始する、ずっと前の平和な時代から、敵は、あらゆる手段を使って、われわれの抵抗力を弱める努力をするであろう。

敵の使う手段としては、陰険巧妙《いんけんこうみょう》な宣伝で、われわれの心の中に疑惑を植えつける……、われわれの分裂をはかる……、彼らのイデオロギーで、われわれの心をとらえようとする……などがある。新聞、ラジオ、テレビは、われわれの強固な志操《しそう》を崩すことができる」（スイス政府編『民間防衛』）

これを読むと、「歴史戦」とは、つまり「情報戦」であり、また「心理戦」でもある、ということがわかります。ということは……、もしかしたら、今の日本のオールド・メディアは、すでに〝敵の手〟に落ちているのかもしれません。

そう思うと、背筋が寒くなります。つまり、「歴史戦」は、現実の安全保障にも直結しているわけです。

それにしても、なぜ「反日」の人々は、明治維新を〝目のかたき〟にするのでしょう。これまでは、近年の例をあげてきましたが、じつはその源は、百年ほど昔にあります。百年ほど昔といえば、大正時代です。次に「明治維新否定（＝反薩長）史観」の〝源流〟についてお話し、そのあと、なぜ彼らが、そういう主張になるのか……という思想的な原因についてお話しします。

第三節　会津も薩長も、尊皇は同じ

佐幕派《さばくは》史観と維新否定史観は、ぜんぜんちがう

今は、〝明治維新そのものの否定は、そもそも幕府側だった人々から、はじまったことではないのか……〟と思われている方も少なくないでしょう。しかし私は、そうではない、と思っています。

もちろん、幕府側で戦って敗れた人々にとって、新政府軍（とくに薩摩藩・長州藩）に対する反感は、維新後長く心に残ったでしょう。そのため、新政府軍のみを正義として語られる歴史に対して、彼らが異議を申し立てたかったのは、あたりまえのことです。

たとえば、元白虎隊士《びゃっこたいし》で、維新後、アメリカのイェール大学で物理学を学び、帰国して日本人初の物理学教授となり、やがて東京帝国大学の総長になった山川健次郎（一八五四―一九三一）という人がいます。山川は、明治三十七年、こう書いています。

「癸丑《きちゅう》・甲寅《こういん》〔注・嘉永六年と安政元年〕の歳より以来、国事に奔走せし者、たれか勤王の士ならざらん。ただ佐幕《さばく》勤王と排幕《はいばく》勤王との差あるのみ。わが邦《くに》維新史の多くは、排幕勤王家の手になれるをもって、ことの真相をえざるもの、少なからず」（北原雅長『七年史』序）

つまり……、幕末維新のころ、国事に奔走した者は、すべて「尊皇」という政治思想にもとづいて、命がけの行動をしていた。その点、自分たちも薩摩・長州藩とかわらない……。両者がちがっていたのは、幕府を存続させるか廃止するか、という点だけで、自分たちは、けっして天皇に逆らったわけではない。それなのに、今もそう思っている人々がいるのは、まことに心外《しんがい》である……。

そう山川は書いているのです。その言いぶんは、まことに〝ごもっとも〟というほかありません。

そもそも山川は、幕末の会津藩主・松平容保《かたもり》が、孝明天皇へ忠義を尽していたことを、生涯、誇りにしていた人です。昭和元年、七十三歳の時、山川は「英照皇太后陛下《えいしょうこうたいごうへいか》より、忠誠神君《ちゅうせいしんくん》へ牛乳を賜《たまわ》りしこと」という一文を書いています。

なお、「英照皇太后」とは、孝明天皇の女御《にょうご》で、明治天皇の嫡母《ちゃくぼ》（側室の子から父の正室をいう言葉）です。「忠誠神君」は旧会津藩主・松平容保のことです。

その一文で山川は、容保が重い病のさい、英照皇太后から、内々に牛乳を賜ったことがある……という、秘められた史実を紹介しているのですが、山川は、その史実の背後には、こういう事情があるのではないか、と推測しています。

「文久より慶応まで満五年の間、心血《しんけつ》を注ぎて京都の守護にあたり、叡慮《えいりょ》〔注・孝明天皇の御心〕を安んじ奉られし旧功《きゅうこう》を、思《おぼ》し召《め》し出でられしによるに、あらざるか」（『男爵山川先生遺稿』）

英照皇太后は、幕末の松平容保の「旧功」を、お忘れになられてはおらず、そのため容保が病気になったさい、牛乳をたまわったのでないか、というのです。旧会津藩が、どれほど尊皇の精神にもとづいて行動していたか……ということを、山川は昭和にいたるまで、訴えつづけています。

会津の「怨念」について

一般には、今でも旧会津藩に縁のある人々は、新政府、とくに長州藩に対して、「怨念」

をもっている……と、考えられています。そこで、そのことについて、少し考えてみましょう。

会津若松生まれの郷土史家・畑敬之助さんに『戊辰《ぼしん》怨念の深層――萩と会津、誇り高く握手を』という本があります。畑さんは、宮崎十三八さんの見解を整理しつつ、会津藩の萩に対する「怨念」が残っているとすれば、その原因は、およそ次の四つであろう……と書いています。

①会津藩が二十八万石から三万石に、石高《こくだか》を減らされたこと。
②斗南《となみ》に移住させられたこと。
③戊辰戦争の会津藩戦死者の遺体が、秋から雪どけまで放置されたこと。
④明治から大正にかけて、会津が冷遇されたこと。

しかし、畑さんは、①について、奥羽列藩同盟《おううれっぱんどうめい》の内、削減率は、たしかに会津が八七％で首位であるが、削封高《さくほう》そのものは、仙台が三四・五万石でもっとも多く、その次が会津で二十万であったと、指摘しています。そして畑さんは、会津に対して厳しい処分となった原因について、そのころ、そのような決定を行った太政官《だじょうかん》に、文久政変で京都を追われた公家が多かったからではないか……と書いています。

②についてですが、会津藩には「斗南」か「猪苗代《いなわしろ》」の選択肢があり、「斗南」を選んだのは会津藩だから、「斗南移住を一方的に新政府の強制だ、とすることは不可能」（同書）と、指摘しています。

③に関しては、遺体の処理は、主に「民政局」の「弱小藩」が行い、長州藩・薩摩藩・土佐藩は、戦いの後、帰路についていた、と指摘しています。

④については……、これればかりは畑さんも、腹に据えかねるものがあるようです。その最大の具体例が、「禁門の変」の戦死者たちが、長い間、靖国神社に合祀されなかった、という事実です。

ただし、大正四年には、遅ればせながら靖国神社に会津藩、桑名藩、彦根藩などの「文久二年、および元治元年における殉難者」（『靖国神社百年史　資料篇　上』）が合祀されています。この時、合祀された会津藩士は三十二名です。

「怨念」の原因とされる史実を、すべて検討した上で、畑さんは、「一番厄介なのが、実態のない靄《もや》みたいな怨念」と書いています。ですから、たがいに「靄」をふりはらい、萩と会津は、「今、時空を超えて大らかに、誇り高く握手を交わすべきではないだろうか」という提言で、その本を結んでいます。

会津藩士の遺体を、戦いの後、間もなく埋葬した新政府軍

そのような畑さんの提案を、後押しするような新事実が、近ごろ明らかになっています。

③についての新しい史料が発見されたのです。

その名を『戦死屍《せんしのしかばね》、取仕末金銭《とりしまつきんせん》、入用帳《にゅうようちょう》』といいます。会津藩で要職を務めた藤沢内蔵丞《くらのじょう》の子孫が、昭和五十六年に「若松城天守閣史料館」に寄贈し、会津若松市の市史編纂目録の編纂準備をしていた郷土史家・野口新一さんが、平成二十八年十二月に発見したものです。

そこには、会津藩が降伏して、十日ほど後の十月三日から十七日にかけて、新政府の「民政局《みんせいきょく》」の命令で、四人の会津藩士が中心となって、五百六十七人の遺体が、周辺の寺など六十四か所に埋葬されたことが記されています。身元が確認できるよう、発見時の服装や家紋なども、図入りで記録されています。

新政府軍の人足が、その作業に従事したことも書かれています。つまり、会津藩士の遺体が、「秋から雪どけまで放置された」というのは、フェイク・ヒストリーだったわけです。

史料を発見した野口さんは、こう語っています。「史料の信憑性は高い。旧長州藩への怨念が取り除かれれば」(『毎日新聞』平成二十九年十月三日)。

とすれば……、次に疑問となるのは、これまで広まっていた悪質なフェイク・ストーリーは、誰が、いつから、流布したものか……ということですが、今のところ私には、よくわかりません。今後の研究を待つしだいです。

ちなみに、会津藩については、近ごろ明らかになった驚くべき事実が、一つあります。それは、明治元年（慶応四）、会津藩と庄内藩が、戦争のための資金を借りる担保として、北海道の領地を九十九年間、プロイセンに貸与する申し出をしていた、ということです（『北海道新聞』平成二十八年九月二十一日）。

危うく北海道が、〝マカオ化〟されるところでした。その点、そのころの会津藩の指導者たちの不見識は、批判されるべきでしょう。

そのような不見識の背後にあるのは何か？　ドラマでも知られる新島八重《にいじまやえ》は、晩年、こう語っています。

「小さい子供の時からして、君に尽くすということを教えることが大切だと思います。私どもは、藩という小さい国のために、そう教えられたのではありますが……。一天万載《いってんばんざい》の君〔注・天皇〕に忠を尽すということを、小さいなかから、教え込まないことには、と

ても いかん、と思っております」（「新島八重子刀自《とじ》懐古談」）
もしかしたら会津藩には、〝藩あって日本なし〟という傾向があったのかもしれません。そのため、藩のためなら、プロイセンに北海道を租借させてもよい……ということになったのでしょう。

原敬《はらたかし》は、明治維新をどう見たか？

さて……旧幕府側で、〝私たちと薩摩・長州との間には、政治思想のちがいがあったわけではない〟と言っているのは、何も会津藩士だけではありません。それは、戊辰戦争で闘った東北諸藩の人々に、共通する思いであったようです。

大正時代、「平民宰相《へいみんさいしょう》」として知られることになる原敬《はらたかし》（一八五六―一九二一）も同じです。原は南部藩《なんぶはん》（盛岡藩）で家老を務めた原直記の孫です。

大正六年、戊辰戦争に斃れた旧南部藩士たちの「五十年忌」が行われたのですが、それに原は、「祭文《さいもん》」を寄せています。それは「余〔注・原敬〕の戊辰役《ぼしんのえき》に対する観念を明らかにせん」として書かれた文章で、そこには、こういう一文があります。

「顧《かえりみ》るに昔日《せきじつ》も、また今日のごとく、国民誰《たれ》か朝廷に弓を引く者あらんや。戊辰戦役は、政見の異同のみ。当時、勝てば官軍《かんぐん》、負くれば賊《ぞく》との俗謡《ぞくよう》あり。その真相を語るものなり」（『原敬日記』大正六年九月八日の条）。

つまり、昔も今も、「朝廷に弓を引く者」などいない……。尊皇の思想は、今も昔も、全国民に共通している……。したがって戊辰戦争は、思想的な対立で起こったのではなく、政治的な見解のちがいで起こったのであり、そのころの民間ではやった歌のとおり、勝った方が「官軍」、負けた方が「賊軍」といわれるようになっただけのことである。そう……原は言うのです。

それから十一年後の昭和三年には、昭和天皇の弟宮である秩父宮雍仁親王《ちちぶのみややすひとしんのう》と、松平容保の孫娘にあたる松平節子（勢津子）との婚儀も行われています。ようやく戊辰戦争の〝わだかまり〟も遠い過去のものとなり、国内の融和が、ほぼ達成されつつあったわけですが、ちょうどそのころ、新政府軍の立場でも東北諸藩の立場でもない、外来の「歴史観」が、国内の知識人たちの間で、急速に蔓延《まんえん》しはじめました。

共産主義の「歴史観」です。その「歴史観」の浸透によって、明治維新に対する理解のしかたは、新政府や東北諸藩の当事者たちの実感とは、何の関係もないところで、根本的に変容させられていくことになります。

第四節　なぜ共産主義者は、明治維新が嫌いなのか？

唯物史観という外来の「予言」

共産主義の「歴史観」は、一般に「唯物史観」と呼ばれます。人類の歴史は、およそ六つの段階を「革命」を経て「発展」していく……という「歴史観」です。

順に並べていくと、①「原始共産制」→②「アジア社会」→③「奴隷社会」→④「封建社会」→⑤「資本主義社会」→⑥「社会主義社会」……ということになります（林健太郎『史学概論』）。⑥の「社会主義」は、この場合は、「共産主義」と、ほぼ同じ意味と考えていいでしょう。

しかし、そもそも過去をどう解釈するのか……ということが、歴史観というものの、本質のはずです。そうであるのに「唯物史観」は、過去を解釈するふりをしながら、一方では、未来を〝予言〟しています。

ですから、「唯物史観」は、純粋な意味での歴史観とはいえません。ましてや「予言」が、「科学」であるはずがありません。

そうしてみると、「唯物史観」は、見かけは〝学問〟ですが、本質は〝宗教〟に近いもの……といえるでしょう。ですから私は、「唯物史観」について、ここではカッコづきで「歴史観」と表記しているのです。

はたして今でも、本気で〝人類の歴史は、マルクス主義の「予言」どおりに発展していく〟と信じている人は、どのくらいいるのでしょうか？　もう……ほとんどいないと思いますが、この「唯物史観」が日本に入ってきたころは、そうではありませんでした。

それは、まるで〝進歩した外国〟から来た〝最新の科学〟のように思われていたのです。その点、古代の日本で、「讖緯説《しんいせつ》」、「末法思想《まっぽうしそう》」などの、外国から来た〝予言〟が、〝進歩した外国〟から来た〝最新の科学〟のように思われていた現象と、とてもよく似ています。

ちなみに、「讖緯説」とは、古代シナの〝予言〟の思想です。たとえば、それは干支《かんし》の「辛酉《しんゆう》」の年には「革命」が起こる……と「予言」します。しかし、「革命」のようなブッソウなものは、事前に防止したいものです。それでは、それを防止する方法とは、いったい何でしょう？

人為的に世の中を変えればよい……と、古代の人々は考えました。その具体的な方法が「改元《かいげん》」です。そのため「辛酉」の年には、しばしば改元が行われています。いわば「革命」の悲劇を防ぐための〝予防注射〟が、「改元」だったのです。

また、「末法思想」ですが、これは仏教に由来します。シャカが亡くなったあと、歴史は「正法《しょうぼう》」→「像法《ぞうぼう》」→「末法」という段階を踏んで、仏教が衰え、それとともに世のなかが、どんどん乱れていく……という考え方です。

今でも干支にこだわる人もいますから、「讖緯説」も完全に滅びたわけではなく、また今も日常的に「世も末《すえ》だね」という言葉が使われているように「末法思想」も完全に滅びたわけではありません。ですから、きっと今後も「唯物史観」を信じる人が、日本から一人もいなくなる……ということはないでしょう。

それは、もちろん個人の「内心の自由」ですが、総じてそれらの〝予言〟がやっかいなのは、それを信じる人々が、きわめて〝独善的〟で〝排他的〟になりがち……というところにあります。世界の宗教を見てみると、〝寛容な宗教〟と〝排他的な宗教〟がありますが、明らかに共産主義は、〝排他的な宗教〟に分類できます。

共産主義者・堺利彦は、明治維新を否定する

明治時代……、日本に共産主義が入ってきました。堺利彦《さかいとしひこ》（一八七〇―一九三三）は、初期の共産主義者の一人として、よく知られている人です。

この人は、明治三十九年、日本社会党の設立に参加した人です。そして、大正十一年、

日本共産党が「コミンテルン日本支部」として結成された時、その「委員長」に就任しています。

その堺に「維新史の新研究」という論文があります（『堺利彦全集』では「年月不明」の論文とされていますが、大久保利謙「王政復古史観と旧藩史観・藩閥史観」によると、大正十年一月、雑誌『解放』に寄稿されたものです）。明治維新そのものを、まるごと否定的に解釈した論文は、たぶんこれが、日本ではじめてのものでしょう。

その論文で堺は、こう述べています。

「革命〔注・明治維新をいう〕前の志士浪人の徒《と》も、新政府の政権を握った下級士族も、同じく資本階級の無意識的代表者（もしくは無意識的先駆者）であった」・「『富国強兵』といい、『大国家の建設』といい、すべて皆、資本家本位の考え方である」・「維新革命は、すなわち資本家的革命である。十七・八世紀のイギリス革命やフランス革命がブルジョワ革命であると同じく、日本の維新革命も、一種のブルジョワ革命である」（『堺利彦全集』第六巻）

「志士」たちは、「資本家階級」の代表者に過ぎず……、明治国家のさまざまな目標も、「資本家本位の考え方にすぎず、つまり明治維新は「ブルジョワ革命」にすぎない、というのです。つまり、先の「唯物史観」の段階でいうと、④「封建社会」→⑤「資本主義社会」の変化が明治維新である……と、堺は見ています。

ですから堺の考えでは、もう一回革命を起せば、⑥「社会主義（共産主義）社会」に到達できる……ということになります。堺が、この論文の最後の方で、「維新革命を、かように観察し、かように解釈して、はじめて将来の行程も、ほぼ明瞭になる」（同前）と書いているのは、そういう考えをもとにしています。

つまり、〝さあ皆さん、あと一回だけ革命を起せば、社会主義（共産主義）社会という、人類史の夢のゴールに到達できますよ！〟と檄を飛ばしているわけです。これは〝政治扇動〟にすぎません。

ところが、わが国の共産主義者の間では、その後、二派にわかれて歴史論争が起こります。先の堺のように明治維新を「ブルジョワ革命」と考える人々と、明治維新は、先の「唯物史観」の段階でいえば、まだ③「奴隷社会」→④「封建社会」への「革命」にすぎない、と考える人々にわかれたのです。

「日本資本主義論争」と呼ばれているものですが、前者の考え方の人々を「労農派《ろうのうは》」と呼び、後者の考え方の人々を「講座派《こうざは》（共産党派）」と呼んでいます。「講座派（共産党派）」の考え方からすれば、近代日本は、まだ〝封建社会〟です。

ですから、その人々からすれば、最終段階の⑥「社会主義（共産主義）社会」という「人類史の夢のゴール」に到達するには、「革命」が、〝あと二回〟は必要……ということになります。堺は「社会主義（共産主義）社会」まで、〝あと一回でゴール〟といっていたのに、「講座派」の考え方によると「ゴールポスト」が、そのもう一つ先にもある……ということになります。

そのように二つの考え方が、対立したのは、たぶんそのころのコミンテルンが、日本の共産主義者に与えた指令のなかに書いていることが、いささか曖昧であったからでしょう。昭和二年にコミンテルンから日本共産党に下された「日本問題に関する決議」（二七テーゼ）には、「一八六八年の革命（注・明治維新）は、日本のブルジョワ的発展に道を開いた」としつつ、一方では「古い封建的諸形態にブルジョワ的内容を盛る二重の過程が進行しており」とも書いています。

そのためコミンテルンからの指令という、〝経典〟の解釈をめぐって、〝いったい今の日本は、唯物史観でいうと、どの段階なのか？〟という〝神学論争〟が起こったわけです。なんとも、くだらない議論というしかありません。

そもそも〝世界史には法則がある〟という考え方そのものが、現実離れした考え方でしょう。はっきりいって、「妄想」です。

しかし、そのころ知識人たちは、そのような〝西洋から来た妄想〟にもとづいて、むりやり日本史を解釈しようと、必死になって議論をしていたわけです。今日から見れば、滑稽《こっけい》というほかありません。

明治維新は「ブルジョワ革命」なのかどうか……などという論争は、今から見れば、どうでもいい議論で、私などは「ヒマな人たちだったのだなぁ……」と思うだけですが、共産主義者たちは真剣でした。そして、そのような論争が、昭和十二年ごろまでつづくのです。

ちなみに、「大正時代の思想は？」と問えば、ふつうは「大正デモクラシー」という答えがかえってくると思いますが、それは事実でしょうか。その点について、こう指摘している研究者もいます。

「大正デモクラシーは、どこまでも一種の美名《びめい》であり、その本質は……むしろ大正コミュニズムと呼ぶ方が実態に即していた」（小堀桂一郎『和辻哲郎と昭和の悲劇』）

〝大正デモクラシーとは、大正コミュニズム〔注・大正共産主義〕であった〟ということです。そう考えれば、その後のわが国の思想の展開（というか混迷…）が、よりすっきりと理解できる気がします。

共産主義者・羽仁五郎も、明治維新を否定する

昭和四年、東京帝国大学文学部内「史学会」から、『明治維新研究』という、八百ページを超える頑丈なつくりの本が出ています。「学界の権威三十名」（史学会主務委員　秋山健三「編者のことば」）の論文や短文を集めたものです。

なるほど、序文が坪井九馬三《つぼいくめぞう》と三上参次《みかみさんじ》、跋文《ばつぶん》が黒板勝美《くろいたかつみ》ですから、歴史学の世界を少しでも知っている者なら、それだけでも「おお……」と声を上げてしまいそうになるでしょう。個別の論文の執筆陣も、白鳥庫吉《しらとりくらきち》、平泉澄《ひらいずみきよし》、井野辺茂雄《いのべしげお》、尾佐竹猛《おさたけたけき》、三浦周行《みうらひろゆき》、高橋亀吉、呉秀三《くれしゅうぞう》など、いずれもビッグ・ネームばかりです。

ところが、そのなかに一名、「えっ……」と驚くような名前が見えます。羽仁五郎《はにごろう》（一九〇一―一九八三）です。

羽仁は、共産主義の歴史家として、よく知られています。戦後は新左翼の論理的指導者となり、多くの殺人事件を起こした「連合赤軍」を（昭和四十七年の、あの「あさま山荘事件」

のあとでさえ……）、擁護しつづけていた人です。

その羽仁が、『明治維新研究』に書いているのは、「明治維新史解釈の変遷」という論文で、そのなかには、こういう一文が見えます。

「東北諸藩は官軍、すなわち幼帝《ようてい》を擁《よう》せる薩長の私兵と戦ったのである」・「われわれは明治維新をもって、日本におけるブルジョワ革命そのものとして、またはその資本主義の発展の主要段階の一つとして理解する解釈が、現代において必然的たり、かつ実に客観的たる明治維新史解釈たることを確かめうる」（史学会編『明治維新研究』）

ここには「反薩長史観」が、はっきりとあらわれています。羽仁氏は「講座派」の人として知られていますが、ここでは、明治維新を「ブルジョワ革命」としているので、そのころの羽仁は、「社会主義（共産主義）社会」まで、〝あと一回で夢のゴール〟という立場だったのでしょう。

まぁ……、そこまでは、〝はぁ、そうなんですか。あなたの頭の中では……〟というほかありませんが、この論文には、ちょっとゾッとする文章があります。こういうものです。

「進化論的には、猿の解剖《かいぼう》は、人間の解剖の後に、そして人間の解剖によって得られた解剖学的知識、また理解、また概念の上にのみ可能である。あたかもそのごとく、いな、さらに正確に歴史に発展を認めるならば、一定の過去の時代の解剖は、現代の解剖によってえられた歴史的知識と理解と概念とをもって行われえる。そして猿は、人間にいたるまでの進化の一段階として、分析理解せられるよりほかはないのである」（前同）

わかりにくい文章ですが、わが国の「過去の時代」を〝猿の時代〟あつかいしていることとは確かです。「猿は、人間にいたるまでの進化の一段階」というのは、つまり、来るべき「社会主義（共産主義）社会」に生きる者こそが、「人間」であり、それ以前の時代に生きた者は「猿」のようなもの、といいたいのでしょう。

つまり共産主義者以外の者は〝人間ではない〟といっているのと同じで、比喩にしても、恐ろしい表現といわざるをえません。「共産主義」といえば、「粛清《しゅくせい》」「総括《そうかつ》」と称する殺人のイメージがつきものですが、なるほど、こういう人なら「連合赤軍」を擁護しても、おかしくはありません。

ところで、ここで羽仁は、「東北諸藩は官軍、すなわち幼帝を擁せる薩長の私兵と戦ったのである」と書いていますが、ここには、共産主義者の常套手段《じょうとうしゅだん》である〝分裂と対立をあおる手法〟が、はっきりと見えます。

共産主義者からすれば、「敵」が団結せず、分裂し、対立してもらわないと、「革命」は起こせません。ですから、共産主義者は、今の世の中を解釈する上で、すぐに「中央と地方」「男と女」「弱者と強者」「多数派と少数派」「支配者と被支配者」など……、さまざまな観点から手あたりしだい、世のなかに、分裂と対立の図式をもちこもうとします。

スイス政府編『民間防衛』の表現でいえば、「疑惑を植えつける」「分裂をはかる」という手法です。これは、「情報戦」や「心理戦」の一種です。さまざまな「思想戦」のなかでも、これは、特に〝汚い手法〟でしょう。この場合、羽仁は「東北諸藩」と「薩長の私兵」という対立図式をつくっているわけです。

しかし、そのような〝汚い手法〟を使ってでも、日本を「共産革命」へ導こうとする人々の危険性を、いち早く察知し、国民に警鐘を鳴らした人々が、そのころのわが国に（たとえ数は少なくとも）、いなかったわけではありません。その一人が、意外に思われるかもしれませんが、あの山川健次郎です。

元白虎隊士・山川健次郎、共産主義と戦う

山川は、昭和四年八月に、こういう一文を書いています。

「世に共産党というものあり。資《し》を露国《ろこく》〔注・ロシア〕にえて、わが国家を顛覆《てんぷく》せんとし、蠢動《しゅんどう》はなはだ努《つと》む。これにより軽佻浮薄《けいちょうふはく》の輩、逆徒《ぎゃくと》の誘惑に欺《あざむ》かれ、これに応ずるものあり」（「上杉博士弔辞」・『男爵山川健次郎先生遺稿』）

共産党は「資を露国にえて」……、つまりソ連からの資金で、国家をひっくり返そうとしている、というのです。「いきなり核心を突くなぁ……」と、私などは驚かざるをえませんが、翌月一日、つまり関東大震災から六年目の日、山川は、長年の憂憤を爆発させたようなラジオ講演を行っています。

題して、「マルクス主義は科学にあらず」です。講演は、いきなり、こうはじまっています。

「本日は、関東大震災、第六周年の記念日に相当する。わが輩、この日にさいして、最近、大不祥事《だいふしょうじ》たる共産党事件が、震災よりも、さらにさらに恐るべきものなることを思い、その凶悪なる運動の、根幹をなすところの思想たるマルクス主義について、自分の平素《へいそ》考えているところを、ごく簡単に述べ、もって今日の記念講演にかえたいと思うのである」（前

同）

以下、山川は、『共産党宣言』、『反デューリング論』などを素材にして、物理学者らしく〝科学的〟に共産主義批判を展開しています。そして、自分が体験した明治維新についても、「明治維新という史実を、唯物的には、いかにしても説明はできない」と断言しています。

その他にも、この講演には興味深い発言が、いろいろと見られますが、たとえば、次の指摘は、きわめて鋭いものです。

「本邦《ほんぽう》で、科学とは、いかなるものかを知らず、また、その土台となるべき命題《めいだい》を、じゅうぶんに批判しえない人たちが、土台をば、鵜《う》呑《の》みに呑んで、真理であると即断《そくだん》して、マルクスの信者となったものが多いと思う」（前同）

「信者」という言葉を見ると、山川は、共産主義は、じつは〝宗教〟に近い……ということを、すでに見破っていたのでしょう。

さて、そのラジオ講演の中盤までは、あくまでも〝科学的〟に話していた山川ですが、終わりの方になると、元白虎隊士の血が騒いだのかどうか……、言葉が、きわめて激しくなっていきます。

たとえば、こうです。

「共産党問題くらい、目今、重大な問題はない。もし万一、彼ら逆徒《ぎゃくと》(世の中では彼らのことを、左傾派《さけいは》とか左翼《さよく》といっているが、わが輩は、そんなナマヌルイ名で、彼らを呼ぶことを、いさぎよしとせん。彼らの真相で呼ぶこととして、逆徒というのである)をして、志をえしむければ、国体は破壊せられ、国家は滅亡することになるのである。もちろん、われわれ国民が、じゅうぶん力を尽せば、彼らに打ち勝つことができるが、今のところでは、わが国民の冷淡なるのは、じつに残念である。過般《かはん》、治安維持法《ちあんいじほう》の改正の時にも、新聞・雑誌の多くは、反対であった。国を覆《くつがえ》し、国家を滅することを企《くわだ》つる者に、極刑《きょっけい》を加えることが、なぜ悪いのか、わが輩にはわからない」(前同)

今のラジオやテレビでは、絶対に言えないことでしょう。ということは……、昭和四年の方が、今よりも「言論の自由」があった、ともいえます。

しかし、考えてみれば、今の先進国でも、共産党を「非合法政党」にしているところは少なくありません。ですから、山川の言っていることは、一見すると過激なようで、じつは現在の〝国際標準〟に近い、ともいえます。

ラジオ講演をした昭和四年、山川は七十六歳でしたが、ちょうどこの年、先の羽仁の「明治維新史解釈の変遷」という論文が出版されています。それを収めた本が、かつて山川が総長をしていた東京帝国大学の「史学会」から出版されているのは、まことに皮肉な話です。

二年後の昭和六年、山川は七十八歳で亡くなりました。亡くなる四年前の昭和二年には「二十七年テーゼ」が、亡くなった年の翌年の昭和七年には、「三十二年テーゼ」が、コミンテルンから日本共産党に与えられています。

「二十七年テーゼ」には、「日本共産党は……次のごときスローガンをかかげなければならぬ」として、十三のスローガンがかげられていますが、その六番目が、「君主制の廃止」です。「三十二年テーゼ」には、「当面の段階における主要任務」が三点あげられていますが、その第一は、ずばり「天皇制の顚覆」です。

まさしく「逆徒」です。元白虎隊士が、その生涯の終わりに全力で戦った相手が、共産主義者であったことを、私たちは心にきざんでおかなくてはなりません。

ちなみに、平成三十年八月二十五日、日本共産党の委員長・志位和夫氏は、ツイッターで、昭和天皇の〝戦争責任〟を、強く批判しています。今も日本共産党の「綱領」には、「(憲法の）天皇条項は、民主主義の徹底に逆行する」と書いてありますので、その「天皇制の顛覆」という主張は、戦前から今にいたるまで何一つ変わっていない、といえるでしょう。

なお、今でも「天皇制」という言葉を、何げなく使っている人が少なくありませんが、これは、そもそも共産主義者の用語です。そして、その「天皇制」という言葉は、「廃止」や「顛覆」という言葉とセットで使われてきたことを思えば、心ある日本人なら、安易に使うべきではありません。

では……、どう言えばいいのか。「皇室」と言えばいいのです。

「五箇条の御誓文」と共産主義

なぜ共産主義者は、そして、その流れをくむ現代の学者、教師、官僚、著述家などは、明治維新を否定し、それを主導した薩摩藩・長州藩を否定するのか？　この章の最後にあたり、思想史研究者の端くれとして、そのことについて分析してみたいと思います。

共産主義を〝信仰〟する人々にとっては、いうまでもなく共産主義の国家こそが〝理想の国家〟です。今の世界にも、まだいくつか共産主義の国家が残っていますが、そういう国家が、彼らの〝理想の国家〟と考えれば、話はわかりやすいでしょう。

そういう彼らから見ると、近代日本は、最初から〝ダメな国家〟ということになります。

なぜなら、コミンテルンからの指令という、彼らにとって〝神のお告げ〟にも等しい文書に、そう書いてあるからです。

ですから、そういう〝ダメな国家をつくった明治維新もダメ〟なのです。そして、その明治維新を主導した〝薩摩藩や長州藩もダメ〟ということになります。

要はそういうことなのですが、それだけでは、あまりにも呆気なく話が終ってしまいそうなので、もう一つ……掘り下げて考えてみましょう。そもそもコミンテルンと、そこからの指令を〝信仰〟している共産主義者から見ると、なぜ近代日本は、最初から〝ダメな国家〟ということになるのでしょうか。

そのことについて考えていくと、これも単純な話なのですが、そこには〝理想の国家像のちがい〟という、はっきりとした理由があることに気づきます。私は、明治維新の理想は「五箇条《ごかじょう》の御誓文《ごせいもん》」に集約されている、と思っていますが、そこにかかげられている理想の国家像と、共産主義者が理想とする国家像は、いわば対極的です。

政治体制にかかわる理想と、経済体制にかかわる理想を比べてみましょう。まず「五箇条の御誓文」のうち、最初の条文をあげてみます。

「一、広く会議を興《おこ》し、万機公論《ばんきこうろん》に決すべし」

文意は、こうです。「人々の意見を、広く会議を開いて、たとえ人々の意見がわかれても、何ごともその会議で、公正に議論した上で、結論を出してまいりましょう」。

これは、議会を開いて、そこでの公正な議論によって、国の政治を進めていきましょう……という議会政治の理念です。もちろん、公正な議論の背後には、国家や社会で「言論の自由」が保障されていなければなりません。

そして、その次の条文には、こういうことが書かれています。

「一、上下心《しょうか》を一にして、盛《さかん》に経綸《けいりん》を行うべし」

文意は、こうです。「身分や立場のちがいにかかわらず、日本人は、心を一つにして、それぞれの立場でしっかりとはたらき、国を豊かにしてまいりましょう」。

「経綸」とは、一般には「おさめ、ととのえること」を意味しますが、「五箇条の御誓文」の原案を起草した由利公正《ゆりきみまさ》（三岡八郎）は、この言葉について、こう説明しています。

「経綸の術は、業《ぎょう》を興《おこ》すにあり。業を興すは、資本を充たすと販路《はんろ》をえるの、二案の外《ほか》、あるべからず」（「国利民福について」）

　ということは……、由利にとって「経綸」とは、〝経済の振興〟を意味していたようです。このころの文献には、「経綸」に「よわたり」というフリ仮名をつけているものもありますが、わかりやすくいえば、そういうことで、つまり、ちゃんと働いて、まじめに生きていくことを意味している、と考えていいでしょう。

「五箇条の御誓文」と同時に出された明治天皇のお言葉があります。「国威宣揚《こくいせんよう》の御《ご》宸翰《しんかん》」と呼ばれているもので、いわば天皇から全国民へのお手紙です。

　そこには、こういう一文があります。

「今や、朝廷の政治は、一新されました。その時にあたって、国内のすべての人々が、たった一人でも、その人にふさわしくない場所におかれていたら、それは、みな私〔注・明治天皇〕の罪です」（原文・「朝政一新《ちょうせいいっしん》の時にあたり、天下億兆《てんかおくちょう》、一人もその處《ところ》を得《え》ざる時は、みな朕《ちん》が罪なれば……」）（『明治天皇紀』第一）

「處を得ざる」という言葉を、ここでは「ふさわしくない場所におかれていたら」と解釈しましたが、これは、〝働く場所がない〟とも解釈できるでしょう。すべての国民が、それぞれ何かしらの仕事をえて、しっかりと働く……、そのような一人ひとりの自由な経済活動が、国をあげて総合されれば、ひいては豊かな国家となる……それが「上下心を一にして、盛に経綸を行ふべし」の意味ではないでしょうか（「国威宣揚の御宸翰」については、第五章第二節で、くわしくお話します）。

もちろん、そのような経済活動は、当然のことながら、私有財産が保障されている国家でなければ、行うことができません。その上で、可能なかぎり規制の少ない、自由な経済活動が保障されて、はじめて「経綸」が行われます。

以上の二つをまとめると、こうなるでしょう。「五箇条の御誓文」には、自由な言論にもとづく議会政治と、私有財産にもとづく自由経済が、国家の理想として、まず高々とかかげられている……。

さて、一方の共産主義は、どうでしょうか。基本的には「一党独裁」です。「言論の自由」は、ありません。共産党が、すべての政策を決定します。

選挙で政治家を選ぶこともできません。経済は、官僚がすべてを統制する「計画経済」で、もちろん、基本的に「私有財産」は認められていません。

こうして対比してみると、共産主義的な考え方の人々が、明治維新を否定的に見る理由が、よくわかる気がします。共産主義は、明治維新の理念である「議会政治」と「自由経済」とは、真逆の考え方にもとづく国家像を理想としている……ですから否定的なのです。大正時代から現在にいたるまで、共産主義的な考え方の人々が、明治維新そのもの……、あるいは、明治維新を主導した薩摩藩、長州藩の功績を否定してきた理由も、そう考えてみると、よくわかります。このような単純な事実は、意外なことに、これまで、ほとんど指摘されてこなかったので、ぜひとも私は、ここで強調しておきたいと思います。

共産主義的な人々は、議会で建設的な議論など、ほんとうはしたくないのです。そして、自分個人の経済的な繁栄は求めますが、国家・国民の経済的な繁栄など、ほんとうは求めていないのでしょう。

コミンテルンの〝遺伝子〟

そういえば、評論家の江崎道朗《みちお》さんは、コミンテルンの思想を継承しているのではないか、と思われる現在の〝共産主義的な国会議員たち〟について、こういう指摘をしています。

「コミンテルン〔注・世界の共産主義者ネットワーク〕にとって、そもそも議会は、権力闘争の中心の場ではない。……議会はあくまで自分たちの都合のよいように『使う』べきものであって、革命は、あくまで議会の外の大衆行動によって行われるものなのだ。

現代日本の政治でも、野党の民進党や共産党の政治家たちが、国会での審議を妨害する一方で、国会の外で行われる抗議デモや集会に参加し、政治批判を繰り返すのは、そもそも議会制民主主義を守るつもりがないからなのだ。彼らは、自覚しているかどうかは別として、選挙で選ばれた国会議員による議会制民主主義を認めるつもりがない。

それどころか、議会制民主主義を破壊しようとしているのだ。共産党も、共産党と組んだ民進党も、議会制民主主義破壊というコミンテルンの遺伝子を、見事に受け継いでいるわけだ」（江崎道朗『コミンテルンの謀略と日本の敗戦』）

これを読むだけで、なぜ今の国会では、延々と不毛な議論がくりかえされるのか……、なぜ野党は高い給料をもらいながら、すぐに審議拒否をして、本務である国会での議論をサボるのか……、なぜ野党は、すぐに議会の外で「市民団体」と称する人々とともにデモ活動をするのか……すべて納得できます。つまり、彼らは世論も、それにもとづく選挙結果も、選挙結果にもとづく国会審議も、じつは軽視しているのです。

政府の足を引っ張り、国会を混乱させること……じつはそれが、彼らの真の目的なのかもしれません。ですから、彼らは、もとから政権を取る気も、自分たちの政党の支持率を上げる気も、じつはないのでしょう。

国会が混乱して、多くの国民が「与党も野党も、国会議員など、もう誰も信用しないぞ！議会政治など、もうウンザリだ！」と思うようになれば、それこそが彼らの〝思うツボ〟なのです。「政治不信」を高めることは、「革命」への一里塚だからです。

国内に〝対立〟と〝分裂〟を招き、国民を相互不信におちいらせ、やがては国家を〝混乱〟させ、ひいては〝破壊〟して、結果的に「革命」を起すこと……それが、彼らの真の〝目的〟なのではないでしょうか。そういえば、自分が国会議員でありながら、自分のことを「国壊議員（傍点筆者）」と自称していた野党の女性議員も、いましたが……。

しかし、二十一世紀の今日、心静かに歴史をふりかえれば、ほとんどの国民が、「ああ……、日本が共産主義（社会主義）国家にならなくて、ほんとうによかった」と、胸をなでおろしているのではないでしょうか。本気で「言論の自由はいらない」「私有財産はいらない」と思っている人は、たぶん国民のうち、〇・〇一％もいないはずです。

「共産主義」による死者は、ほぼ一億人……

大正から昭和にかけては、まだ共産主義に対する〝幻想〟が残っていました。しかし、二十世紀の動乱の歴史を経て、人々はそれが、じつは〝悪夢〟であったことに……しかもそれは〝夢〟ではなく、現実の歴史の上で、人類史上、最悪の惨禍をまねいたことに、ようやく気づいたのです。

共産主義勢力を原因とする死刑、飢餓、強制労働などによる死者は、二十世紀末の試算では、およそ次のようになります。

「ソ連……二〇〇〇万人／中国……六五〇〇万人／ヴェトナム……一〇〇万人／北朝鮮……二〇〇万人／カンボジア……二〇〇万人／東欧……一〇〇万人／ラテンアメリカ……一五万人／アフリカ……一七〇万人／アフガニスタン……一五〇万人」（ステファヌ・クルトワ＋ニコラ・ヴェルト著・外川継男訳『共産主義黒書　ソ連編』）

つまり、およそ一億人が、共産主義の惨禍によって非業の死を遂げたわけです。これは、二十世紀末の試算ですから、実際の被害は、もっと多いのではないか、と思われます。

人類史上、一つの思想が、これほど大量の人命を奪った例は、ほかにありません。二度の世界大戦より、より多くの死者を生んだのが、じつは共産主義によるものであり、ほんとうは、その暗黒の歴史こそ、今後、厳しく検証されていかなければならないのです。

しかし、なぜか日本では、過去の日本の「悪行」なら、たとえウソでも捏造でも、広めたがる人々が多くいるのに、現実に行われた共産主義の悪行については、ほとんど黙殺されています。日本国内の〝共産主義シンパ〟の勢力は、まだそれほど強い……ということでしょう。

今、あからさまな共産主義の思想は、さすがに世のなかから、影をひそめつつありますが、「環境」「人権」「平和」「平等」、あるいは「フェミニズム」「ジェンダー・フリー」など、さまざまな美辞麗句でカモフラージュされた共産主義は、むしろ広がりつづけています。恐ろしいのは、共産主義的な人々が、表面上は「私は共産主義者ではなく、民主主義者です。いや……むしろ保守派です」などという偽装《ぎそう》を、平気でできることです。

ほとんどの日本人は、「お人よし」ですから、それにコロリとダマされてしまいます。もちろん、「お人よし」というところは、日本人のよいところで、それは今後とも大切にしていかなければならない美点である……と私は思っているのですが、だからといって、〝思想的なサギ〟に、やすやすと引っかかってはならないでしょう。

なぜなら引っかかれば、〝身の破滅〟に、さらには〝国の破滅〟につながるからです。「フェイク・ヒストリー」を「フェイク・ヒストリー」と見ぬき……、カモフラージュされた共産主義を、共産主義と見ぬくこと……、自分と、自分の家族と、自分の郷土と、そして自分の国を守るため、私たちは、今後も正しい情報を獲得しつつ、それらの偽装を見ぬく力を、養っておかなければなりません。

共産主義の恐ろしいところとは、何か？　要するに〝排他的な思想と侵略的な武力〟が
セットになっているところです。

そのことは、先にあげた〝死者一覧〟を生み出した国々の歴史を見れば、一目瞭然でしょう。もっとも、〝排他的な思想＋《プラス》侵略的な武力〟が巨大な惨禍をもたらしたのは、人類史上、共産主義が、はじめての例ではありません。

もう一つ……、その四百年ほど前に、とてもよく似た例があり、人類はその凶暴な荒波に襲われたことがあります。二十世紀と同じく、十六世紀の日本も、その荒波に襲われました。

その凶暴な荒波の名を、今の歴史学界では、「イベリア・インパクト」と呼んでいます。わかりやすくいえば、キリスト教をかかげたスペイン・ポルトガルという、イベリア半島の二か国による軍事侵略です。

第二章　豊臣秀吉と〝大東亜四百年戦争〟

“昔の日本人”に、よく似ている南米の先住民ピダハンの人々
（『ピダハン――「言語本能」を超える文化と世界観』ダニエル・L・エヴェレット 著　みすず書房）

第一節　イベリア勢力──〝神の教え〟・〝悪魔の所業〟

コロンブスとラス・カサス

明治維新のお話をしようという本なのに、なぜ豊臣秀吉やコロンブスが出てくるのか……、それらが、どう大東亜戦争とつながるのか……と、いぶかしく思われる方もあるかもしれません。しかし私は、織田信長・豊臣秀吉・徳川家康などが活躍した、いわゆる戦国時代から、大東亜戦争までの歴史は、ひとつづきのものとして見なければ、明治維新のことも、そして大東亜戦争のことも、じつはよくわからないのではないか、と思っています。

それで、ここからは戦国時代の話をしたい、と思っているのですが、時代は、たしかに日本では戦国時代なのですが、お話のはじまりの舞台は、日本ではありません。イベリア半島のスペイン・ポルトガルです。

一四九二年（明応《めいおう》元）、イタリア人のコロンブスが、スペイン女王の援助を受け、大西洋を横断して「西インド諸島」に到達しました。コロンブスは四回、アメリカ大陸に航海しています。

その第二回目の航海に参加したのが、ペドロ・デ・ラス・カサスという人物で、その息子が、バルトロメ・デ・ラス・カサス（一四八四―一五六六）です（以下、「ラス・カサス」と書きます）。ラス・カサスは、幼いころに、第一回の航海から帰ってきたコロンブスを目撃したことがある、という人です。

その体験が強烈だったのか、ラス・カサスは、その生涯のうち、六回も大西洋を行き来しています。そして自分たち白人が今、アメリカ大陸で何をしているのか、くわしく見たり聞いたりしたのです。

そのころのアメリカ大陸では、先住民（ネイティブ・アメリカン）に対する、白人たちの信じがたいほどの殺戮《さつりく》と暴虐《ぼうぎゃく》、そして搾取《さくしゅ》と奴隷化《どれいか》の、地獄絵図《じごくえず》がくり広げられていました。義憤《ぎふん》にかられたラス・カサスは、一五四二年（天文《てんもん》十）末、スペイン国王・カルロス五世に謁見《えっけん》して、スペイン人の悪行を報告し、アメリカ大陸での征服事業を中止するよう訴えます。

その翌年に書き上げたのが、有名な『インディアスの破壊についての簡潔な報告』です。この本は、加筆ののち、一五五二年（天文二十一）には、印刷されています。

しかし、わが国でラス・カサス関係の本が紹介されたのは、昭和十五年（一九四〇）のことで、『インディアスの破壊についての簡潔な報告』の全文の翻訳が出版されたのは、昭和五十一年（一九七六）のことです（染田秀藤訳・岩波書店）。その本が書かれてから、わが国の人々が、広く読めるようになるまで、四百年以上かかったことになります。

白人によるアメリカ先住民の大虐殺

「インディアス」とは、南北アメリカ大陸やフィリピン群島など、スペインが侵略した地域の総称です。ラス・カサスの本には、白人たちによるアメリカ大陸の先住民に対する殺戮と暴虐のありさまが、〝これでもか〟というくらい、赤裸々《せきらら》に書かれていますが、あまりの残酷さ……残忍さに、読んでいて気分が悪くなってきます。

ショッキングな描写が多いので、食事の前後の方はお気をつけいただきたいのですが、以下、この本に書かれている白人たちの〝悪魔の所業〟を、この本の目次にしたがって、私なりに抜粋したり、要約したりしつつ、ご紹介します。

（エスパニョーラ島での暴虐）

キリスト教徒たちは、女や子供を奪って、使役《しえき》、虐待し、食料を強奪《ごうだつ》した。ある司令官は、島で最大の権威を誇る王の后《きさき》を強姦《ごうかん》した。インディオたちは武装したものの、それは貧弱なものでしかなく、攻撃にも防御にも、何の役にも立たなかった。彼らは村々に押し入り、老いも若きも、身重の女も、とらえては腹を引き裂き、ズタズタにした。

彼らは、〝誰が一撃のもとに首を斬り落とすことができるか〟とか、〝誰が内臓を破裂させることができるか〟とか言いつつ、賭けをした。彼らは、絞首台をつくり、われらが救世主と二人の使徒《しと》を称《たた》えるためだ……と言って、十三人ずつ、その絞首台に吊るし、その下に薪《まき》をおいて、生きたまま火あぶりにした。

血も涙もない人たちから逃げのびたインディオたちは、みな山に逃げた。するとキリスト教徒たちは、猟犬を放った。犬は、インディオたちを一人でも見つけると、彼らを八《や》つ裂《ざ》きにした。

（キューバ島について）

仲間たちが、なすすべなく死んだり、殺されるのを目にして、インディオたちは山に逃げたり、絶望のあまり、みずから首をくくって命を絶ったり、しはじめた。二百人以上のインディオが、首をくくって自殺した。

（ニカラグア地方について）

大きな荷物をかつがされ、空腹と過酷な労働、生来のひ弱さのため、病気になるインディオが数人いた。その時、スペイン人たちは、いちいち鎖《くさり》を外すのがメンドウなので、インディオたちの首枷《くびかせ》のあたりを、剣で斬りつけた。すると首と胴は、それぞれ別の方向へ、ころげ落ちた。

（グアテマラ地方と王国について）

司令官（カピタン）が、領主たちに金を差し出せ……と命じると、インディオたちは、〃あるだけの金を差し出す〃と応え、彼らがいつも使っている金色の銅製の斧《おの》を、たくさん差し出した。司令官は、それが銅だということがわかると、「金がなければ、長居は無用だ。インディオを鎖につなぎ、奴隷の烙印《らくいん》を押すように」と命じた。

スペイン人たちは、多くのインディオを鎖につなぎ、国王の焼印を押して奴隷にした。私〔注・ラス・カサス〕は、町一番の領主の息子に出会ったが、彼にも焼印が押されていた。

ある無法者は、村や地方に戦いに行くさい、すでに降伏していたインディオを連れていき、彼らを、ほかのインディオと戦わせた。しかし、インディオには食料を与えなかった。

そのかわり、インディオたちに、そのスペイン人が捕えたインディオたちを、食べることを許した。彼の陣営には、人肉を売る店があらわれた。そこでは彼の立ちあいのもとで、子供が殺され、焼かれた。また、男が手足を切断されて、殺された。

（サンタ・マルタ地方について）

スペイン人たちは、虐殺を逃れて、ひっそりと山中で暮らしているインディオたちを、「好戦的《こうせんてき》なインディオ」と呼んだ。一方、無数のインディオを殺害したのち、生き残ったインディオたちを無法にあつかい、奴隷にして虐待したが、そのインディオたちを「平和なインディオ」と呼んでいた。

（ベネスエラ王国について）

ドイツ人たちは、三〇〇人か、それ以下の部下をひきいて、王国へ侵入した。ドイツ人たちは、これまで述べた、どの無法者とも、比較できないほど残酷に、その地方を侵略した。彼らは、大多数のさまざまな部族を、ことごとく殺害し、滅ぼし、その結果、多くの言語を消滅させてしまった。

(大陸にあってフロリダと呼ばれる場所にある諸地方について)

札《ふだ》つきの無法者たちは、部下たちに命じて、ある村の二〇〇人以上のインディオの鼻から口髭《くちひげ》まで、唇《くちびる》もろとも削《そ》ぎ落とし、ノッペラボウにした。スペイン人たちは、血を流して苦しんでいるその哀れなインディオたちを、ほかのインディオたちのいるところへ行かせた。目的は、それがカトリックの伝道師たちのおこした奇跡であることを、彼らに報《しら》せることであった。

(ペルーの数々の広大な王国と地方について)

私〔注・マルコス・デ・ニサ〕は、数えるのも面倒なほど、多くの場所でスペイン人たちが、手あたりしだいに、ただ気まぐれから、インディオたちの男や女の、手と鼻と耳を、削ぎ落としているのを目の前で見た。多くの村や家が焼き払われているのも目にしたが、その数は非常に多いため、正確にはいえない。

(ヌエバ・グラナーダ王国について)

ある無法者は、コタと呼ばれる村に押し入り、大勢のインディオを捕えた。彼は、一五人か二〇人の領主や頭株《かしらかぶ》の人たちに犬をけしかけて、彼らを八つ裂きにさせ、大勢の男女の両手を切断し、それを縄にくくって、棒いっぱいにブラさげた。ほかのインディオたちに彼の仕打ちを見せつけるためで、棒には七〇組の手がブラさげられていた。その上、彼は、大勢の女や子供の鼻を削ぎ落した。

スペイン人たちは、インディオたちを殺し、八つ裂きにするため、凶暴な犬を仕込み、飼いならしていた。彼らは犬の餌《えさ》として、大勢のインディオを鎖につないで、道中、連れ歩いた。

インディオたちは、まるで豚の群れと変わらなかった。スペイン人たちは、インディオたちを殺し、その肉を公然と売っていた。

（以上は、染田秀藤訳『インディアスの破壊についての簡潔な報告』）より、筆者が抜粋し、要約したものです）

四十年で、一五〇〇万人が殺害される

信じがたい記述がつづきましたが、こうした殺戮と暴虐の結果を、ラス・カサスは、『インディアスの破壊についての簡潔な報告』のはじめに、こうまとめています。

「われらがはじめてエスパニョーラ島に上陸した時、島には約三百万人のインディオが暮らしていたが、今では、わずか二百人ぐらいしか生き残っていない」(同前)
「かつてその島々〔注・キューバ島、サン・フワン島、ジャマイカ島、バハマ諸島〕には、五十万人以上の人が暮らしていたが、今は誰一人住んでいない」(同前)
「ティラ・フィルメ〔注・南アメリカの北部海岸地方一帯〕に関していえば、……現在そこには一人も住んでいない……と、われわれは信じている」(同前)

そして、ラス・カサスは、こう総括しています。

「この四十年間に、キリスト教徒たちの暴虐的で、極悪非道《ごくあくひどう》な所業《しょぎょう》のために、男女、子供あわせて、一二〇〇万人以上の人が、残虐非道《ざんぎゃくひどう》にも殺されたのは、まったく確かなことである。それどころか、私は、一五〇〇万人以上のインディオが犠牲になったと言っても、事実、まちがいではないと思う」(同前)

そもそもアメリカ大陸の先住民とは、どういう人々なのか? その点について、ラス・カサスは、こう書いています。

「彼らは、世界で、もっとも謙虚で辛抱《しんぼう》強く、また、温厚《おんこう》で口数《くちかず》の少ない人たちで、いさかいや騒動を起こすこともなく、ケンカや争いもしない。それどころか、彼らは、怨《うら》みや憎しみや復讐心すらいだかない。……粗衣粗食《そいそしょく》に甘んじ、ほかの人々のように財産を所有しておらず、また、所有しようとも思っていない」（同前）

そのように素朴で善良で、そして平和に暮らしていた人々を、白人たちは、わずか四〇年ほどの期間で、一千五百万人も〝消滅〟させたのです。この時期のスペイン人は、二十世紀のヒトラー、毛沢東、スターリン、ポルポトなどの〝大先輩〟といえますが、あるいは、もっと悪質かもしれません。

なぜなら、先住民が少なくなり、困ったスペイン人たちは、やがてアフリカから、「奴隷」をつれてくればよい……と、考えるようになるからです。現に、スペイン人の「残虐非道」を糾弾してやまなかったラス・カサス自身が、四十二歳のころは、アメリカ大陸への「黒人奴隷の導入」を主張しています。

一五二二年（大永元《たいえい》）、スペイン人のコルテスが、アステカ帝国を滅ぼし、一五三三年

（天文《てんもん》二）、スペイン人のピサロがインカ帝国を滅ぼしたことは、高校の世界史の教科書にも書かれています。しかし、そのほかにも、じつはアメリカの先住民の無数の王国が、消滅したことを、私たちは、けっして忘れてはなりません。なぜなら、アメリカの先住民と、私たち日本人は、どうやら遺伝子的にも、近い関係にあるからです。いわば彼らは〝遠い親戚〟といえます。

アマゾンの〝遠い親戚〟——ヤノマミ

現在のところ、「人類がアメリカ大陸に渡ったのは、一万五千年、二万年、さらには三万年か、それ以前」といわれています（篠田謙一『日本人になった先祖たち　DNAから解明するその多元的構造』）。いずれにせよ、今から三万年前から一万年前くらいにかけて（そのころベーリング海峡は陸地でしたので）、そこを通って、アジアからアメリカ大陸に、人々が移動したことは、ほぼまちがいありません。

アジアから移動した人々は、一万年ほど前、南アメリカの最南端に到達した、といわれています。つまり、南北アメリカの先住民は、もとは〝アジア人〟なのです。

近年の研究では、「現在のアメリカ先住民の先祖がモンゴロイド集団に由来することは、ほぼ確実」（前同）といわれています。とすれば……、南北アメリカの先住民は、やはり日本人の〝遠い親戚〟といえます。

そのせいか、『古事記』『日本書紀』の「神代の物語」と、南北アメリカ先住民の「神話」には、どこか似たところがあります。神道学の研究者の端くれである私からすれば、両者の類似点についての、興味はつきません。

しかし、それ以前に、まずは何よりも、両者の顔かたちが、よく似ています。これは、双方の人々が感じることのようです。

たとえば、平成十九年から二十年にかけて、NHKの取材班が、アマゾンの奥深くに住む「ヤノマミ族」と、百五十日の間、ともに暮らして、番組をつくりました（取材の成果は、平成二十一年に放送されています）。「ヤノマミ族」は、ブラジルとベネズエラにまたがるジャングルに住んでいる少数民族で、今、推定で二万数千人から三万人が、分散して暮らしているそうです。

取材をはじめたころ、一人の少年が、取材班のハンモックにやってきました。そして、取材班の国分拓《こくぶんひろむ》さんの肌をなで、そして一言、「クレナハ」と言ったそうです。

「クレハナ」は「同じ」という意味でした。国分さんは、「少年は僕の肌の色と、自分の肌が同じ色だ、と言った」（国分拓『ヤノマミ』）と書いています。

しかし、肌の色だけでなく、その習慣や感性も、日本人と、とてもよく似ています。たとえば、ヤノマミ族では、死者の名前を口にすることはタブーで、これは日本人が、ごく最近まで死者の名前を「戒名《かいみょう》」で呼んでいたことと、よく似ています（それは、たぶん古代世界には広くあったタブーの一つでしょう）。

また、ヤノマミは、血を「ケガレ」と感じ、「万物は精霊からなる」とも信じています。いろいろな点で、その信仰は神道と、よく似ているのです。

取材班が、日本に帰るさい、長老から「何か歌え」といわれ、国分さんが「赤とんぼ」などの唱歌を歌ったところ、それはあまり好評ではなく、一方、菅井カメラマンが沖縄音楽の「島唄《しまうた》」を歌ったところ、とても好評だったそうです。その理由について、国分拓さんは、こう書いています。

「日本人もヤノマミも同じモンゴロイドだ。その中で沖縄のメロディには、彼らの心を打つ何かがあったのだろう」（前同）。

近代の日本の唱歌の多くは、やはり〝西洋風〟なのでしょう。どうやら「沖縄のメロデイ」こそが、じつは〝日本古来の旋律〟のようです。

そういえば、最新のＤＮＡ研究では、こういうことがわかっています。「現代のアイヌと沖縄の人たちは、大陸からの渡来系移民《とらいけいいみん》の影響をあまり受けない縄文系《じょうもんけい》の人々である」（前掲『日本人になった先祖たち　ＤＮＡから解明するその多元的構造』）。

なお、「男性の歴史を反映するＹ染色体」から見ると、「朝鮮半島と中国東北部では似ていますが、本土の日本人とは大きく異なっている」（前同）そうです。ですから、たぶん私たち日本人は、シナや朝鮮の人々よりも、ＤＮＡ的には、むしろ南北アメリカの先住民に近い、ということになるのではないでしょうか。

アマゾンの〝遠い親戚〟――ピダハン

もう一例……アメリカ大陸の先住民の例をあげましょう。それは、ブラジルの「ピダハン」と呼ばれる先住民です。

アメリカ人のダニエル・Ｌ・エヴェレットという言語学者が、三十年にわたって、彼らとともに暮らしつつ研究した記録が、本になっています（『ピダハン　「言語本能」を超える文化と世界観』）。まず私は、その本に掲載されているピダハンたちの写真を見て、驚きました。

老若男女、私の幼いころ……つまり五十年ほど昔の、日本の農家の人々の姿そのものだったからです。落ち着いた眼差《まなざ》しも……明るい笑顔も……精悍《せいかん》な肉体も……（本章の扉《とびら》の写真をご覧ください）。

もしかしたら今の日本人は、ピダハンよりも、昔の日本人とかけはなれているのかもしれません。それほど、ピダハンたちは〝昔の日本人の姿〟をしています。

「精霊」とともに生活している点は、ヤノマミとかわりません。しかも彼らには、信じがたいことですが、今も「精霊」が、ふつうに〝見えている〟ようです。

しかし三十年も、ともに暮らしていても、ダニエル・L・エヴェレットという白人には、「精霊」は見えません。ですから私は、先ほどお話ししたように、古代の日本人と現代の日本人は、ピダハンと、アメリカ人の言語学者くらいちがうのではないか、と思っているのです。

また、「縄文住居には、原則として床に炉《ろ》が設けられた」といわれています（小林達雄『縄文の思考』）。ピダハンも、いつも屋内に火をかけています。

縄文時代、死者は、手足を折り曲げて葬られました。ピダハンも、死者は座った姿勢で葬られます。

私は、わが国の文明の基層は、どうも縄文時代にあるのではないか、と思っていますが、なにしろ縄文時代には文字史料がありませんから、はっきりしたことが、もう一つよくわかりません。けれども、南北アメリカの先住民の研究を、参考にしていけば、もしかしたら日本の文明の基層が、かなり解明できるのではないか……と、私は期待しています。

第二節　イベリア勢力と、秀吉の〝大東亜戦争〟

デマルカシオン体制と、アジア侵略のはじまり

北アメリカ大陸で、スペインが先住民を〝消滅〟させはじめる……その少し前から、同じイベリア半島の白人国家・ポルトガルは、南米、アフリカ、インド洋などに手をのばしています。一四八二年（文明十四）には、アフリカ大陸のガーナに要塞を築いて、金や奴隷貿易の拠点にしました。

一五〇〇年（明応九）には、ポルトガル人のカブラルがブラジルに漂着し、その地をポルトガルの領土にします。残念ながらポルトガル人も、やることはスペイン人と同じでした。

先住民を殺戮《さつりく》し、搾取《さくしゅ》し、奴隷にします。そのため、人口が激減して、労働力が底をつくと、アフリカの黒人たちを奴隷として、南米に送りはじめます。

ちなみに、一五八〇年（天正《てんしょう》八）には、スペイン国王がポルトガル王をかねることになり、ポルトガルはスペインに併合されますが、やはり〝別の国〟という意識はつづいてい

たようです。ポルトガルがふたたび独立するのは一六四〇年（寛永《かんえい》十七）のことです（以下、この本では、両国の勢力のことをあわせていう時は、「イベリア勢力」と書くことにします）。

こうしてイベリア勢力を形成する両国の間で、侵略と掠奪の〝競争〟がはじまるのですが、すると……、ローマ教皇が仲裁に乗り出します。一四九三年（明応《めいおう》二）といいますから、コロンブスが「新世界」に到着した翌年のことです。

この年、ローマ教皇・アレクサンダー六世は、スペインとポルトガルが支配できる範囲の取り決めをしようとしました。「教皇子午線《きょうこうしごせん》」と呼ばれるものです。

しかし、これは合意をみません。ただし、その翌年、両国の間で「トリデシリアス条約」が締結され、一五〇六年（永正《えいしょう》三）、その境界線が、教皇・ユリウス二世によって承認されています。

それによると……、大西洋の真ん中あたり（ほぼ現在の西経四十五度）に線を引き、それを両国が分割する、ということになっています。つまり両国は、現地に住む人々には何の断りもなく、丸い地球を二つにわって、その線から、西をスペインのものとし、東をポルトガルのものとする……という約束をしたわけです。

まことに身勝手きわまりない話……というほかありません。この地球分割の約束は、現在の歴史学界では「デマルカシオン（世界領土分割）体制」と呼ばれています。

両国の〝勢力範囲〟を確定したイベリア勢力は、アメリカ大陸のみならず、アジアへの侵略も開始します。ポルトガルは、アフリカの喜望峰《きぼうほう》を回って、アジアへの侵略を開始しました。

一五一〇年（永正《えいしょう》七）には、インドのゴアを自国の領土とすることに成功します。翌一五一一年（永正八）には、マレー半島南部のマラッカ王国を攻撃し、王家を追い出して占拠し、そこにいたアラブ商人を、すべて殺害しました。

そして一五一七年（永正一四）、とうとうポルトガルは、シナのマカオに来航します。一五五七年（弘治《こうじ》三）には、明《みん》から居住権を獲得し、やがて正式に自国の領土とします（驚くべきことですが、マカオからポルトガルの国旗が降ろされたのは、なんと一九九九年〔平成十一〕です）。

一方、スペインのアジア侵略は、アメリカ大陸を南下し、マゼラン海峡を回ってすすめられます。一五二一年（大永《だいえい》元）、スペイン王室の命令を受けたポルトガル人のマゼランが、太平洋を渡り、フィリピンに到着します。

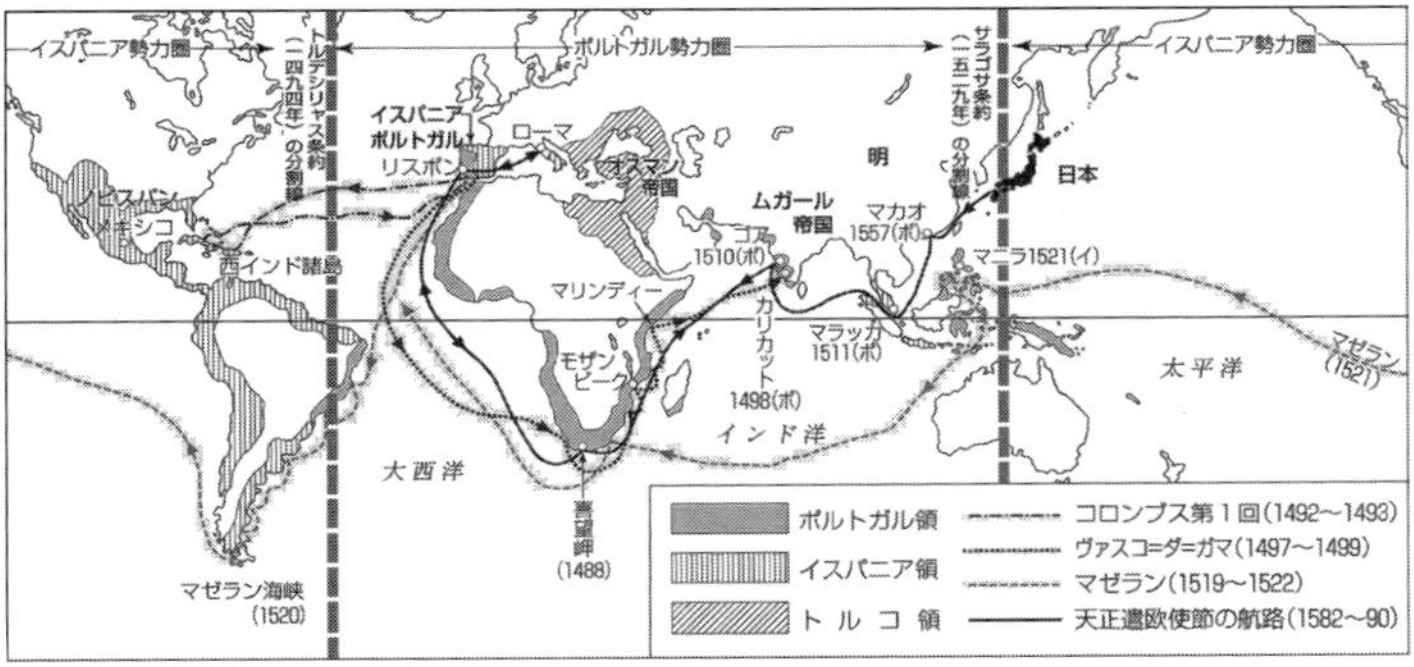

15～16世紀の世界　『最新日本史』（明成社）

こうして、スペインのアジア侵略が開始されます。「フィリピン」という国名が、スペイン国王・フィリッペ二世の名にちなんでいることは、ご存じの方も多いでしょう。

一五七一年（元亀二）ルソン島のマニラを、レガスピが占拠して城郭都市を建設します。そこにスペインの総督府《そうとくふ》が置かれ、やがてマニラは、メキシコのアカプルコとの貿易（ガレオン貿易）の拠点となります。

こうして東と西から侵略をすすめたスペインとポルトガルは、当然のことながら（彼らからすると）地球の裏側であるアジアでぶつかります。アジアでの境界線は、一五二九年（享禄《きょうろく》二）のサラゴサ協定で決められますが、その境界線は、ちょうど日本列島の上に引かれていました。

現在の東経百三十五度の線あたりで、これによってスペイン・ポルトガルの両国は、それぞれ〝日本の領有〟を主張しはじめるのです。メチャクチャな話ですが、この協定をめぐっては、それ以後も両国の間で、その解釈をめぐって、いざこざがつづくことになります。

スペイン・ポルトガルからすれば、「西日本はポルトガルのもの」「東日本はスペインのもの」ということになる……かもしれません。つまり、日本人が知らないあいだに、日本は、両国の利害が、衝突する場所になっていたわけです。

そういえば……、そのころ来日した白人のことを考えると、まずは天文《てんもん》十二年(一五四三)、ポルトガル人が種子島に上陸し、つづいて天文十八年(一五四九)、スペイン人のザビエルが鹿児島に上陸しています。なお、イエズス会は、ポルトガル系ですが、そのなかにはスペイン人やイタリア人もいました。

こうしてとうとう日本にも、イベリア勢力の手が伸びてきます。そのころ……わが国は、戦国時代でした。

もしも、そのころの日本に武力がなければ、南北アメリカ大陸の〝遠い親戚〟のように、日本人は白人に滅ぼされたかもしれません。しかし、たとえ武力があったとしても、日本に統一政権がなければ、アジアの〝近い親戚〟のマニラやマカオの人々のように、白人に支配されたかもしれません。

そのころの日本は、まだ乱世でしたが、統一政権が樹立される時は近づいていました。マニラがスペイン人の手に落ちた元亀《げんき》二年（一五七一）の時点で、いわゆる戦国時代の「三英傑《さんえいけつ》」が何歳だったか、見てみましょう。

織田信長は三十八歳、豊臣秀吉は三十六歳、徳川家康は三十歳です。

それを見るだけで、まさにわが国が〝間一髪《かんいっぱつ》〟であった、ということが、おわかりいただけるでしょう。鎌倉時代の蒙古襲来の時、わが国に精強な鎌倉武士団がいたように、わが国の歴史では〝間一髪〟で国家や民族が助かった……という場面が、その後も何度か見られます。

キリシタンの日本侵略計画

戦国時代の日本にやってきたスペイン人やポルトガル人には、明らかに侵略の意図がありました。なにしろデマルカシオン体制のもと、世界分割の〝許可〟が、ローマ法皇から出ていたのですから、彼らにとっては、それも〝自然な発想〟でしょう。

高瀬弘一郎さんによると、「日本は『ポルトガル国（民）の征服に属する』とか、あるいは、また『スペインの征服に属する』といった表現は、当時のカトリックの宣教師や貿易商人、植民者が頻繁に用いた常套句」のようです（『キリシタン時代の研究』）。それに、イベリア勢力の「征服」は、ふつうは「布教」からはじまるのですが、その「教え」の内容そのものが、もともと〝排他的〟です。

ですから、その布教は、けっして平和的な方法ばかりでは、すすめられていません。必ず「先住民」の、伝統宗教の破壊をともなっています。

日本でも、神社仏閣が破壊されました。イエズス会宣教師・ルイス・フロイス（ポルトガル人）は、イエズス会の日本準管区長である、カスパル・コエリョ（ポルトガル人）が、島原の加津佐《かづさ》で、多くの仏像を破壊し、キリシタン大名の大村純忠《すみただ》の領地では、コエリョから信者に指示して寺院を焼かせた、と書いていますし、イエズス会の巡察師として日本に来たヴァリニャーニ（ヴァリニャーノ／イタリア人）も、イエズス会士の要請で、キリシタン大名が、領内の神社仏閣を破壊した、と報告しています。（平川新『戦国日本と大航海時代』）

「廃仏毀釈《はいぶつきしゃく》」というと、明治初年の歴史用語のように思っている方が多いでしょう。しかし、古代の仏教伝来の時は別として、わが国の最初の「廃仏毀釈」は、キリスト教の宣教師やキリシタンによって行われたのです。

いうまでもないことですが、この時代のイベリア勢力にとって、「布教」は、軍事的な侵略と、〝セット〟になっています。天正十一年（一五八三）のフィリピン総督からスペイン国王にあてた手紙では、シナの政治家が布教を妨害しているので、すぐに軍隊を派遣してほしい、と書いてあり、また、〝シナ人を改宗させるのはむずかしいので、メキシコやペルーのように征服すべきである〟という意見も、堂々と表明されています（天正十二年〔一五八四〕、マカオのアロンソ・サンチェスから、イエズス会の日本準管区長であるポルトガル人のカスパル・コエリョへあてた手紙）。

イベリア勢力の侵略は、〝布教〟のほか、〝貿易〟というアメと〝武力〟というムチが、セットになっていました。いわば〝三点セット〟です。ヴァリニャーニは、天正七年（一五七九）、龍造寺隆信《りゅうぞうじたかのぶ》の侵攻を受けて苦しんでいた有馬晴信《ありまはるのぶ》に、多くの食料、武器、弾薬を提供して、その窮地を救っています。そして、そのあと有馬をキリシタンに改宗させ、ここに日本最初の「キリシタン大名」が誕生するのです。

ヴァリニャーニは、その翌年の天正八年（一五八〇）、日本のイエズス会の上層部に対して、こういう指示を出しています。

「キリスト教会とパードレたちの利益と維持のために、通常ポルトガル船が入港する長崎港を、じゅうぶん堅固にし、弾薬・武器・大砲その他の必要なものを配備することが、非常に重要である」（前掲『キリシタン時代の研究』）

日本国内に「要塞」を建築しようというのです。その五年後の天正十三年（一五八五）になると、カスパル・コエリョは、フィリピンのイエズス会の布教長にあてて、こういう手紙を書いています。

「総督閣下に、兵隊・弾薬・大砲、および兵隊のための必要な食糧、一、二年間、食料を買うためのカネを、じゅうぶん搭載した三、四隻のフラガータ船を、日本の、この地に派遣していただきたい」（前掲『キリシタン時代の研究』）

こんどは、海軍の派遣を要請しているわけです。この手紙で、カスパル・コエリョは、こういうことも書いています。

「もしも国王陛下の援助で、日本六十六か国、すべてが改宗するにいたれば、フィリペ国王は、日本人のように好戦的で怜悧《れいり》な国民をえて、いっそう容易にシナを征服することができるであろう」（同前）。

日本を前線基地にして、日本兵を動員してシナを征服する……という計画です。つまり、日本征服は、シナ征服の前哨戦《ぜんしょうせん》と位置づけられていたわけで、ここで私は、先のラス・カサスの「グアテマラ地方と王国について」の記述を思い出さざるをえません。

ある無法者が、村や地方に戦いに行く時、すでに降伏していたインディオを連れて行き、彼らを他のインディオと戦わせていた、という記事です。スペイン人から見れば、たぶん日本人もシナ人も、インディオと同じに見えたことでしょう。

この時代のイベリア勢力が、〝排他的な思想＋侵略的な武力〟によって、日本を征服しようとしていたことは、ここにあげた史料だけではなく、他にもおびただしい量の史料が残っていて、もはや議論の余地がありません。それでも、わが国の一部の学者は、〝いや、スペイン・ポルトガルは、平和的な布教と貿易だけを望んでいて……」などと、まだ寝言のようなことを言っている人もいますが、残念ながら、それは、ただの「フェイク・ヒストリー」か、もしくは、「プロパガンダ（政治宣伝）」にすぎません。

〝排他的な思想＋侵略的な武力〟の背後には、「貿易のうまみ」が混入しています。この時代、イベリア勢力の「思想＋貿易＋武力」の〝三点セット〟は、強固に結びついていました。

日本としては、当然、「武力」は受け入れられません。しかし、その「思想」は、排他的なものでさえなければ、抵抗なく受け入れるつもりでいて、それは、そのころの秀吉や家康の態度からも明らかです。

そして貿易は、むしろ積極的に求めるところでした。最大の問題は、〝三点セット〟が〝分離されていない〟、あるいは彼らが、かたくなに〝分離しようとしない〟というところにあったのです。

しかし、私がそう言っても、もしかしたら今時の〝お人よし〟の日本人のなかには、〝いや、彼らが軍事力を用いようとしたのは、秀吉がキリシタンを弾圧したから、彼らも、やむなくそういう計画を立てたのであろう……〟などと言い出す人が、あらわれるかもしれません。しかし、そういう人には、先にあげたヴァリニャーニやコエリョの日本への軍事侵略の意見が、いつごろ書かれたものか……というところに、注意していただきたいと思います。

それは天正八年（一五八〇）から天正十三年（一五八五）のものです。秀吉が、「バテレン追放令」を発したのは、天正十五年（一五八七）六月ですから、時間軸でいえば、明らかにキリシタンの軍事的な侵略計画の方が先であり、秀吉の「バテレン追放令」の方が後である……という順序を、忘れてはなりません。

日本人が奴隷として輸出される

鎌倉時代の蒙古襲来は、もっぱら〝侵略的な武力〟によるもので、〝排他的な思想〟などは、ともなっていません。その意味で、この時代のイベリア勢力の侵入は、わが国にとっては、まさに〝未知との遭遇《そうぐう》〟であった、といえます。

それでは、わが国の人々は、いつごろからイベリア勢力のもつ〝危険性〟に気づいたのでしょう？　はじめに気づいたのは、たぶん僧侶たちです。

永禄六年（一五六三）、宣教師を受け入れた長崎の大村純忠《おおむらすみただ》に対して、地元の僧侶たちが、〝やがてポルトガル人たちが城を建て、この地を奪うにちがいない〟と、正確な危機感にもとづく、正確な抗議をしています。そのことは、ポルトガル人のルイス・アルメイダが書き残しています。

また、天正六年（一五七八）、キリシタン大名・大友義鎮《よししげ》の家臣・田原親堅《たはらちかかた》が、その主人に対して〝宣教師たちは、日本で信者を増やしたあと、インドから艦隊を派遣して国を奪い取る計画をしている〟と、これも正確な危機感にもとづく正確な忠告をしています。これは、ルイス・フロイスが書き残していることです。

そのころになると、イベリア勢力が布教と侵略をセットにしていることを、かなりの人々が知っていました。信長の在世中から、豊臣秀吉はそのことを知っていた、ともいわれています（前掲『戦国日本と大航海時代』）。

しかし、うすうす知っているのと、それを自分の目で確認するのとは、大きくちがいます。秀吉が、イベリア勢力の脅威を、あらためて実感したのは、やはり九州平定に出向いた時でしょう。

秀吉が九州の島津義久を破って九州を平定したのは、天正十五年（一五八七）のことです。薩摩の国から帰途につき、水俣《みなまた》をへて筑紫《つくし》の国・筥崎《はこざき》に到着したのは、六月七日でした。筥崎には二十日ほど滞在しています。「バテレン追放令」は、そこで発せられています。

それまで秀吉は、キリスト教に対して、きわめて寛容でした。日本人のキリシタンに対して、「キリスト教に、一夫一婦《いっぷいっぷ》の戒律《かいりつ》さえなければ、私もキリスト教徒になったであろうに……」と言った、ともいわれています。もちろん冗談でしょうが、それも秀吉が、はじめはキリスト教に対して、あまり敵意をいだいていなかったことの、一つの証といえます。そのような秀吉を、たぶんスペイン人やポルトガル人は、〝与《くみ》しやすし〟と見ていたでしょう。

ところが秀吉は、九州で、噂で聞いている以上の、キリシタンの悪行を知ることになります。秀吉に仕えて、ともに九州におもむいていた大村由己《おおむらゆうこ》は、そのようすを、手紙にこう書き残しています。

「五島、平戸、長崎などでは、南蛮船が着くごとに、その国の領主を信者にし、さまざまな信仰の者を、自分の宗派に引き入れ、それだけではなく、日本人を数百人、男女は関係なく、黒船に買い取って、手足に鉄の鎖をつけ、船底に押入れ、地獄の苦しみを与えています」（徳富蘇峰『近世日本国民史』豊臣氏時代・乙編）

また、マドリッドの「歴史学士院」に残されている史料にも、日本人の奴隷のことが書き残され、それがレオン・パゼーの『日本耶蘇教史《やそきょうし》』の付録に掲載されています。内容は、こういうものです。

「ポルトガルの商人は、もちろんのことですが、その水夫、飯炊《めした》き男などの身分の低い者まで、日本人を奴隷として買い、つれ去っていきます。けれども、その日本人奴隷の多くは、船の中で死にます。それは、その日本人たちを、むやみに積み重ね、いろいろなものが入り混じっているところに閉じ込めているからです。また、その奴隷の持ち主らは、その奴隷が病気になると（持ち主のなかには、ポルトガル人に使われている黒人奴隷も少なくないのですが……）、その病気になった日本人の奴隷のことを、いっさいかまわず、何の食べ物も与えません。だから死ぬのです。

その水夫たちは、彼らが買った日本人の奴隷の少女たちと、みだらな生活をし、人が見ている前で、さんざん醜い行いをし、何も恥じるところがありません。マカオに帰る船のなかでは、その少女たちを、自室に連れ込む者さえいました。

私は今、ここにポルトガル人が、異教の国で、その小さな男たちや小さな女たちを増やした――つまり私生児を乱造した――だらしなさ、狂ったような、みだらな行いが、現にあることを申し述べます。また、そのために異教徒たちは呆然としているのですが、それらのことを、広く言うのは、差し控えたいと思います」（同前）

そのころのポルトガル人が、アフリカ、インド、東南アジアで、〝奴隷ビジネス〟を手広く展開していたことは、あまり知られていませんが、まぎれもない事実です。つまり、そのころのポルトガル人は、奴隷商人でもあったのです。

「手足に鉄の鎖をつけ」、「むやみに積み重ね」という記事には、同じ日本人として怒りを禁じえません。イベリア勢力の行っていたことは、太平洋をへだてても、しょせんは同じで、つまり、そのころの日本人のなかには、じつはアメリカ大陸の先住民と同じ目にあっていた人々が、かなりいたわけです。

天正十年（一五八二）、ヴァリニャーニの提案で、四人の少年がローマに派遣された「天正遣欧使節《てんしょうけんおうしせつ》」は有名です。少年たちは、マラッカ、ゴアを経て、喜望峰《きぼうほう》を回り、ポルトガルのリスボンに入るのですが、行く先々で、日本人の奴隷を目撃しています。宣教師が「奴隷貿易許可証」を発給していました。つまり、キリスト教の宣教師たちと、奴隷商人たちは〝グル〟だったのです（前掲『戦国日本と大航海時代』）。

しかし、そのころの日本には、アメリカ大陸の先住民にも、他のアジア諸地域にも、どこにもないものがありました。秀吉による強力な統一政権と、それにしたがう全国の歴戦の大名たちと、誇り高く戦闘能力の高い武士たちと、そして最新鋭の、しかも大量の武器です。

たとえば、鉄砲ですが、「鉄砲の絶対数では、十六世紀末の日本は、まちがいなく世界の、どの国よりも大量にもっていた」（ノエル・ペリン著／川勝平太訳『鉄砲を捨てた日本人』）といわれています。つまり、イベリア勢力を除けば、そのころの日本は世界最強の軍事大国だったのです。

「主権」と「人権」を守るため、秀吉が立つ――「バテレン追放令」

天正十五年（一五八七）六月七日、筥崎に到着した秀吉のもとに、イエズス会の日本準管区長のカスパル・コエリョが訪れます。〝シナへの侵略戦争のさいは、その最前線に日本人を立たせよう〟という計画を、ひそかに立てていた、あのコエリョです。

コエリョは、その前年、秀吉に対して、こういう提案をしていました。秀吉が九州に出兵するさいは、自分がキリシタン大名たちに声をかけて、秀吉に協力させよう……、そして、もしも秀吉がシナ大陸に出兵するのであれば、二艘のポルトガル船を提供し、さらにはインドから援軍も送らせよう（前掲『キリシタン時代の研究』）。

コエリョは、秀吉を〝与《くみ》しやすし〟と見ていたのでしょう。そして、あわよくば日本の軍事力を、ポルトガルによるシナ征服に利用しようとしていたのです。

コエリョとは、そのように〝危うい人物〟だったのですが、秀吉を〝与しやすし〟と見ていたせいもあってか、筥崎では調子に乗って、秀吉に自分の軍艦に乗せて内部を案内する……というパフォーマンスまでやっています。

その出来事について、ヴァリニャーニは、こう書いています。

「関白殿が（今から三年前に）下の諸国〔注・九州のことか〕を征服するために来て、軍勢とともに博多市に滞在していた時に、パードレ・ガスパル・コエリョは、旗で飾り立てた上述のフスタ船〔注・コエリョがつくらせた大砲を搭載した軍艦〕に乗って、海上から彼を訪ねた。それは、ちょうど誰か、大提督のようであった。

このような船は、この日本では、まったく新規な軍艦なので、その全軍を驚かせた。そして関白殿は、自分自身で、そのフスタ船を訪れ、船内に入って、全部をくまなく観察し、その後で、同パードレ・ガスパル・コエリョに対して、それを大いに称え、『これは軍艦である云々《うんぬん》』と語った」（一五九〇年十月十四日長崎発のイエズス会総会長あての手紙・前掲『キリシタン時代の研究』）

秀吉はフスタ船を訪ねた日、三時間ほどコエリョやその船の船長と懇談したそうです。

秀吉が上機嫌であるかのようにふるまっていたので、コエリョは油断していましたが、役者は、秀吉の方が何枚も上手です。秀吉は、この時はっきりと、イベリア勢力の危険性を覚ります。そして、すぐに行動を起しました。

秀吉と別れたあと、軍艦の寝室で寝ていたコエリョは、秀吉からの使者にたたき起こされます。すぐに上陸せよ……とのことでした。

そして、五箇条の質問を受けます。そこには、次のような質問もありました。

「なぜ宣教師たちや、その信者たちは、競いあって神社仏閣《じんじゃぶっかく》を破壊するのか」。「なぜ僧侶を迫害するのか」。「なぜイエズス会支部長・コエリョは、自分の国の国民が、日本人を購入して、それを奴隷としてインドに輸出するのを、黙認しているのか」（前掲『近世日本国民史』豊臣氏時代　乙編）

コエリョが当惑していると、つづけざまに秀吉の使者が来て、キリシタン大名・高山《たかやま》右近《うこん》の改易《かいえき》（身分を取り上げ、財産を没収すること）の命令書を読み上げて、すぐに帰ります。秀吉の処置は迅速、かつ大胆です。

こうして、天正十五年（一五八七）六月十九日、「バテレン追放令」が発せられます。その第一条は、次のとおりです。

「日本は神国であるにもかかわらず、キリスト教国から邪悪な教えが入ってきているのは、とても不都合なことである」（原文「日本は神国たるところに、吉利支丹《キリシタン》国より邪法《じゃほう》を授《さず》け候儀《そうろうぎ》、はなはだ以て、しかるべからず候」）

今、「神国」というと、すぐに〝偏狭なナショナリズム〟などと反応する人々がいますが、この場合は、「キリスト教の布教＝スペインの脅威を、排除する理由として『神国』論が考案された」（平川新「前近代の外交と国家――国家の役割を考える」）というのが実情です。ちなみに現代人は、「思想」があって「現実」が動く……と考えがちですが、実際の歴史を見ていくと、「現実」が動いて、そのあと「思想」がついてくる……という場合の方が多いようです。

その点、現代人の発想は、かなり〝非現実的〟といえます。わが国の長い日本の歴史を見ると、平和な時代に「神国思想」が鼓舞されることは、ほぼありません。それが鼓舞されるのは、ほとんどの場合、国家や民族が危機に直面した時代で、たとえば、蒙古襲来の時や幕末維新の時がそうですし、また大東亜戦争の時もそうです。危機に直面して、そのあとようやく「神国思想」が思い出され、鼓舞されてきた……というのが、歴史の実相でしょう。

それにしても秀吉の、自国の「主権」と国民の「人権」を守るための大胆、かつ迅速な処置には、感服せざるをえません。現代の日本には、自国の領土が侵されても、自国民が他国に拉致されても気にしない、まるで〝血も涙もない〟かのような政治家や官僚、知識人やメディア関係者が少なくありませんが、そういう人々には、〝大坂城の石垣のカケラ〟を、粉末にして、飲ませてやりたいくらいです。

秀吉の朝鮮出兵の目的とは?

九州を平定した秀吉は、いよいよ明《みん》国を征服する……という大事業に乗り出します。その大事業については、近代の歴史学では、古くから秀吉の「功名心」とか「誇大妄想」ということで、すませられがちでした。

しかし、それでは、いくらなんでも説得力がありません。そこで戦後は、「統一政権の成立にともなう、国内矛盾の国外への転嫁」などという解釈がされるようになりました。いかにも〝戦後歴史学〟らしい説です。ところが近年では、さらに新しい説が、いろいろと打ち出されています。

一つ目は、信長の志を継承したもの……という解釈です。天正八年（一五八二）、信長は、ルイス・フロイスに対して、自分が日本の絶対君主になったならば「シナにわたって、武力でこれを奪うため、一大艦隊《いちだいかんたい》を準備させる」と語っています。

この壮大な構想について、堀新《ほりしん》さんは、信長が「明皇帝から日本国王に冊封《さくほう》されて、勘合貿易《かんごうぼうえき》を望んでいたとは考えられない」とされつつ、信長は「室町殿《むろまちどの》の日本国王とは異なる『明から自立した国王』」を目指していたのではないか、と指摘されています（「信長・秀吉の国家構想と天皇」）。それでは、信長は、どうしてそのような考え方をするようになったのでしょう？

堀さんは、こう書いています。「ヨーロッパ勢力との接触により、信長は中国中心の伝統的な世界観から脱却し、東アジア世界の再編成をも視野に入れていたのである」（前同）。

つまり、そもそも信長にそのような志があり、秀吉はそれを継承して、東アジアの古い秩序を打破しようとしていたのではないか……ということです。そして近年は、それに加えて、もう一つ大きな理由があるのではないか、と主張する研究者もあらわれました。

その主張とは、こうです。

「秀吉がめざしたのは、たんに明の冊封体制からの自立というだけではなく、世界最強国家スペインに対抗し、東アジアを日本の版図に組み込んでいくことだったのではないだろうか。言葉をかえれば、世界の植民地化をめざすイベリア両国に対する、東洋からの反抗と挑戦ともいえるだろう」（平川新「前近代の外交と国家―国家の役割を考える」）。

以上のように、ようやく最近になって、秀吉の朝鮮出兵について、学問的に納得できる説が、いろいろと出てきました。私自身も、長年の疑問が解けて、うれしいかぎりですが、これからは、それらの新しい説を踏まえて、秀吉の朝鮮出兵を、私なりにとらえ直してみます。

「大東亜四百年戦争史観」の提唱

天正十九年（一五九一）七月、秀吉は、インドのポルトガル副王へ手紙を出しています。〝貿易は許すが、布教は許さない〟という内容です。

なぜインドのポルトガル副王なのか……というと、ポルトガルは〝デマルカシオン体制のもとで、日本の支配権は、わがポルトガルにある〟と考えており、そのポルトガルの宣教師たちを統括しているのは、インドのゴアにいる大司教だったからです。秀吉は、国際的な情報を、ちゃんと踏まえて通告しているのです。

八月になると肥前の名護屋《なごや》に、朝鮮出兵のさい、本営となるべき城を築くことを命じます。そして秀吉は九月、今度は、マニラのフィリピン総督に対して、こういう手紙を送っています。

「三韓《さんかん》、琉球《りゅうきゅう》、および他の遠方の諸国は、すでに私に帰服して、貢物《みつぎもの》を納めた。そして今、私はシナに対して、戦いをなそうとしている。……あなたがたも旗《はた》を倒して、私に従う時が来た。もし従う時が、少しでも遅れれば、私は、あなたがたに対して、すみやかに罰を与えるであろう。その時、後悔してはならない」（原訳は村上直二郎、現代語訳は筆者／『異国往復書簡集』）

この手紙は、翌年の五月にマニラに届きます。現地のスペイン人は、かなり動揺したようです。そして、〝そういえば三年前に三、四十人の日本人がきて、マニラの港湾施設などを視察して帰っていった。あれは、偵察ではなかったか……。日本は、マニラの防御体制が手薄であることを知っている。現地人に与えていた銃は、回収しておかなければならない〟と、考えはじめます。マニラには戒厳令が敷かれ、フィリピン総督は、スペイン国王に援軍の派遣を求めています（前掲『戦国日本と大航海時代』）。

そのころのようすを、キリスト教徒でシナ人の通訳・アントニオ・ロペスは、こう証言しています。

「私は、皇帝（太閤様）が〔太閤様側近《たいこう》〕の（長谷川）法眼《ほうげん》に、これらの〔フィリピン〕諸島の征服を委ねたという噂を、日本で聞いた。私は、法眼の士卒《しそつ》たちが、この島に来ることを望んでいる、と語るのを聞いた。彼らが私アントニオに、カガヤン〔注・フィリピンのルソン島北部の地域〕の住民は、すでに征服されているのか、と訊いたので、私が『そうだ』と答えると、（法眼の士卒は）『そうではない。自分たちは、そのことを知っている』と言った。……

『この島には、四千人から五千人のスペイン人がいる』と私が言うのを聞いて、日本人たちは笑った。彼らは『（フィリピン）諸島の防備は児戯《じぎ》に類する。なぜならば、日本人百名は、スペイン人の二百名、あるいは三百名に匹敵する力を有するからである。だから（フィリピン）諸島を征服することは、困難ではない。カガヤンにおいては、（原住民が）スペイン人を憎んでいるから、日本人がカガヤンに行けば、ただちに原住民は、スペイン人を日本人の手に引き渡すであろう』と言っていた。日本では、すでに大船三隻を建造しているが、他の目的には、その必要がないのだから、この諸島のためである、と考えるほかはない」（パステルス／松田毅訳『一六―七世紀日本・スペイン交渉史』）

スペイン人は、日本軍の攻撃をきっかけにして、フィリピンの人々が立ち上がり、ひいてはスペインの植民地体制が崩壊する危険性を、本気で感じていたようです。この史料を読んで、三百数十年ほど後の大東亜戦争のさいに、インドネシアの独立のために結成された「祖国独立義勇軍」（PETA《ペタ》）や、インド独立に貢献した陸軍少佐・藤原岩市《いわいち》（一九〇八―八六）の「F機関」などの活躍を想起してしまうのは、私だけではないでしょう。

まさに、この話には〝大東亜戦争の前夜〟のおもむきがありますが、残念ながらフィリピンの人々が「解放」されるのは、まだまだ遠い先のことです。フィリピンの人々は、それ以前もそれ以後も、ずっとスペインの支配に抵抗しつづけたのですが、いずれも容易に鎮圧されてしまい、長い歳月が流れます。

三百数十年の歳月を経て、一八九八年（明治三十一）、アメリカとスペインの戦争（米西戦争）がはじまり、それをきっかけとして、ようやくフィリピンは独立するのですが、今度はアメリカの植民地にされました。フィリピンの人々はアメリカに対して、六十万人もの死者を出してまで抵抗をつづけますが、結局のところ、フィリピンはアメリカの植民地のままです。

こうして、「白人支配」がつづくのですが、一九四一年（昭和十六）十二月、日本軍がフィリピンに攻め込みます。そして翌年一月、マニラを占領し、アメリカ陸軍の司令官・マッカーサーを追い出します。

その二年後の一九四三年（昭和十八）、フィリピンは、大日本帝国の御前《ごぜん》会議の結果を受け、ふたたび独立を回復します。秀吉が、マニラのフィリピン総督に手紙を出してから、正確に言うと三百五十二年後のことです。

このように、きわめて長いスパンで歴史を見ていくと、ポルトガル人が種子島に漂着してから、大東亜戦争のあとのGHQによる日本占領が終わるまでの四百九年間……、日本は、ずっと「白人諸国」と戦っていた……と見ることも、できるでしょう。私は、その長い戦いを「大東亜四百年戦争」と名づけたい、と思っています。

そのような歴史の見方からすると、「鎖国」は、どうなるのでしょうか？　私は、それを〝長い冷戦期間（もしくは休戦期間）〟ではなかったか、と思っています（たとえば、「朝鮮戦争」の「休戦期間」は、すでに七十年近くにおよんでいます）。

「大東亜四百年戦争」の「戦争目的とは何か？」と問われれば、それは、いうまでもなく日本の自由と独立、そしてアジアの解放です。現に大東亜戦争ののち、アジアのみならず、世界各地の有色人種に対する「白人諸国」の植民地支配は、ほぼ終わり、ほとんどの有色人種は、独立国家をもつことになったわけですから、結果的に「大東亜四百年戦争」によって、世界の有色人種は、「解放」されたことになります。

一九五〇年代から六〇年代にかけて、アメリカで起った「公民権運動」も、その流れのなかにあります。アメリカの黒人たちは、近代の日本の歩みに、ずっと好意的だったのですが、そのことは今、ほとんど知られていません（くわしいことは、レジナルド・カーニー／山本伸訳『20世紀の日本人──アメリカ黒人の日本観　一九〇〇－一九四五』を参照してください）。

とすれば……、秀吉の朝鮮出兵は、「大東亜四百年戦争」の〝前哨戦《ぜんしょうせん》〟と見ることもできるでしょう。そして明治維新は、その〝最終決戦〟へ向けた準備のはじまりであった、と見ることも、できるのではないでしょうか。

〝デマルカシオン体制への反抗〟としての朝鮮出兵

文禄元年（一五九二）四月十二日、日本軍の第一陣が釜山《ふざん》に上陸し、やがて「文禄《ぶんろく》の役」がはじまります。秀吉は、総勢十六万の大軍を朝鮮に送り、日本軍は五月二日、朝鮮王国の首都・京城《けいじょう》を陥落させ、六月十五日には平壌《へいじょう》に入りました。

その翌月の七月、秀吉は、フィリピン諸島長官にあてて、こういう手紙を送っています。

「私は、高麗《こうらい》の国に、その土地を通過することを求めたが、それを実行しはじめた時、高麗は私に約束したことを行わず、抵抗した。したがって、私の軍の先鋒《せんぽう》は、高麗の国を破壊した。これは、はなはだ容易なことで、まるで雪に熱湯をかけるかのようであった。……

私は人々が皆、平和、かつ静穏《せいおん》に生きることを求めている。そして、私の統治している地域では、何人《なんぴと》も商船の往来を妨げない。そうであるから、あなた方は毎年来て、貿易をすることができる。……フィリピンは、遠いとはいっても、もしも、あなた方が私の命令に背くようなら、私は優秀な将軍を遣わして、あなた方を罰するであろう。……

あなた方は、急いで私のところに来なさい。また、人を遣わして、私が言っていることを、スペイン本国にも伝えなさい」（前掲『異国往復書簡集』）

秀吉の視線は、朝鮮半島を越え……シナ大陸を越え、遠くスペインに注がれていました。しかし、その年の七月、明国の軍が参戦します。翌文禄二年（一五九三）になると日本軍の勢いも衰えます。そして、その年の四月になると、京城からの撤退が開始され、戦線は膠着《こうちゃく》するのです。

しかし、それでも秀吉は、スペインへの威嚇をやめません。文禄二年（一五九三）の秋ごろ、秀吉は、フィリピン総督にあてて、こういう手紙を送っています。

「今、私の配下の多くの武将たちが、マニラを占領する許可を、私に求めている。……シナに到着したら、ルソンは、とても近く、私の親指の下にあるようなもの……ということになる。そうなったら、私たちは地理的にも近い関係になるのであるから、永遠に親しく交わりたいものである。

私がそういっていると、スペインに書き送りなさい。スペイン王は、遠くにいるといっても、私の言うことを軽視してはならない」（前同）

つまり、「私は、やがてマニラにも攻め入るかもしれない……、そのことをスペイン王に伝えておきなさい！」というのです。イベリア勢力の側から見ると、日本を〝軍事占領する〟と大言壮語《たいげんそうご》していたら、いつのまにか自分たちの方が、軍事占領されるかもしれない……ということになっていたのですから、肝を冷やしたにちがいありません。

その文禄二年の十一月、秀吉は、台湾（高山国）に貢物を求める手紙を出しています。ただし、まだ台湾には、統一政権がなかったので、使者は渡す相手がわからず、帰ってきました。

台湾が戦略的に重要な場所である、ということは、スペインも認識していました。一五九七年（慶長二）、フィリピン総督は、スペイン国王に対して、日本より先に台湾を抑えなければ、マニラが危ない……、したがって今、台湾の港を押さえておくべきである、と進言しています。

その上で、フィリピン総督は、タイもカンボジアも、つまり東南アジア全域をスペインの支配下におく……という計画まで立てているのです（前掲『戦国時代と大航海時代』）。秀吉の朝鮮出兵は、そのころの東アジアでの〝やるか……やられるか〟という、きわめて緊迫した国際情勢の中で行われていることを、私たちは忘れてはなりません。

秀吉がシナの〝皇帝〟になる日

慶長元年（一五九六）九月、明の皇帝からの使者が大坂城にきますが、その皇帝の勅書には、「なんじを封《ほう》じて、日本国王となす」とありました。シナの皇帝が、近隣の国王たちを〝家臣あつかい〟する国際秩序を「冊封体制《さくほうたいせい》」といいます。

そもそも信長や秀吉は、その「冊封体制」は言うまでもなく、「デマルカシオン体制」からの脱却も目指していたはずなのですが、そのような秀吉の前で、わざわざ明から日本にまでやってきて「日本国王となす」と宣言するとは、あまりにも無神経でしょう。秀吉が激怒するのも、わかる気がします。

明は、過去の歴代王朝と同じく、傲慢な大国意識にひたりきり、古い自国中心の国際感覚のままでした。考えてみれば、それは、のちの日清戦争のころの日清関係の構図と、どこか似ています。

歴史そのものが〝くり返す〟ということは、もちろんありません。しかし、歴史の〝パターン〟というものは、いくども〝くり返される〟ものではないでしょうか。

激怒した秀吉は、慶長二年（一五九七）二月、ふたたび十四万の大軍を朝鮮に送ります。「慶長の役」です。

その年、秀吉は、フィリピン総督にあてて、こういう手紙を送っています。

「数年前、数人の宣教師が、わが国に来て、外国の悪魔の教えを説き、わが国の貧しい庶民の、男子や女子の信仰を乱し、さらには、その外国の風俗を持ち込み、庶民の心を惑わし、わが国の政治も破壊した。そのため私は、その教えを厳しく禁止し、わが国に一切入ってこないように命じた。

ところが、外国から来た宣教師たちは、自分の国に帰らず、町や村をまわって、密《ひそ》かに貧しい庶民、従僕、奴婢《ぬひ》などに外国の教えを説いてやまなかった。私はそのことを聞いて、忍耐することができず、すぐに彼らを殺すことを命じた。

なぜなら、外国において布教は、外国を征服する策略……征服するための方便であると、聞いているからである。もしも、わが日本国から、日本人の教師や庶民が、あなた方の国にわたって、神道の教えを説き、庶民を混乱させ、惑わし、人の道を踏み外すようなことがあったら、その国の統治者のあなた方は、それを嬉しいと思うであろうか。喜びはすまい。もし私を批判するなら、そのことを、ちゃんと考えてから、批判しなさい。

私は思う。あなた方は、そのような方法を用いて、フィリピンの古来の君主を追い出し、それに代わって自分たちが、フィリピンの新しい君子になった。それと同じように、あなた方は今、あなた方の国の信仰によって、わが国の信仰を破壊しようとしている。つまり、やがては日本国を占領しよう、と企てているのである」（同掲『異国往復書簡集』）

秀吉は、イベリア勢力が、〝排他的な思想＋侵略的な武力〟によって、日本を征服しようとし、さらには征服後に日本兵を使って、シナを侵略しようとしていたことまで、知っていたようです。さらには彼らが、ひいては東南アジア全域を支配しよう……という野望望をもっていたことさえ、知っていたかもしれません。

〝ならば……やられる前に、やる。それしかない！〟と思っていた可能性は高い、と思います。秀吉は本気で、朝鮮半島は通過するだけで、シナを支配しようと考えていたのでしょう。

それは、そのころの国際情勢からすれば、かならずしも「誇大妄想」とはいえません。秀吉は慶長三年（一五九八）に六十三歳で死去し、「文禄《ぶんろく》の役」は終わるのですが、その四十六年後に、満州《まんしゅう》族のホンタイジ（清の太祖《たいそ》・ヌルハチの第八子）が、北京を陥落させて明国を滅ぼし、清国が大陸を支配しているからです。

ヌルハチと比べると、信長は二十六歳の年上、秀吉は二十四歳の年上、家康は十八歳の年上ですから、三人とも一世代もちがいません。ですから、ひょっとしたら秀吉がシナで王朝を開いて「太祖」となり、秀頼《ひでより》が、大陸全土を支配していたかもしれないのです。

「鎖国」も、〝武威〟あればこそ

秀吉の朝鮮出兵は、イベリア勢力に衝撃を与えました。それまでは〝日本など、わが国の軍事力で一ひねり〟という勢いだったイベリア勢力は、むしろ、日本の軍事力に恐れをいだくようになります。

朝鮮出兵の前と後の彼らの変化について、平川氏は、こう書いています。

「秀吉による朝鮮出兵は、失敗したとはいえ、スペイン勢力に対して、日本の軍事力の強大さを、否応なく知らせることになったといってよい。早く日本を征服してしまえ、と威勢のよかったフィリピン総督や宣教師たちは、どこかに行ってしまったかのようだ。朝鮮出兵は、世界最強を自負するスペイン人の心胆を、寒からしめる効果を発揮していた」（前掲「前近代の外交と国家――国家の役割を考える」）

そのような変化を踏まえて、先にも引用したとおり平川氏は、秀吉の朝鮮出兵を、「世界の植民地化をめざすイベリア両国に対する、東洋からの反抗と挑戦」（前同）と見るわけです。

さて……、これまでお話してきたとおり、コロンブス以後、たいへんな勢いで世界を侵略してきたイベリア勢力ですが、一五八一年（天正九）には、スペインの支配下にあったネーデルランド地方から、北部七州が独立を宣言し、ネーデルランド連邦共和国（オランダ）が誕生します。スペインは、その独立を支援したイギリスに向けて、一五八八年（天正一六）、無敵艦隊（アルマダ）を送りますが、イギリス艦隊に敗れます。

イギリスは、エリザベス一世の時代で、日本ではその前年に、秀吉が先の「バテレン追放令」を出しています。そのころの世界の風景は、いわば〝落日のスペイン・ポルトガル〟、そして〝昇る日のオランダ・イギリス〟といったところでしょうか。

同じキリスト教でも、スペイン・ポルトガルは、旧教国（カトリックの国）、イギリス、オランダは新教国です（ただしイギリスは、「イギリス国教会」ですが……）。家康の時代になって、イギリス、オランダが日本に接近してくるのは、そのようなヨーロッパの白人国家のパワーバランスの変化が、アジアにもおよんできた、ということを意味しています。

結果的に江戸幕府は、いわゆる「鎖国政策」によって、寛永《かんえい》元年（一六二四）には、日本へのスペイン船の来航を禁じ、寛永十六年（一六三九）には、日本へのポルトガル船の来航も禁じます。

時の将軍は、徳川家光です。つまり、秀吉の「バテレン追放令」から、ほぼ半世紀かかって、わが国は、日本国内のイベリア勢力を一掃したことになります。それが可能であったのは、なんといっても、秀吉の朝鮮出兵以来の、日本の〝武威《ぶい》〟があったからでしょう。〝武威〟とは、いわば〝軍事的な抑止力〟です。

そもそもスペイン・ポルトガルは、〝来るな！〟と口で言えば、それでおとなしく来なくなる……という国ではありません。そのような〝ものわかりのいい国〟なら、世界中の有色人種は、あのような目にはあっていません。

スペイン・ポルトガルが、いかに〝しつこい国〟であったか、という証拠をあげましょう。わが国が、イベリア勢力との関係を断ったのが、寛永十六年ですが、その翌年には、マカオからポルトガル人が、集団で来航しています。

しかし幕府は、その主な人員六十一名を、断乎として処刑しました。それが可能であったのも、日本に〝武威〟があったからで、もしも他の有色人種の国家がそういうことをしていれば、それを口実にして、軍事侵略を受けていたはずです。しかし、スペイン・ポルトガルの両国は、そうはしませんでした。というか……それはできませんでした。

〝もしも日本に軍事侵略したら、自分たちの方が返り討ちにあう〟と、わかっていたからでしょう。〝武威〟あればこそ、日本は、断乎としてイベリア勢力を撃退することができ、その軍事侵略を退けたのです。

そのあと、わが国は毅然として「鎖国政策」という外交方針を、二百年以上もつらぬきます。それは、国を〝閉ざしていた〟というよりも、外国の侵入を〝跳ね返していた〟、または〝ブロックしていた〟と表現する方が、実態に近いのではないでしょうか。

あらためて、「鎖国」を評価する

そのあと、イギリスはみずから脱落しましたので、「鎖国政策」のもと、白人国家ではオランダだけが、日本との貿易を許されることになります。そのことについて、一般的には、〝新教国は、宗教と貿易を分離したから、出島《でじま》での交易を許された〟といわれています。

しかし、新教国であっても、キリスト教国であることは同じです。オランダやイギリスも、プロテスタントの牧師をつれて、アジアに進出しています。

それなのに、なぜオランダは、日本には牧師を送りこまなかったのでしょうか。そして、なぜ出島での厳しい〝管理貿易〟を受けいれたのでしょうか。しかもオランダ商館長が江戸に〝参勤〟までしています。私は、それらすべては、日本に〝武威〟があったからこそではないか……と、思っています。

それでは、なぜ「鎖国政策」は、幕末になって、破綻をむかえたのでしょう？　答えは、きわめて単純です。わが国の〝武威〟が、白人諸国と比較して、相対的に衰え、つまり、「パワーバランス」が崩れたからです。したがって以後、日本は急いで、そのバランスを取り戻す必要に迫られます。

そうしなければ、ふたたび白人諸国による植民地化の危機が迫っていました。明治維新後の日本が、「富国強兵《ふこくきょうへい》」に邁進《まいしん》せざるをえなかったのは、そのためです。

明治から平成にいたるまで、「鎖国政策」は、ほぼ一貫して、日本の知識人たちの間で、評判の悪い政策でした。戦前の学校では、そのせいで「日本人の南洋進出」が途絶えたことを、批判する授業が行われていたそうですし（小堀桂一郎『鎖国の思想 ケンペルの世界史的使命』）、戦後になると、和辻哲郎《わつじてつろう》に代表される論調、つまり「鎖国政策」のせいで日本人の「科学的精神の欠如」が生まれた、とするものが主流になっています（『鎖国日本の悲劇』）。

しかし私は、戦前の否定的な評価も、戦後の否定的な評価も、それぞれの時代の〝ないものねだり〟の、はかない願望の裏返しではないか、と思っています。〝武威〟を背景にした「鎖国政策」があったからこそ、日本は、「徳川の平和」を謳歌できたのであり、それはそれでよい時代ではなかったか、と思うのです。

その「徳川の平和」があったからこそ、さまざまな学問が隆盛しました。そして、それらの学問のなかから、これからお話しする「尊皇」と「攘夷」の思想も生まれ、それらが、やがて日本を、明治維新へと導いていくのです。

第三章　「尊皇」とは何か？　「攘夷」とは何か？

中岡慎太郎（国立国会図書館蔵）

第一節　尊皇とは何か？——楠木正成の「忠」と「革命」の克服

学問の興隆がもたらしたもの

「徳川の平和」がつづいたことで、わが国では、さまざまな学問が発達し、教育も普及しました。明治維新と江戸時代の学問・教育は、一見すると、何の関係もないかのようですが、じつはそうではありません。

「明治維新は、なぜ起ったのか？」と問われれば、もちろん、無数の要因をあげることができます。しかしそれを、〝ぎりぎり二つに絞れ〟といわれれば、私は、たぶん次の二つになるのではないか、と思います。

一つは、〝学問の興隆・教育の普及〟です。一部の志士たちばかりでなく、そもそも国民全体の〝民度が高かった〟から、日本は明治維新のような大改革を実現することができたのではないでしょうか。

もう一つは、〝対外的な危機〟です。それは、これまでお話したように、秀吉から家光にいたる「武威」によって、江戸時代のなかごろまでは、それを、かなり〝跳ね返し〟また〝ブロック〟していたのですが、幕末になると、わが国と白人諸国との〝パワーバランス〟が崩れ、ふたたび日本は、白人諸国からの侵略の危機に直面することになります。

その〝対外的な危機〟については、本章の二節で、少し触れるつもりですが、まずは、江戸時代の〝学問の興隆・教育の普及〟が、どう明治維新につながっているのか、ここでは学問の面から考えてみましょう。

江戸時代に興隆した学問として、代表的なものをあげるとすれば、次の三つになります。儒学《じゅがく》（朱子学《しゅしがく》）、国学（皇学《こうがく》）、蘭学《らんがく》（洋学）の三つです。そのうち、儒学（朱子学）の一部と国学（皇学）から、「敬神《けいしん》」（神々を敬うこと）と「尊王《そんのう》」（皇室を尊ぶこと）という考え方が強く打ち出され、やがてそれが、全国の人々に伝わっていきます。

「敬神」と「尊皇」は、そもそも〝二つで一つ〟です。なぜなら、〝わが国の神々を敬う思い〟は、〝アマテラス大神を敬う思い〟を中心とするものであり、その〝アマテラス大神を敬う心〟は、その御子孫である〝皇室を尊ぶ思い〟に直結するからです。

もっとも、人というものは、「思い」があるからといって、それがすぐに「行い」になる……というわけではありません。たとえば、ほとんどの人には「清潔な環境」を、快いと思う「思い」があるわけですが、それが、すぐに具体的な清掃奉仕という「行い」につながるわけではないのと同じです。

ある「思い」と、ある「行い」との間には、それを結びつける〝何か〟が必要です。それは、ちょうど豆乳《とうにゅう》に〝にがり〟を加えないと、豆腐《とうふ》にならないのと同じです。かりに「敬神」・「尊皇」を豆乳とし、幕末の「尊王攘夷運動」を豆腐とすれば、その二つを結び付ける〝にがり〟にあたるものとは、さて……何でしょう。いろいろとあるでしょうが、江戸時代の学問の興隆にともなって、「忠」という考え方が、広く普及したことも、その一つではないか……と、私は思っています。

幕末の志士たちの「思い」と「行い」は、たぶん「忠」という言葉で結ばれています。そして、「忠」といえば、江戸時代から昭和戦前期まで、それを象徴する人物が、南北朝時代の忠臣《ちゅうしん》・楠木正成《くすのきまさしげ》でした。

幕末の志士で、正成を仰いでいなかった……という人物を、私は知りません。正成を〝導きの星〟と仰ぎつつ、命をかけて政治的な「行動」を起した人々……それが幕末の志士である、といっても過言ではないでしょう。

それでは、なぜ正成は、「忠」の象徴となり、幕末の志士たちの〝導きの星〟になったのでしょうか？　これは、明治維新の本質を考える上でも、とても重大な問題なのですが、これまでの歴史の本では、その点について、ちゃんと説明しているものがほとんどないので、これからそのことについて、少し考えてみましょう。

なぜ「忠」といえば、楠木正成なのか？

昭和五十年代の東京観光では、しばしば、こういう場面が見られたそうです。観光バスが皇居を訪れる……すると、若いガイドさんが、皇居前の正成の銅像を指しながら、こういう話をします。

「銅像のお馬の尻尾には、雀が巣をかけ、毎日、チュウチュウと鳴いております……」

それで観光客は、ドッと爆笑したそうです（「忠《ちゅう》」と、スズメの鳴き声の「チュウ」をかけているわけです）。たぶんそのころのバスガイドさんたちは、いつもこの話で、観光客から、笑いをとっていたのでしょうが、今なら「はぁ？」というところでしょう。

この話は、森田康之助《やすのすけ》著『湊川《みなとがわ》神社史』景仰篇《けいぎょうへん》に書かれている話で、その本の出版は昭和五十三年ですが、悲しいことに、そのころには、もう「忠」という言葉が、揶揄《やゆ》と嘲笑《ちゅうしょう》の対象になっていたのです。この話を紹介しつつ、森田さんは、「（そこに）浮薄《ふはく》さと軽佻《けいちょう》さは感ぜられても、精神的な重厚さは、もはや見るべくもない」と嘆いています。

しかし、今となって考えると私は、この時代は〝まだ、いい時代だったのでは……〟と思っています。そもそも観光客たちが、「忠」と正成の、深い関係を知っていなかったら、そんな駄洒落《だじゃれ》も通用しなかったはずだから……です。

今は、「忠」という言葉も、正成という名も、日本人の意識からは、きれいさっぱりといえるくらい、消えています。まことに残念なことですが、それにしても、昔の日本人にとって、なぜ〝忠といえば楠木正成〟だったのでしょうか?

考えてみると、これは、なかなか学問的に深い話です。こころみに今、両者の関係を知ろうとして、いろいろな本を読んでみても、残念ながら、どれもこれも要領をえません。

たとえば、このようなことを書いている学者がいます。

「後醍醐に血の奉公をした正成は、忠臣の第一、『あるべき日本人の典型』としてアジア・太平洋戦争の敗戦まで顕彰され続ける」(梅津一朗『楠木正成と悪党』)

「ああ、また、あの、おきまりのフレーズかぁ……」と思わざるをえません。しかし今どき、こんな〝おきまり〟の説明をされて、「はぁ……そうですか」と納得できる人が、どれほどいるでしょう（しかし、今の日本史の学界では、そういう「おきまりのフレーズ」でも、アレンジさえ変えれば「新曲」として、ほどほどにヒットするのが、困りものです）。

そのような「おきまりのフレーズ」を歌う人にかぎって、しばしば「血の奉公」などという……〝おどろおどろしい言葉〟を使いたがります。〝怖いだろー〟ということなのでしょうが、考えてみれば、そもそも正成の時代には、「血の奉公をした」人など、いくらでもいます。

『太平記』にも、「後醍醐天皇のご信任をえて、忠義を尽くし、戦功を誇った者の数は、いく千万人いたであろう」と書いてあります。その「いく千万人」のなかで、〝なぜ正成なのか？〟というところを、私は知りたいわけです。

しかし、そう問うたところで、戦後の日本史の研究者たちは、先のようなありさまですから、たぶん、〝水戸学などに内在する皇国史観《こうこくしかん》的イデオロギーが、近代の国家主義《こっかしゅぎ》教育につながり……〟などという〝おきまりのフレーズ〟を、延々とくりかえすばかりでしょう。そういう人々の脳内は、〝サヨク・ガラパゴス化〟というか、〝サヨク化石化〟というか……、いずれにしても〝硬直化〟しているので、いくらそのような問いを発しても、たぶんムダ……という気がします。

そのような人々の脳内では、きっと「忠＝楠木正成＝軍国主義」という図式が〝硬直化〟しているのでしょう。しかし、そういう〝硬直化〟した頭脳で、日本人の、きわめて繊細《せんさい》な心の奥にある謎を解くのは、たぶん不可能です。（ちなみに、掛谷英樹「文系学問〝偏向〟ランキング」〔『正論』平成三十年八月号〕によると、四十に区分した文系学問のうち、「日本史」という学問の政治的な〝偏向度〟は、なんと三位にランキングしています）。

それでは、戦前の学者たちが書いたものを探して読めば、その謎は解けるのでしょうか？ そのことについても、私は〝たぶんムリ……〟と思っています。

なぜなら、「忠＝楠木正成＝国家主義」という図式が、脳内で〝硬直化〟しているという点では、じつは戦前の知識人も戦後の知識人も、大差がないからです。ただし、戦前は、その図式が「善」とされ、戦後はそれが「悪」とされているという……、ただそれだけのちがいにすぎません。

〝硬直化〟しているという点では同じです。いずれにせよ、「近代合理主義」に、こり固まった知性では、いつまでたっても、日本人の心の奥にある謎は、解けないのではないでしょうか。

北畠親房《きたばたけちかふさ》の「日本型放伐《ほうばつ》思想」

そもそも「忠」とは、何でしょう？　それは、その字のとおり、みずからの「心」の「中」にある〝尊い何か〟が命じるまま、みずからを、すすんで「君」にささげる「行い」でしょう。

それでは、その対象である「君」とは、具体的には、誰をさすのでしょうか？

明治以前は、まずは身近な「主君」であったことは、まちがいありませんが、考えてみれば、「征夷大将軍《せいいたいしょうぐん》」でさえ、朝廷から任命されているのですから、さまざまな〝中間層〟を捨象《しゃしょう》していけば、近代以前においても、日本で「君」の頂点に位置するのは、論理的には、やはり天皇であった……ということになります。

問題は、神武天皇の男系の子孫によって継承されてきた皇統が、もしも二つに分裂し、対立した場合は、どうなるのか……ということです。わが国の歴史をかえりみれば、「どちらが正統の天皇なのか？」と「臣」が迷う時、必ずといってよいほど、全国規模の深刻な混乱が発生しています。

南北朝時代がその代表例ですが、そのような時代……動乱の渦中にあって、「正統の天皇とは何か？」という問題に、一つの力強い解答を与えたのが、北畠親房の『神皇正統記《じんのうしょうとうき》』です。戦後の〝おきまり〟の歴史叙述では、〝超国家主義的なイデオロギーの書〟として葬《ほうむ》られがちな『神皇正統記』ですが、じつはこの書を分析すると、そこには、いわば「日本型放伐思想」が内在しているのです。

そのことについては、すでに葦津珍彦《あしづうずひこ》さんが、昭和四十八年の「日本型放伐思想史の展開」（『みやびと覇権――類纂天皇論』）で明らかにしています。そして、ようやく近年になって、実証的な日本中世史の研究者たちからも、その説が是認され、今ではそれが定説になっています（岡野友彦『北畠親房』）。

「日本型放伐思想」とは、要するに、こういうことです。〝皇統は男系で、神武天皇より、万世一系で連続している。ただし、「不徳」の天皇があらわれれば、その系統は断絶し、別の系統の神武天皇の男系の子孫が天皇になる〟。

その具体例として、親房は『神皇正統記』で、こういう具体例をあげています。

①武烈《ぶれつ》天皇（第二十五代）という〝不徳〟の天皇の出現により、仁徳《にんとく》天皇（第十六代）からはじまる皇統が断絶し、応神《おうじん》天皇（第十五代）の子孫である継体《けいたい》天皇（第二十六代）が即位して、皇統があらたまった。

②陽成《ようぜい》天皇（第五十七代）という〝不徳〟の天皇の出現により、文徳《もんとく》天皇（第五十五代）からはじまる皇統が断絶し、仁明《にんみょう》天皇（第五十四代）の子孫である光孝《こうこう》天皇（第五十八代）

が即位して、皇統があらたまった。

このような「日本型放伐思想」の背後に、『孟子《もうし》』に代表されるシナの「易姓革命《えきせいかくめい》」の思想があることは、容易に推察できます。ただし、「易姓革命」は、血統そのものが、まったく別の家系に移ることですが、「日本型」の場合は、たとえ交代があっても、神武天皇の男系の子孫の、別の皇統への交代……というところに特徴があります。

このような親房の歴史観を、はっきりと「革命思想」と断じている研究者もいますが、それはまちがっています。「革命」とは、初代の君主の男系継承が断絶した場合、はじめて使われる言葉だからです。

「日本型放伐思想」では、神武天皇からはじまる男系の皇統は断絶しません。ですから、それを、あらためて正確に定義すれば、「神武天皇の、男系皇統内における革命思想」ということになるでしょう。

ともあれ親房は、そのようにして、わが国の「万世一系」の伝統と、儒学の「徳治主義《とくちしゅぎ》」を合体させました。それはそれで、一つの高い見識であったといえます。

江戸時代の「後醍醐天皇像」とは?

ところが、それから三百年ほどのちの江戸時代になって、わが国の歴史を、あらためて回顧した学者・思想家たちは、多くの場合、親房の人物と学識に深い敬意を払いながら、そして基本的には、その歴史観を受け入れながらも、全面的には受け入れられない〝ひっかかり〟を、いくつか感じるようになります。そもそも親房は、武家政権を倒そうとした人です。

親房は「武士は数代《すうだい》の朝敵《ちょうてき》」とさえ言っています。しかし、江戸時代の学者・知識人たちにしてみれば、〝今、自分たちは、親房が打倒しようとした武家政権と同じ政治体制のなかに生きているのだが……〟ということになるでしょう。

これが一つ目の〝ひっかかり〟ですが、もう一つは、もっと深刻な「ひっかかり」であったでしょう。それは親房が「正統」と信じてやまなかった後醍醐天皇の系統は、その後断絶し、後伏見《ごふしみ》天皇の系統である後小松《ごこまつ》天皇が即位していることです。

親房の歴史理論にしたがえば、親房自身が「正統」と信じた皇統が、じつは「正統」ではなかった、という結果になります。この厳然たる歴史事実を、どう解釈すればいいのか……と、学者たちは頭を悩ましたにちがいありません。

この二つの〝ひっかかり〟が、江戸時代の心ある学者・知識人たちの脳裏には、常にあったにはずです。そのことを、しっかりと視野に入れておかなければ、近世の「尊王」の学者たちが、いったい何と対決し、それをどう克服していったのか……という〝思想のドラマ〟は、たぶん、その粗筋《あらすじ》さえつかむことができないのではないか……と思います。

少し調べればわかることですが、江戸時代の知識人たちの多くは、後醍醐天皇に対して、かなり厳しい批判をしています。今日一般には、「尊王」の学問として知られている学派に属する学者・思想家たちも、その例外ではありません。

たとえば、山崎闇斎の高弟として知れる三宅観瀾《かんらん》（一六七四―一七一八）は、こう書いています。

「南朝が滅びて、天下は永く足利のものとなってしまった。ああ……、こうなってしまったのも、ひとえに〝人主《じんしゅ》〔注・後醍醐天皇〕〟が、正しい政治をしなかったからである」（『中興鑑言《ちゅうこうかんげん》』）

また、これも意外なことですが、「尊王斥覇《そんのうせきは》の思想に大いに寄与した」ということで、よく知られている頼山陽《らいさんよう》（一七八〇―一八三二）も、しばしば後醍醐天皇の〝失政〟を批判していますし、さらに、新井白石《あらいはくせき》（一六五七―一七二五）にいたっては、口をきわめて後醍醐天皇を、こう批判しています。

「私が考えるに、建武の中興のはじめのこの政治は、すべて話にならない。……民衆が、まだ豊かになってもいないのに、皇居の建造にかかり、悪い公家、官女、芸能者、宗教家などに恩賞を与えるかと思えば、軍功のあるものに恩賞を与えることもなく、めずらしく与えたと思ったら、すぐそれを取り返したりしている。そういうことだから、反乱が起こったのである」（『読史余論《どくしよろん》』）

つまり、江戸時代の学者たちは、総じて後醍醐天皇を、〝不徳《ふとく》〟の天皇と見ていたのです（それが事実であったかどうかは、ともかくとして……）。そして、その歴史認識を前提にして考えてみると、皮肉なことに親房の歴史理論が、うまく適合します。

つまり、後醍醐天皇は〝不徳〟であったから、その系統は、その後断絶して、後伏見天皇の系統である後小松天皇が即位し、天皇の系統があらたまった……という理屈になります。武家政治が、そのころまでつづいている理由も、それで説明できます。

ところが、話はそう簡単にはおさまらないのです。もしも、後醍醐天皇が〝不徳〟であったとすれば、戦国時代から、すでに評価の高かった新田、楠木、名和《なわ》、菊池《きくち》などの南朝の忠臣たちは、その「忠」を尽す対象を誤った……ということになります。論理的にいえば、〝忠臣〟どころか、〝逆賊《ぎゃくぞく》〟ということになってしまうでしょう。しかし、そうなって困るのは、じつは徳川家なのです。

なぜなら、徳川家康は、「清和源氏新田流《せいわげんじにったりゅう》」……つまり新田義貞《よしさだ》の子孫ということで、「征夷大将軍」の宣下《せんげ》を受けているからです。したがって、新田氏が〝逆賊〟になると、徳川家も〝逆賊〟の子孫……ということになってしまいます。

それに……、もしも「日本型放伐思想」が、世間で堂々と是認されることになれば、江戸時代においては、全国各地で「御家騒動《おいえそうどう》」が頻発する危険性があります。なぜなら、「徳」というものを、客観的に評価することは、きわめて困難だからです。

もしも、ある大名家で、誰かが、〝長男より次男の方が、徳が高い〟という理由で、「家」の継承順位を変えようとしたら、どうなるでしょう？　その大名家は、〝長男派〟と〝次男派〟にわかれて、大混乱に陥るはずです。

そういう大混乱を避けるため、江戸時代は、長子相続《ちょうしそうぞく》が原則になりました。たとえば、徳川吉宗が、聡明の聞こえ高かった次男の田安宗武《たやすむねたけ》を退け、言語不明瞭であった長男の家重《いえしげ》に将軍職を譲ったのは、その典型です。

「徳」とは、なるほど美しい言葉ではあります。しかし、万人が納得する方法で、それを客観的に測定する方法などありません。もちろん、数値化することもできません。ですから、〝悪用可能〟ということにもなります（それは、現代において、「平和」「人権」「平等」などの、一見すると美しい言葉が〝悪用可能〟であることと同じです）。

したがって、〝血筋さえつながっていれば、「徳」のある人物を君主にすればよいではないか〟などという発想は、一見すると合理的ですが、長期的に見れば、じつはきわめて危険な発想なのです。そのような発想を是認すれば、すべての大名家も、すべての「家」も、いつ爆発するかわからない〝時限爆弾〟をかかえこむことになります。

さらに問題なのは、〝徳のある者こそ君主にふさわしい〟という理論を、より純化させていけば、〝徳こそが最高の価値〟なのですから、いつかは必ず「易姓革命の是認」につながる、ということです。越えてはいけない一線を、越えてしまうことになるわけです。

もしも全国各地の大名家や「家」で、そのような混乱が進行したら、どうなるでしょう？わが国は、ふたたび戦国の世にもどるか、あるいは、それ以上の混乱に陥ってしまうでしよう。

そうなると、結果的に国は亡び、民は苦しみます。ですから、「徳」という言葉は、じつは危険な言葉でもあるのです。

北畠親房の時代から三百年の歳月を経て、社会が安定するにしたがい、かつては〝弱毒性〟のものであった「日本的易姓革命」という思想は、いつのまにか〝お家騒動の芽〟という〝強毒性〟のものに変異していました。それを、どう処理すればよいのか……、その大問題が、そのころの心ある学者・思想家の眼前に立ちはだかったのです。

『拘幽操《こうゆうそう》』――四十七文字の衝撃

その学問的・思想的な処理に成功した〝巨人〟こそ、山崎闇斎《やまざきあんさい》（一六一八―八二）という朱子《しゅし》学者です。そして、その闇斎の思索の極地を示しているのが、『拘幽操《こうゆうそう》』という一文です。

これは、もとは唐の思想家・文学者である韓退之《かんたいし》（韓愈《かんゆ》）が、古代の周《しゅう》の王であった文王《ぶんのう》の、牢獄の中での心情を想像して書いたもので、漢字でいうと、わずか四十七文字にすぎません。闇斎は晩年、その漢詩に朱子の「評語」や、短い「あとがき」などをつけて出版しています。

闇斎の高弟に浅見絅斎《けいさい》（一六五二―一七一一）という学者がいます。幕末の志士たちの「聖典」として知られる『靖献遺言《せいけんいげん》』という本の著者です。その『靖献遺言』の「奥の院」と称されていたのが、『拘幽操《こうゆうそう》』です。その一点からしても、『拘幽操』が、わが国の学問・思想の歴史の上で、どれほど重要な文献であるかがわかります。

『拘幽操』の舞台は、古代のシナの殷《いん》王朝の時代です。その王朝の最後の帝である紂《ちゅう》は、〝不徳〟の王でした。紂は、周の文王《ぶんのう》の名声に嫉妬し、文王を捕らえ、暗い牢獄に幽閉してしまいます。しかし、そのような理不尽な目にあっても、文王の心のうちは、たぶんこういうものであったはず……と、韓退之が想像をめぐらして、文王のモノローグのかたちで書かれたのが、『拘幽操』です。

その全文を、次にあげます。

「あまりに暗くて、目を開けていても、どこを見ているのかわからない。もう目が固まってしまって、見えなくなってしまったのか、とさえ思う。耳には何も聞こえず、聞こうとしても、誰の声も聞こえず、さびしくてならない。朝になっても、朝日は見えず、夜になっても、月も星も見えない。何かを知っているのか、知らないのか、生きているのか、死んでいるのか……、それさえわからなくなってくる。ああ……、けれども、私の罪は深い。死刑になっても当然であろう。なぜなら、紂の帝《みかど》は、神聖で、聡明でいらっしゃるのだから……」（『日本思想大系三一　山崎闇斎学派』）

いったい闇斎は、この一文で何を伝えたかったのでしょうか？　たぶんそれは、こういうことではなかったか、と思います。

とかく人は、「君」の「徳」について、あれこれ言いたがります。しかし、あれこれ言う者は、じつは、あれこれ言う時点で、すでに「君臣関係《くんしん》」の〝外にいる者〟です。

たとえば、ある人が「この王は、忠を尽くすべき相手なのか否か？」と〝品定め〟をしているあいだは、まだその人は、明らかに「君臣関係」の〝外にいる者〟です。〝品定め〟がつづくかぎり、その人は、永遠に「君臣関係」の〝外にいる者〟でありつづけます。

しかし、その人が「この王は、私の君である」と覚悟を定めれば、その時点で、その人は、もう「君臣関係」の〝内にいる者〟になります。〝内にいる者〟か〝外にいる者〟か？

それを決するのは、まさに「心」の「中」の〝何か〟です。それは、自分に「君」を〝信じて仰ぐ心〟があるのか……ないのか、という一点にかかっています。みずからをかえりみて「君」を〝信じて仰ぐ心〟などない、というのであれば、どうなるでしょう？　もう……その時点で、その人の「心」の「中」の「君臣関係」など、実質的には破綻《はたん》しているのです。

闇斎は、『拘幽操』で、それを読む一人ひとりに対して、ただ一つのことを問うているにすぎないでしょう。それは「あなたは、君臣関係の〝外にいる者〟なのか、〝内にいる者〟なのか？」ということです。

その問いに対して、「私は〝内にいる者〟です」と即答する覚悟のない人には、そもそも何を言ってもはじまらないし、そういう人には、真の「忠」の世界など、ついに見えないでしょう。辛苦に満ちた思索と研鑽《けんさん》の末《すえ》、ついに闇斎という天才の目には、まるで暗夜に光る閃光《せんこう》のように、〝結局のところ人に問われるのは、その一点のみである〟ということが、はっきりと見えたのではないでしょうか。

真の「忠」は「君」に対して、〝見返り〟を求めません。勇敢でありながら、慎み深く、ひたすら許し……与え……尽くすのみです。

もしも、「なぜあなたは、そのような生き方ができるのか？」と問われれば、たぶんその人は、「それが私の〝心〟の〝中〟の歓びだから……」と、答えるのみでしょう。現代の知識人たちは、そのような考え方を、さも恐ろしげで、異様な思想であるかのように喧伝していますが、私は、そうは思いません。

たとえば、イエスは、こう語っています。「自分を愛する者を愛したからといって、何の褒美《ほうび》があろう。人でなしといわれる、あの税金取りでも同じことをするではないか」（塚本虎二訳『福音書』マタイ・五―四六）。

これにならっていえば、闇斎は、こう言いたかったのでしょう。「自分を愛してくれる君を愛したからといって、何の褒美があろう」。

それにしても……、闇斎の言う真の「忠」からすると、シナの「易姓革命」という思想は、何と〝さもしい〟思想でしょう……。「君」に対して、「徳」という名の〝サービスのバラマキ〟ばかりを求め、さらには、それを怠る「君」があらわれたら、すぐに「追放してしまえ！」とまで教唆《きょうさ》する……。

その根底にうごいているものは、じつは卑俗な〝エゴイズム〟にすぎません。それは、「共産主義革命」の背後に、醜悪な「ジェラシー」や「ルサンチマン」がうごめいていることと、とてもよく似ています。

「三種の神器」という〝補助線〟

思えば、わが国は、儒教が渡来してから、長い間、「易姓革命」の思想的な脅威にさらされてきました。「易姓革命」を肯定した漢籍としては、『孟子』が有名です。

『孟子』は、「四書五経《ししょごきょう》」の一つで、よく読まれた古典です。すでに『日本書紀《にほんしょき》』にも引用されていますが、『孟子』のなかには「易姓革命」を肯定した部分があるのです（たとえば、その「万章《ばんしょう》」下篇・第九章には、君主を、くりかえし諫《いさ》めても聴かなければ、「すなわち位《くらい》を易《か》う」とあります）。

したがって、平安時代から、『孟子』は、有名な漢籍のわりには、どこか敬して遠ざけられるところがありました。『孟子』を積んで日本に来る船は沈没する……という伝説さえ生まれたほどです（明の時代、西暦では十六世紀ごろに活躍した謝肇淛《しゃちょうせい》の『五雑俎《ござっそ》』にも、その伝説が書かれています）。

しかし、わが国では、ようやく闇斎によって、「易姓革命」を抜本的に処理する学問的・思想的な糸口が見出されました。闇斎の高弟の一人である、佐藤直方《さとうなおかた》（一六五〇―一七一九）は、『拘幽操』の意義を、きわめてわかりやすく、こう説明しています。

「『拘幽操』というのは、要するに君と臣の正しい関係を、天下に明らかにして、かつて湯王《とうおう》や武王《ぶおう》や孟子が、言ったり行ったりしてきた正道に反すること（つまり、「易姓革命」）を肯定するような考え方から、人々を解き放つための書物なのである」（『拘幽操弁』）

『拘幽操弁』は、佐藤直方の著作ではないのではないか……という説もあるようですが、いずれにせよ、山崎闇斎の教えを受けた人物が書いたものであることは、まちがいありません。闇斎の高弟たちは、三宅尚斎《みやけしょうさい》も浅見絅斎も、『拘幽操』を講義していますし、その講義の筆録《ひつろく》も今に伝えられていますから、ともあれ、そのような闇斎の学説が広く流布したことは、たしかでしょう。

こうして、じつは「徳治主義」と表裏一体である「易姓革命」の理論は、ほかならぬ朱子学者たちから、徹底的に排撃されることになります。闇斎とその学派の学者たちは、「易姓革命」という〝毒花の芽〟を、わが国の学問・思想の世界から、徹底的に除去し、〝日本政治の思想環境〟を守ろうとしたのです。

さて……次の課題は、親房の歴史観を守りながら、現実的には後醍醐天皇の系統が絶え、皇室の系統があらたまった……という事実を、どう解釈するのか、ということです。この難問の解決にとりくんだのも、山崎闇斎の学統をつぐ人々でした。たとえば、跡部良顕《あとべりょうけん》（一六五九—一七二九）や栗山潜鋒《くりやませんぽう》（一六七一—一七〇六）がそうです。二人は、皇位継承の資格として、これまで血統と「徳」の二つしか重要視されてこなかったことが、その問題の解決を阻んでいる……と考えました。

そして、皇位継承の資格に「三種の神器」という補助線を導入することを主張するのです。その考え方も、もとは闇斎の「御身《おんみ》と神器《しんき》は一つ」という考え方に由来するものですが、栗山潜鋒は、名著として名高い『保建大記《ほうけんたいき》』のなかで、「三器を保持している方こそが、正統の天皇である」と書いています。

しかし、三宅観瀾や頼山陽は、その主張を厳しく批判します。「神器」という物体が、皇位を保障するはおかしい……という、一見すると合理的な批判です。しかし、「御身と神器は一つ」という考え方は、そののちも、闇斎の学派である谷秦山《たにじんざん》（一六六三—一七一八）などに継承されていきました。

不思議なことに、その〝補助線〟を導入すれば、中世の複雑な皇位継承の過程も、それこそ「合理的」に……すっきりと整理されるのです。やがてその考え方が、文化七年（一八一〇）、『大日本史』が朝廷に献上されるさい、水戸藩の公式見解とされ、以後、知識人のあいだで広まります。

このようにして、後醍醐天皇をふくむ南朝の三代の天皇は、すべて「正統」の天皇である……ということが、しだいに世間でも認知されはじめます。そして、それにつれて、後醍醐天皇に「忠」を尽くした南朝の武将たちの評価も、さらに高くなり、やがては不動のものとなっていくのです。

〝ほんもの〟の忠・〝にせもの〟の忠

江戸時代の知識人たちにとって、後醍醐天皇は〝不徳の天皇である〟とするのが、ふつうの考え方であった……ということは、すでにお話ししました。また、山崎闇斎が、たとえ幽閉されても〝不徳〟の帝・紂をたたえつづけた文王に「忠」の極地を見出した……ということも、すでにお話ししました。

とすれば……江戸時代、なぜ楠木正成が、「忠臣」のシンボルとして、その評価を高めたのかも、おのずから明らかになるでしょう。つまり、江戸時代には〝後醍醐天皇が「不徳の天皇」であればあるほど、その天皇に一貫して忠を尽した楠木正成の評価が、「忠臣」として、ますます高くなる〟という、思想的な〝力学〟がはたらくようになったのです。

「徳」のある君主に仕えることは容易ですが、「不徳」の君主に仕えるのは、容易ではありません。しかし、「不徳」の「君」に仕える時こそ、その人の「忠」が、〝ほんもの〟なのか、〝にせもの〟なのか……ということが判然としていって、やがては真の「忠」が、光を放つことになるのです。

南朝方にあって、忠義をつらぬいた名和、菊池、新田などの一族も、この点においては同じです。しかし、正成がそれらの諸将にぬきんでているのは、なにも正成が個人的に「智《ち》・仁《じん》・勇《ゆう》の三徳《さんとく》」（『太平記』）を兼ね備えていたから……というばかりではないでしょう。

正成は「建武の中興」という大業のはじめから、後醍醐天皇にしたがっていますから、たぶんその「不徳」の側面も、もっともよく知っていた武将でしょう。また、湊川《みなとがわ》に向かう前、朝廷で決定された戦術の〝拙劣さ〟を、誰よりも痛感していたことも、たしかでしょう。

それでも正成は、「この上は、さのみ異議《いぎ》を申すにおよばず」（『太平記』）と、いさぎよく湊川へ向かいます。そして、死力を尽くして戦い、みごとに散りました。

たぶん江戸時代の心ある学者・思想家たちは、その雄姿に「忠」の極地である「文王」の姿を、どこかに重ねて見ていたのではないでしょうか。そして、その正成の〝生き方〟が、幕末の志士たちを感奮《かんぷん》させ、やがては明治維新を導く、最大級の原動力になるのです。

しかし、近代国家の成立とともに、後醍醐天皇の「不徳」を批判する声は、しだいに消えていきました。「それを言うのは、不敬では……」という〝忖度〟が、いつの世も〝時代の空気〟に臆病な、知識人たちの間ではたらいたのでしょう。

そして、そうした思想環境の変化とともに、近代の知識人のあいだでは、江戸時代に確立した「忠」の思想が、しだいに形骸化していくのです。反日サヨクの歴史家がいうように、「近代天皇制国家《きんだいてんのうせいこっか》」によって正成が「忠臣」として強調された……というのは、歴史の一面の事実ではありますが、思想史的に見れば、その逆の事態が進行していきます。

「近代天皇制国家」が、「忠臣」としての正成の輪郭《りんかく》を、ぼんやりとしたものへと変えていった……という側面もあるのです。言葉をかえていえば、近代化とともに、〝正成が忠臣である思想的な根拠〟が薄れはじめた……ともいえます。

日本人の「忠」の極地――吉田松陰の「諫死論」

話を幕末にもどします。幕末の思想界で、闇斎の『拘幽操』の精神を、もっとも純粋に表現したのは、たぶん吉田松陰です。

その「天下は一人の天下にあらざるの説」の一部を、ここに紹介しておきます。そもそも「諫言」とは、どのようなものか……ということについて、松陰は、ここで激烈に、しかし冷徹に語っています。

「もしも、わが国の天皇が、かりに桀《けつ》・紂《ちゅう》のように民を虐げたら、すべての国民は、ただ首をならべて、皇居前に伏し、天皇が悔い改めてくださるのを、祈るだけのことです。もしも、それで天皇が激怒されて、すべての国民を処刑されるというのなら、その時は、すべての国民は、一人残らず処刑されるのみ……。

むろん、そのあと神国・日本は滅びます。しかし、もしも一人でも生き残っていたら、また、皇居前に行って死ぬ……。それでこそ、神国・日本の民です。もしも、皇居前に行って死なないというのであれば、その人は、もう日本人ではありません。

そんな時に、湯王や武王のように、主君を追放する者があらわれれば、たとえその心に、民への愛情があったとしても、たとえその行為が、民への愛情から出たものであったとしても、その人の心はシナ人です。シナ人でなければ、インド人か、ヨーロッパ人か、アメリカ人か、いずれにせよ日本人ではありません」（「天下は一人の天下にあらざるの説」『丙辰幽室文稿《へいしんゆうしつぶんこう》』）

『孟子』に、諫めても聴かない君主は「すなわち位を易う」とあるのとは、まことに対照的です。これは、幕末の志士たちの〝天皇観〟を象徴するもの、といってよいでしょう。

松陰の刑死後、幕末の政治状況は変転しつづけます。ある人々が「忠臣」とされ、ある人々が「逆賊」とされたかと思えば、今度は、「忠臣」とされていた人々が「逆賊」とされ、「逆賊」とされていた人々が、「忠臣」とされる……という現象が、くりかえしおこります。そのなかで、残念ながら多くの志士たちが、尊い命を散らしていきました。

しかし、そのような歴史を経ても、わが国では、人々が〝天皇をお怨み申し上げる〟などという現象は、あらわれていません。もしも、わが国の人々の心が、「シナ人」であるならば……、あるいは「インド人か、ヨーロッパ人か、アメリカ人」であるならば、とうの昔に「革命」がおこっていても、不思議ではありません。

皇室と国民の関係は、一見すると、外国の君主と国民の関係に似ていますが、両者の本質は、根本的なところでちがっています。あえていえば、それは「国体《こくたい》」のちがいです。

それについて、松陰は、その主著『講孟余話《こうもうよわ》』で、次のようなわかりやすい〝例え話〟を用いて説明しています。

「孔子や孟子は、自分の祖国を去り、他の国を転々としつつ、いろいろな国の君主にお仕えされていますが、そもそも、そのことがまちがっています。なぜなら君主と言うものは、父親と同じ性質のものだからです。

自分の祖国の君主を、『頭が悪い』とか『道理がわからない』などと言って、祖国を去り、『どこかによい君主はいないものであろうか……』などと、他の国を転々とする、ということは、たとえていえば、自分の父親を『なんと頑固で道理のわからない、愚かな男なのか』と言って、自分の家を飛び出し、隣の家に住んでいる老人を『この人は、いい人にちがいない』と思い込み、いきなり『お父さん』と呼ぶのと、同じことではないですか。……

しかし、こういう理屈も、わが国の国体というものが、まず前提としてあって、はじめて現実のものとなります。日本とシナでは、君主というもののあり方が、そもそもちがうのです。……

周知のとおりシナでは古来、諸王朝《しょおうちょう》が興亡をくりかえしてきました。そのようなシナと、わが国とでは、比較しようとしても、はじめから比較になど、なるものではありません。たとえていえば、シナの『家臣』というのは、半季《はんき》ごとに奉公先《ほうこうさき》を替えて渡り歩いている、下男や下女のようなものです。奉公人なら、その奉公先の主人の、良し悪しを選んで渡り歩いても、何の問題もありません。ですから、シナでは、『家臣』が主君を替えても、何の問題も無いのです。……

ああ……、いったい私たちの父母は、どこの国の人ですか？ 私の着ているもの、食べているものは、どこの国のものですか？ 本を読んで〝正しい生き方〟を知ることができる、それは、誰のおかげですか？ それなのに、少しばかり君主と気が合わないからといって、いきなりその国を去る……。それは、そもそも人として、いかがなものでしょうか。この点について、私は、孔子や孟子を、あの世から呼び戻して議論してみたい……とさえ思っています」（『講孟余話』孟子序説）。

日本人にとって天皇は、「親」のようなものであり、外国人にとって「君主」は、「雇い主」のようなもの……と松陰はいうのです。そのことが、感覚的にわかる人は、たぶん〝心が日本人〟であり、それが感覚的にわからない人は、たぶん〝心が外国人〟なのでしょう。

「忠」の思想が生んだ近代日本の平等社会

江戸時代の学問の興隆によって、〝日本は天皇の国である〟という共通理解が全国に広まりました。国民に、そういう教養があったからこそ、幕末のような、〝血を血で洗う〟事態がつづいても、わが国は、他の有色人種の国のように、分割して植民地にされることとなく、かろうじて……ではありますが、「統一」を保つことができたのです。
そのことは、本書の第一章で引用した山川健次郎の言葉からも、察することができます。山川は、幕末維新は、「排幕勤王《はいばくきんのう》」と「佐幕勤王《さばくきんのう》」との戦いであった、と語っていました。

さて……、「忠」をめぐって、もう一つ大切なことがあります。一般的にいって他の国の場合、巨大な政治変革が起これば、必ずといっていいほど、その変革の主体になった人々が、〝政治変革の果実を貪《むさぼ》る〟という醜い現象が起こります。それは、「易姓革命」でも「市民革命」でも「共産革命」でも変わりません。

ところが、明治維新は、どうでしょう？　武士たちが起こした政治変革で、その主体となった武士たちが、そろって「失業」してしまい、路頭《ろとう》に迷うことになったのです。「既得権益《きとくけんえき》」を、命をかけて打破した人々が、それを打破してしまうと、今度は自分たちの「既得権益」までも捨ててしまう……。そのような巨大な政治変革は、たぶん人類史上、ほかにはありません。

のちに「維新のヒーロー」とされる人々が、明治維新後しばらくの間は、故郷の人々から嫌われていたことを、ご存じでしょうか。たとえば、高杉晋作の妻・マサの姉にチカという女性がいます。

周布九郎兵衛《すふくろべえ》に嫁いで、三人の娘を授かりましたが、そのうち二人は、萩城下では嫁ぎ先がありませんでした。理由は……、晋作の姪だったからです（一坂太郎『高杉晋作』）。

維新後の士族たちは、先祖伝来の「既得権益」を奪われ、日々の生活にも不安を感じていました。そういう士族たちにとって、晋作は、〝古き良き時代の破壊者〟にすぎなかったのです。

幕末の志士たちが、「ヒーローあつかい」されるようになるのは、明治も、ずいぶんたってからことです（ちなみに、萩の松陰神社の創建は、明治四十年です）。その点、明治維新を、〝ただの権力闘争〟のようにしか見ることができない現代の人々は、ことがらの本質について、おおきなカンちがいをしています。

明治維新によって日本に、どれほど、世界でもまれに見るような平等社会がおとずれたか。その点について、市井三郎さんは、こう書いています。

「当時の基準からすれば、『一君万民《いっくんばんみん》』というイデオロギーによって、何百年にわたる封建的身分差別を、いっきょに撤廃する手が打たれたことは、みごとといわざるをえません。

……イギリスでは、第二次大戦にいたるまで、将来の支配者階層を教育するケンブリッジ、オクスフォード両大学へは、貴族の子弟以外は、ほぼまったく入学できなかった、という事実を想い浮かべるのも参考になります。いや、むしろ明治日本は、階層間の移動の高さでは、西洋をはるかに凌駕《りょうが》するにいたるのです」(『「明治維新」の哲学』)

明治維新では、変革を起こした人々が〝変革の果実を貪る〟という醜い現象が、ほとんど起こらなかったからこそ、市井さんが指摘しているような、世界でもっとも平等な社会を築くことができたのです。なぜ〝変革の成果を貪る〟ことが、ほとんどなかったのか、といえば、それは、山崎闇斎以来、真の「忠」とは、「君」に対して、〝見返り〟を求めないものである……という考え方が、変革の主体者となった心ある人々に、広く浸透していたからではないでしょうか。

その真の「忠」を象徴するのが、楠木正成であったことは、すでにお話してきたとおりです。明治維新は、正成を仰ぐ志士たちによる政治変革であったからこそ、変革が成功した後の「既得権益」の放棄についても、共通の理解が得られ、粛々《しゅくしゅく》と実行されたのでしょう。

「徳川の平和」が、学問の興隆を生み、それが「忠」についての深い思索を生み、「忠」についての深い思索が、楠木正成を仰ぐ心を生みます。そして、楠木正成を仰ぐ心が維新の志士たちを生み、その維新の志士たちが、近代日本の平等な社会を生むのです。

今は、皇居前を通るバスの、バスガイドさんも言わなくなった「チュウ（忠）」という言葉ですが、その言葉は、それほど尊く、大きいものだったのです。ですから、私たちは、もう一度、日本人として、祖国の先人たちの深い思索を参考にしつつ、みずからの「心」の「中」を、問うてみるべきではないでしょうか。

第二節　「攘夷《じょうい》」とは何か？——会沢正志斎《あいざわせいしさい》から西郷隆盛《さいごうたかもり》へ

「攘夷」と「独立と抵抗の精神」

わが国には、かつて「攘夷」という思想がありました。あった……というだけではありません。その言葉に生きて、散った幕末の人々は、おびただしい数にのぼります。しかし、近代化の進展とともに、その思想は、しだいに瞼《まぶた》を閉じはじめ、大東亜戦争《だいとうあせんそう》の後は、長く深い眠りに入ったままです。

今の日本人は「攘夷」の思想を、「偏狭苛烈《へんきょうかれつ》な攘夷というナショナリズム」（司馬遼太郎『世に棲む日々』）などと呼んで、片づけています。

しかし、「戦後」という時代に対して、正しく抗しつづけた思想家・葦津珍彦《あしづうずひこ》さんは、こう書いています。

「近ごろの人には、日本の攘夷思想を、未開野蛮《みかいやばん》な頑迷《がんめい》なものだったように思って軽蔑する人が多いが、それは誤っている。……

もとより攘夷論者が、はじめに考えたような政策や方法は、必ずしも賢明ではなかった。それは、当然に、知識と経験の進むにしたがって、修正されて行った。その修正は、必要なことだったが、日本民族が国際交通をはじめる前に、まず攘夷の精神によって独立と抵抗の決意を鍛錬したことは、無意味だったのではない。この精神の前提なくしては、おそらく明治の日本は、国の独立を守りぬくことができなかったであろうし、植民地化せざるをえなかっただろう」（葦津珍彦『大アジア主義と頭山満』）

少年のころから今にいたるまで、私は、〝はたして戦後の日本は、真の意味で独立国といえるのだろうか？〟という疑問を、ずっといだいてきたのですが、葦津さんの見解にしたがえば、そのような、わが国の〝体たらく〟をまねいた原因の一つは、もしかしたら「攘夷」という精神を、日本人が忘れてしまった……というところにもあるのかもしれません。

それでは、「攘夷」とは、どのような思想なのでしょう？　まずは、その思想を生んだ江戸時代の国際環境を、ふり返るところからはじめたい、と思います。

日本に迫る、新たな白人諸国

第二章でお話したとおり、わが国は、豊臣秀吉の「バテレン追放令」から、ほぼ半世紀かかって、日本国内のイベリア勢力を一掃します。それを可能にしたのは、秀吉の朝鮮出兵以来の、日本の〝武威《ぶい》〟（軍事的な抑止力）でした。

しかし、スペイン・ポルトガルの勢いが衰えても、その二つの国にかわって、今度はイギリス、フランス、オランダ、ロシア、アメリカなどの諸国が、アジア・アフリカ・オセアニアの地域に対して、植民地化という名の軍事侵略を、おし進めていきます。しかも、新しく興った国々は、十八世紀におこった「産業革命」によって、ますます国力をつけ、そのため、ますます海外の領土・植民地を欲するようになっていました。

つまり、結果的には、〝白人国家の間での選手交代〟が行われただけのことで、しかも、新しい〝選手〟は、より〝強力〟になっていたのです。こうして、十七世紀から二十世紀にかけて、有色人種の住む国や地域は、ほぼすべて白人の国によって分割（つまり、〝山わけ〟）され、植民地にされていきます。

イギリスは、一七八八年（天明八）、オーストラリアを植民地にしました。アボリジニ（アボリジナル）と呼ばれる先住民の土地は、暴力的に奪われ、オーストラリア東南部の多くの言語集団は消滅します（山本真鳥編『オセアニア史』）。

タスマニア島の先住民は、「タスマニア・アボリジニ」と呼ばれていますが、はじめは三万四千人いました。それが、なんと全滅しています。最後の一人が亡くなったのは、一八七六年（明治九）です。イギリスは、一つの民族を消滅させてしまったわけですから、ヒトラーもしなかったことを、してしまったことになります。

イギリス人が、オーストラリアの先住民にやったことは、〝白人の先輩〟であるスペイン人やポルトガル人が、南北アメリカ大陸の先住民にやったことと、何もかわりません。しかし、ヒトラーは知られていても、イギリスの残酷なしうちは、今の世の中では、なぜか……あまり知られていません。

やがてイギリスは、わが国にも襲いかかります。文化五年（一八〇八）には、イギリスの軍艦・フェートン号が、長崎に侵入し、薪《まき》や水を奪い去る、という事件がおきています。その十六年後の文政七年（一八二四）には、トカラ列島の宝島《たからじま》（現在、鹿児島県）に許可もなく上陸しています。上陸したイギリス人は、島民に牛を渡せ……と要求し、島民がそれを拒否すると、イギリス人は力づくで牛三頭を奪ったので、役人が、イギリス人一名を射殺しています。

同年、イギリスの捕鯨員十余名が、水戸の大津浜《おおつはま》に上陸しています。文政八年（一八二五）に、幕府が「異国船《いこくせん》討《う》ち払い令」（無二念打払令《むにねんうちはらいれい》）を出したのは、それらの事件を受けてのことです。

その十六年後の一八四〇年(天保一一)、イギリスは「アヘン戦争」で清国を破っています。一八五八年(安政五)からはインドを支配し、一八八六年(明治一九)にはビルマを植民地にしました。

フランスは、一八四六年(弘化三)、セシュが艦隊をひきいて沖縄に来航し、一八五九年(安政六)には、サイゴンを占領しました。一八八三年(明治一六)には、ベトナムを植民地にし、一八九三年(明治二六)にはラオスを植民地にしています。

オランダは、一六〇二年(慶長七)、「オランダ東インド会社」が、ジャワ島に進出したあと、なんと三百年もの長きにわたってインドネシアを支配しつづけます。「会社」というと、何やら平和的なイメージがありますが、それも、じつは軍事力と一体化しているもので、つまり植民地支配のための〝組織〟です。

オランダは、わが国と交流をつづけていた唯一の白人国家でした。しかし、こうした事例を見るとオランダも、わが国に〝武威〟があったからこそ、江戸時代の後期まで、おとなしく「鎖国令」にしたがっていたにすぎない、ということがわかります。

江戸時代がはじまったころ……元和《げんな》元年(一六一五)に、平戸のオランダ商館長から、東インド政庁へあてた手紙のなかに、こういうことが書いてあります。「日本の皇帝は、マカッサルの王とは異なり、彼の領土内における外国人の暴力を決して許したりはしない」（前掲「前近代の外交と国家―国家の役割を考える」）。

「マカッサル」というのは、インドネシアにある王国の事です。つまり、〝インドネシアとちがって、日本は今のところ、私たちが力で好きにできる国ではない〟と言っているのです。

ロシアも、東へ……東へと支配地を拡げていきます。文化三年（一八〇六）にはカラフトを、翌文化四年には、カラフト、エトロフ、利尻を攻撃し、幕府は、東北諸藩に軍事動員をかけています。

そのころ江戸では、「この噂〔注・ロシア侵略の噂〕より外なく」という情勢になり、そのために京都では不吉な歌が流行し、函館では「日本開闢《かいびゃく》以来、外国との戦争でのはじめての敗北……」と、幕府を批判する言動もあらわれました。その五十三年後の一八六〇年（万延元）、ロシアは、ウスリー江以東の沿海州《えんかいしゅう》を占領しています。

ついにペリーが来航する

最後に出てくるのが、アメリカです。アメリカ大陸の先住民たちを追い払って、白人たちが大陸の東海岸に建てた国・アメリカは、ほかの白人諸国には〝出遅れた〟ものの、しだいに大陸の西海岸まで支配地を広げ、一八四六年（弘化三）、メキシコとの戦争に勝ち、ついにカルフォルニアを手に入れています。

「西へ……西へ……」と進んできたアメリカの目の前に、いよいよ太平洋の大海原が開けたわけです。もはや新しい「フロンティア」は、太平洋の向こうにしかありません。

カルフォルニアを手に入れた弘化三年、アメリカ東インド艦隊司令長官・ビッドルが、浦賀《うらが》に来航しています。これは不気味な予兆でした。

こうしてアメリカは、太平洋の島々に、さらには、その島々の向こうにある大陸に野心をもつようになります。ビッドルの来航から七年後の嘉永六年（一八五三）、アメリカ東インド艦隊司令長官・ペリーが浦賀に来航し、武力をチラつかせながら、脅迫的な態度で日本に「開国」を求めたことは、ご存じのとおりです。

ペリー艦隊は、日本に二回来航しています。はじめは嘉永六年（一八五三）で、その時、ペリー艦隊は、日本政府の制止を無視し、江戸湾に侵入しています。そのころ、江戸湾に設置されていた日本の防衛用の大砲は、全部で九十九門ありましたが、その半数以上が口径八・五センチの大砲で、口径十六センチの大砲は、わずか十九門しかなく、しかもその大半の射程距離は、わずか数百メートルでした。

それに比べてペリー艦隊は、口径十六センチ以上の大砲を、合計六十三門備え、その射程距離は、千五百メートル以上もあります（原剛「ペリーの白旗書簡と砲艦外交」）。つまり、いざ撃ちあいになったら、いくら日本の砲台から砲撃したところでペリー艦隊には一発も届かず、一方、ペリー艦隊が打ち出す砲弾は、すべて江戸の街に着弾する、というわけです。

ですから戦う前から、勝負はついていました。そのころ、江戸は、世界一の大都市でしたが、ふと気がつけば、わずか四隻の軍艦で、やすやすと火の海にすることができる〝無防備都市〟になっていたのです。

秀吉や家康のころの〝武威〟は、もはや遠い過去のものとなり、かつて均衡がとれていた白人諸国との「パワーバランス」は、すでに大きく崩れていました。江戸の庶民が、「たった四はいで、夜も寝られず」と詠んだ気持ちも、よくわかります。

二回目の来航は、翌年の嘉永七年（同年十二月二十七日からは、安政元年）で、この時になると、軍艦の数は、七隻に増えていました。吉田松陰が、ひそかにペリー艦隊に近づき、乗船を求めた「下田踏海《とうかい》事件」は、この時に起きています。

こうして、ペリーの軍事的な圧力に屈した日本政府は、「日米和親条約」を結んでしまいます。そこから、いよいよ幕末の激動期がはじまるのです。

ペリーは、その「遠征日誌」に、こう書いています。

「特異で、なかば野蛮な一国民を、文明諸国の家族の中に組み入れようという、われわれの当面の試みが、流血の惨事なしに成功できるようにと、神に祈る」（『日本遠征日記』一八五三年七月八日〔嘉永六年六月三日〕）

〝排他的な思想＋侵略的な武力〟というところは、かつてのスペイン・ポルトガルと、さほどかわりません。客観的に見て、武力に訴えてでも自国の一方的な要求を他国に受け入れさせる……という彼らの方が、「なかば野蛮」ではないでしょうか。

「原住民は反抗しない」

そのころのアジアの情勢は、この文章で説明するより、地図をみていただく方がいいかもしれません。これは、私も共著者として参加している高校の日本史の教科書（明成社）に入っている地図です。

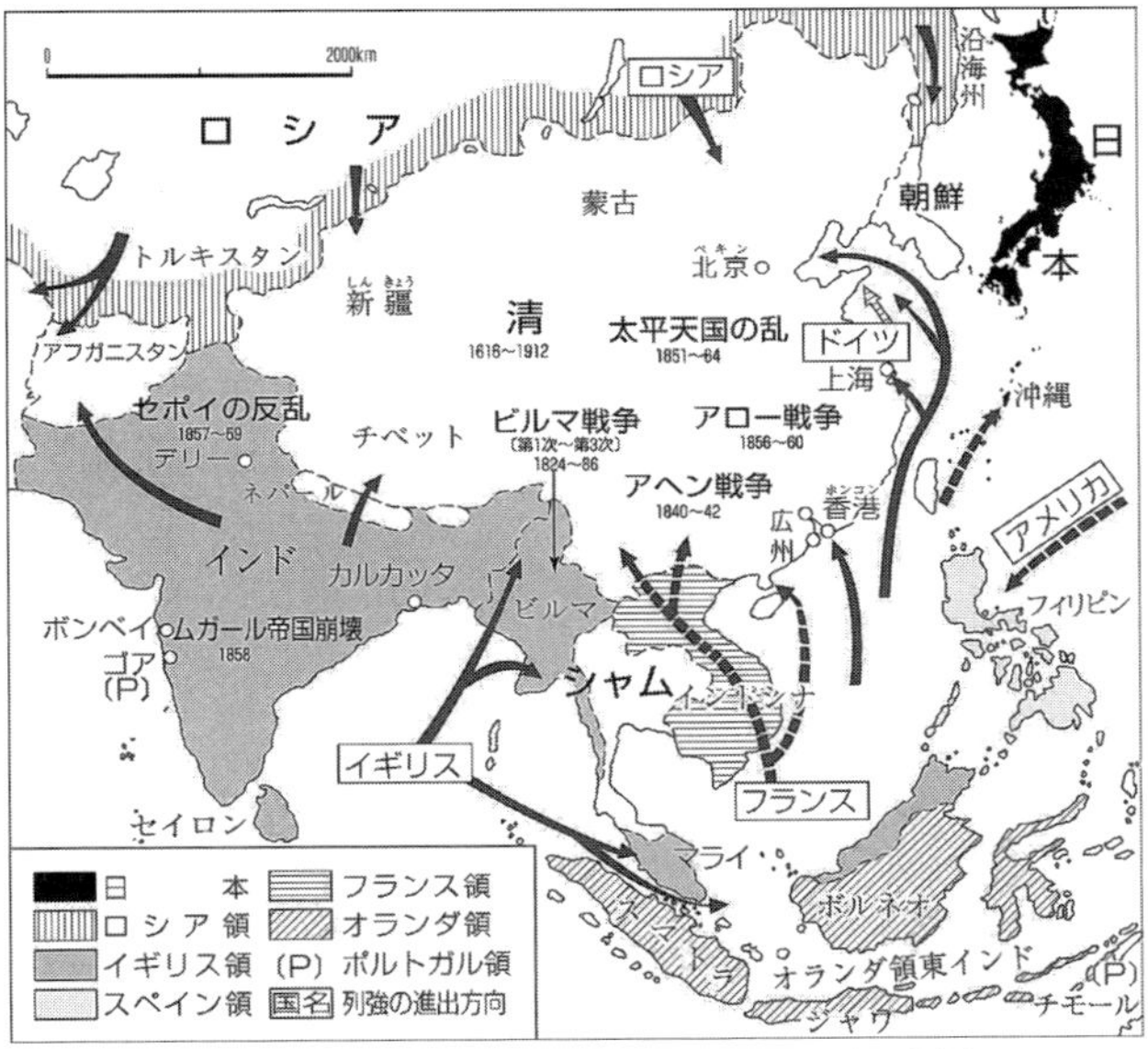

列強のアジア進出（十九世紀後半）『最新日本史』（明成社）

その地図を一見するだけで、幕末から明治にかけて、わが国が、どれだけ厳しい国際環境におかれていたか、すぐにおわかりいただけるでしょう。アジアで独立を保っている国は、ほとんどありません。

インド、ビルマ、マレーシア、シンガポールは、イギリスの植民地です。インドシナ……つまり、今のベトナム、ラオス、カンボジアは、フランスの植民地です。

東インド……つまり、今のインドネシアは、オランダの植民地です。フィリピンは、アメリカの植民地です。

そして、清国は、アヘン戦争で半植民地の状態でした。アジアで、かろうじて独立を保っていたのは、タイ、朝鮮、そして日本くらいです。

これは、何もアジアだけの現象ではありません。すでに南北アメリカ、アフリカ、オセアニアでも、有色人種の住む地域は、すべて白人諸国による植民地化の波に飲みこまれつつあったのです。

そのような世界のありさまを、二十世紀を代表する歴史家であるアーノルド・トインビーは、こう表現しています。

「十九世紀……東方を望めば、瓦解《がかい》した諸帝国が、トルコから中国にいたるまで、アジアの全大陸に、その残骸を並べていて……いたるところの原住民らは、やはり羊のごとく従順にその毛を刈りとらせ、ただ黙々《もくもく》たるのみ。あえて彼らの毛を刈り取る者に立ち向かって反抗しようとはしなかったのである」(黒沢英二訳『文明の実験』)

「原住民」とは、なんともヒドイ言い方ですが、これは、まだ〝オブラートに包んだ言い方〟でしょう。そのころの白人の有色人種に対する意識を、より正確に表現すれば、すべての有色人種は、〝現地の野生生物〟にしか見えていなかったのではないか……と、私は思っています。

たとえば、イギリス人は、オーストラリアで、レクリエーションの一つとして、「アボリジニ狩り」をしていました。オーストラリアで、アボリジニが「人口」に算入されるようになったのは、なんと一九七三年（昭和四十八）になってからのことです。

近ごろは、そういう国の白人たちが、「イルカを殺すな……、クジラを殺すな……、日本人は残酷だ！」などといって、日本を非難することがあります。私には、滑稽でなりません。

巨視的に見れば、有色人種は、一方的に支配され……殺され……滅ぼされていく……という現象が、十五世紀以来、進行しつづけていたのです。しかし、唯一の例外があります。日本です。日本の豊臣秀吉が、十六世紀、「世界最強」のスペイン王国を震撼させたことは、すでに第二章でお話しました。

そして十九世紀になり、いよいよ日本にも、ふたたび白人諸国の魔の手がのびてきます。そのころになると日本の〝武威〟という、白人諸国を〝跳ね返す力〟は、かなり弱体化していました。もはや日本の前には、白人諸国に飲み込まれるか……、あるいは体制を一新して、ふたたび日本を世界に〝武威〟をしめせる国にするか……という、どちらかの選択肢しかなかったのです。

もちろん、日本は後者の道を選びます。それが明治維新です。トインビーは、先の文章につづけて、こう書いています。

「日本人だったら、まったくちがった反応を示したであろう。しかし、日本は、きわめて珍しい除外例であり、原住民は反抗しないという一般法則を証明しているにすぎない」（前同）

白人諸国に対して「原住民は反抗しないという一般法則」の「珍しい除外例」である日本……。その日本は、白人諸国による世界の植民地化という時代の高波に、どう立ち向かったのでしょうか？

日本は、まず「攘夷」という思想をつくりあげました。その思想の内容を、会沢正志斎《あいざわせいしさい》の『新論』をもとに見ていきましょう。

『新論《しんろん》』の登場――日本は今「死地《しち》」にある

文政七年（一八二四）五月、水戸の大津浜に、イギリスの捕鯨員が十余名ほど上陸する、という事件が起き、幕府がその翌年、「異国船打払い令」を公布したことは、先にお話ししました。

この「異国船打払い令」の考え方は、基本的に戦後の「専守防衛《せんしゅぼうえい》」の考え方と、よく似ています。日本に上陸してきそうであれば反撃するが、わが国の領海に近づいても、日本から軍艦を出して追い払うことはしない……というものだからです（そのころの日本は「敵基地攻撃」をする気など、まったくなく、また、その能力もなかった、というところまで、今とよく似ています）。

そのような動きを受けて、文政八年（一八二五）、水戸藩の会沢正志斎（安・伯民／一七八一―一八六三）が、ある本を書きます。それが、「尊王攘夷論の原点」といわれる『新論』で、時に、会沢は四十四歳でした。

『新論』の特質として、まず私があげたいのは、〝今、日本は「死地《しち》（生き残れる望みがないほどの危険な場所）」にある〟という自覚を、明確に打ち出している点です。そのころ、そのような認識をもっている知識人は、まだ稀でした。

もちろん、そのころの知識人たちも、〝欧米諸国の艦船が、日本近海に出没している〟という事実くらいは知っていました。しかし、「今、日本は〝死地〟にある」というほどの強い危機感をもっている人など、ほとんどいなかったのです。

たとえば、文政七年、勘定奉行《かんじょうぶぎょう》・遠山景晋《かげくに》が著した『籌海因循録《ちゅうかいいんじゅんろく》』という書物があります。そこには、こういうことが書かれています。

「(外国から)やって来る者たちは、しょせん海賊であって、万里を遍歴して、その海岸侵掠し、あり合うものを奪い取るまでのことであって、恐れるに足りない」(井野辺茂雄『新訂　維新前史の研究』)

つまり、「欧米諸国に戦争や侵略の意志などない。今、日本近海に出没しているのは、ただの無法者たちにすぎない」と言っているわけですが、日本には、いつの時代でも、こういう〝現状認識の甘い……脳内お花畑の……臆病なお人よし〟がいるものです。危機を危機として、正確に認識することは、じつは勇気のある人にしかできません。

勇気のない人は、〝見てみぬふり〟をしがちです。残念ながら日本人には、昔からそのような欠点があったようです。

正志斎は、そのような〝脳内お花畑〟の主張に対して、こう書いています。それは、「相手から攻められないように自分が準備するのではなく、ただ相手が攻めてこないことを期待する、人頼みの議論である」。

また、こうも書いています。「戦うのか……戦わないのか、その決意を明確にし、今、日本は『必死の地』にあると覚悟して、ことにあたることが重要である」。

つまり、『新論』という本は、日本は今、欧米諸国に対して〝戦時の覚悟〟で臨まなければならない……ということを、明確に主張しているのです。この本が、争って読まれたのは、そのような主張が、そのころの人々にとって、きわめて衝撃的で、かつ説得力のあるものだったからでしょう。

「戦争」という事態が脳裏をよぎった時……、また、自己や他者の「戦死」という事態が脳裏をよぎった時……、人は、何を考えるでしょうか？　それは、自己や他者が、命をかけて守るべきものとは、いったい何か？……ということでしょう。

『新論』は、それについても、明確な答えを出しています。それは、「国体」です。

「道義」のかたち……それが、わが国の「国体」

古来、武士たちにとって「守るべきもの」とは、何であったか？　それは、「主君と家臣の先祖たちが出会い、『血みどろ』の『御苦労』を共にして『御家』が確立したその来歴・事情の中に見いだされる」もの（菅野覚明『武士道の逆襲』）といわれています。

そのような武士道の思想が、藩の枠を超えて拡大されれば、さて……どうなるでしょう。当然、日本全体の「来歴・事情」のなかに「守るべきもの」を見いだす……ということになるのではないでしょうか。

それが『新論』のいう「国体」です。しかし、ここからが大切なのですが、わが国の「国体」は、〝わが国の来歴・事情をあらわしたもの〟であるから、イコール〝尊いもの〟と、会沢はいっているわけではありません。もしも、そのような理由だけで、「国体」を守ろう……というのであれば、それは、あるいは〝国家的・民族的なエゴイズム〟の枠内にとどまるものでしょう。

会沢は、わが国の「国体」は〝天の意志〟をあらわしたもの……、つまり「道義」を〝かたち〟にしたもの……と信じています。そう信じる時、はじめて、わが国の〝国体を守ること〟が、イコール〝道義を守ること〟になるのです。

そこにおいて、はじめて「国体」を守るという行為も、〝国家的・民族的なエゴイズム〟を超えた行為になります。つまり、〝国体を守る〟という行為が、イコール〝道義を守る〟行為になるのです。

『新論』には、こう書かれています。

「昔、天照大神《あまてらすおおみかみ》が、はじめて国の基礎を建てられた時、その位《くらい》は天の位であり、その徳は天の徳であり、それらによって天の事業を運営し、細かなことも大きなことも、何一つ天に由来しないものなどなかった。〝徳〟の象徴は玉であり、〝明《めい》〟の象徴は鏡であり、〝威《い》〟の象徴は剣である。天の〝仁《じん》〟を体し、天の〝明〟に従い、天の〝威〟を振い、それらによって、天照大神は世界万国を照らし、君臨している」（「国体・上」）。

つまり、かたちのない〝天の意志〟は、わが国では、三種の神器によって〝かたちのあるもの〟になっている……、わが国は、それゆえに尊く、それゆえに守るべき価値をもつ国なのです。しかし今、白人諸国は、その尊い「国体」をもつ日本を、侵略しようとしている……。

それは、もちろん〝日本の危機〟ですが、それは、同時に〝道義〟を踏みにじる行為でもあります。ですから、それは人類にとっての〝道義の危機〟でもあるのです。したがって、白人諸国の野望は、断固として打ち砕かなければなりません。〝日本を守ること〟とは、イコール人類の〝道義を守る〟ことだからです。

『新論』の「長計」には、「戎狄《じゅうてき》の道」（欧米諸国の野望）を打ち砕くことは、イコール「神聖の道」を明らかにすることである……とも書いてあります。そして、むしろ、こちらから積極的に「神聖の道」を世界に広めていこうではないか、と『新論』は主張するのです。

『新論』には、こういう一文があります。

「野蛮な外国から来た考え方をもとにする〝虚無〟や〝寂滅《せきめつ》〟の考え方がありますが、それを変えて、生を養う考え方にし、暗黒のような考え方に対しては、光明のような考え方をもってあたります。また、野蛮な外国からは、悪しき神秘主義に惑溺した荒唐無稽《こうとうむけい》な考え方もきていますが、わが国は、それを変えて、天命《てんめい》と人心《じんしん》についての、明明白白《めいめいはくはく》な、永遠に変わらない大道にします。

そして、太陽の威厳と光明をかかげ、それをもって世界のすべての国を照らせば、かがり火のように小さい野蛮な外国の光が、いくら輝いたところで、どうしてそれが輝きつづけることができるでしょう。こうして野蛮な外国の考え方が、自然に日本の前から消えていくのです。

野蛮な外国人たちが、世界を侵略する手段として、もっとも基本的な手段としているのは、はじめに思想的な侵略を行うことです。しかし、今お話ししたようにすれば、思想的な侵略という手段など、使えなくなります。」（『新論』長計）

（原文「寂滅《せきめつ》を変ずるに生養《せいよう》を以てし、陰晦《いんかい》を比するに光明《こうみょう》を以てし、荒唐幽明《こうとうゆうめい》の説に易《か》ふるに、天命人心《てんめいじんしん》の昭昭乎《しょうしょうこ》として易ふべからざるの大道を以てし、而して太陽の威明《いめい》をかかげて、以て、四海万国《しかいばんこく》に照臨《しょうりん》せば、すなわち爝火《しゃくか》の耿耿《こうこう》たるも、いづくんぞ熄《や》まざるをえんや。かくのごとくなれば、すなはちその恃《たの》んで以て諸国を呑併《どんぺい》するところの本謀《ほんぼう》、乖《そむ》かん」）

会沢は、白人諸国は、侵略の手段として、まず自分たちの排他的な思想を流入させようとするが、それを、光が闇を消すように無力化し、逆に日本から発する道義の光が、「四海万国」を照らすようにしたい……と言っています。私は、そのような主張に、「攘夷」という考え方の本質があるのではないか、と思っています。

『新論』の「攘夷」の考え方が、その後、全国の志士たちから〝爆発的〟に受容されたことは、あらためてお話しするまでもありません。ところが、今の歴史学界では、一般に安政五年の「日米通商条約」が調印されたあと……、つまり開港後は、『新論』の思想的価値は急速に過去のものになった、と見なされています。

それは、一面の事実です。しかしそれは、何も『新論』が、〝外国アレルギーの本〟だったから……ではありません。

『新論』を読めばわかることですが、会沢は、けっして〝外国アレルギー〟の人ではありません。『新論』で会沢は、西洋の科学技術を取り入れ、発展させる日本人の能力に、むしろ自信さえ示しています。「専守防衛」の考え方も、とっていません。「巨艦《きょかん》」で、こちらから攻撃をかけることも主張していて（「守禦」）、その点、会沢の思想は、意外かもしれませんが、勝海舟のような「開国思想」にも通じるのです。

問題は、「攘夷」を、具体的には「誰が実行するのか？」という点にあります。『新論』の「長計」には、「皇孫《こうそん》（天皇）→大将軍《たいしょうぐん》（将軍）→邦君《ほうくん》（大名）」という、幕藩体制下の序列が、くりかえし強調されていますが、会沢にとって、「攘夷」を実行するのは、あくまでも「大将軍」、つまり「幕府」なのです。

しかし、そのような考え方に固執しているかぎり、それ以後の政治状況に、対応できなくなっていくのは、当然でしょう。じつはその点で、『新論』の考え方は、〝時代遅れ〟になっていくのです。

開港後に悪化した日本の経済

開港後、国民の間で、「攘夷」の意識そのものは、むしろ激しく高まります。それは貿易の開始による経済の悪化と、外国人の流入による治安の悪化が、おもな原因です。

経済の悪化についても、今の高校の教科書などでも、ちゃんと触れられています。貿易がはじまったのは、安政六年（一八五九）ですが、日本は、大幅な輸出超過となり、物価が上昇して、庶民の生活を直撃します。特に日本経済に打撃を与えたのは、金と銀の交換比率が、国際標準からすると、かけ離れていたことです。そのことについては、たとえば、ふつうの高校の教科書にも、こう書かれています。

「金銀の交換比率は、外国では一対一五、日本では一対五と差があった。外国人は外国銀貨（洋銀）を日本にもちこんで、日本の金貨を安く手に入れたため、一〇万両以上の金貨が流出した」（『詳説　日本史』山川出版社・平成二十七年）。

白人たちは銀をかかえて、横浜の両替所《りょうがえしょ》に押し寄せ、手に入れた金貨を上海《しゃんはい》に運び、それを銀貨に換え、そしてまた日本に向かいました。〝濡《ぬ》れ手に粟《あわ》〟とは、このことです。

この教科書では、日本から流出した金貨は「一〇万両」と書かれていますが、一説では、「一〇〇万両」ともいわれています。しかし、そのような事態になっているのに、幕府は手をこまねいて何もできません。

幕府は、外国の顔色をうかがい、国際条約の文言《もんごん》を忠実に守ることに汲々《きゅうきゅう》としていたのです。いわば幕府は、わが国の金が、どんどん流出していくことを、むしろ〝まじめに手助け〟していた、ともいえます。

外国人犯罪に、何もできない幕府

そのような経済の悪化については、今の高校の教科書にも書いてありますが、治安の悪化の方は、どの教科書にも書いてありません。というよりも……、明治以後、その点について、くわしく調査している文献は、ほとんどないのではないか、と思います。

日本の金を目当てに、渡航してきた白人たちの悪行は、すさまじいものでした。幕末のころ、治外法権《ちがいほうけん》地域の、フランス地区に駐在していたスイスの外交官・ネドルフ・リンダウという人物が、そのころの日本のようすを、自分たち白人の所業への反省を込めつつ、こう書き残しています。

「われわれは、日本人の尊敬を、まったく失ってしまった。……もっとも品位に欠けたヨーロッパ人が来るようになってから、日本人の心の平和と幸せは、メチャメチャにされてしまった。白人のいるところは、いつも危険と恐怖があった。酔っぱらって大暴れする私と同じ人種の黄金の亡者たちのやることは、愚行ばかりだった。

彼らは、わめき声をあげながら、町を歩き回り、店に押し入り、略奪した。止めようとする者は蹴られ、殴られ、刺し殺され、あるいは撃ち殺された。わが同胞たちは、通りで婦女を強姦した。寺の柱に小便をかけ、金箔《きんぱく》の祭壇と仏像を強奪した」（松原久子『驕れる白人と闘うための日本近代史』）

そのような白人の犯罪に対しても、幕府は、手をこまねいて何もできません。「領事裁判権《りょうじさいばんけん》」の壁に阻まれたのです。


「領事裁判権」とは、外国人が日本で罪を犯した場合、その犯人を裁く権利は日本政府にはなく、それは犯人の本国政府の日本領事がもつ……という取り決めです。そのことは「安政の五か国条約」（安政五年、江戸幕府が、アメリカ、オランダ、ロシア、イギリス、フランスと締結した修好通商条約の通称）に書かれています。

しかし、「領事裁判権」は、もともと白人諸国が、植民地に押しつけたものです。この点、はじめから日本は〝植民地あつかい〟されていたのです。

たとえ現行犯を逮捕しても、逮捕された白人が領事館に連絡し、「不当逮捕だ！」と言い張れば、無罪放免《むざいほうめん》……ということが少なくありませんでした。それどころか、日本人が白人の犯人の銃をとりあげたら、犯人の方が「銃を盗まれた！」と訴え、逆に日本政府に対して、慰謝料《いしゃりょう》や損害賠償《そんがいばいしょう》を要求し、幕府が、その理不尽な要求に屈した、ということさえあるのです。

ですから、欧米人による殺傷《さっしょう》、窃盗《せっとう》事件が起きても、多くの場合、日本国民は泣き寝入りするしかありません。日本国内でありながら、白人の前では「平等」も「公正」もなかったのです。

幕末の日本での白人による犯罪が、どれくらいの件数で、どれくらいの程度のものであったのか……、今でも正確なことはわかりません。なにしろ、幕府は先のような〝ことなかれ主義〟でしたから、訴えがあっても、たぶんそれらの正式な記録は、ほとんど残っていないでしょう。

一方、欧米のマスコミは、すでに日本に駐在していたのですが、白人の犯罪については、ほとんど本国に伝えません。ですから、その実態は今も、深い闇に覆われています。

その一方、白人を殺傷した日本人の方は、徹底的に捜査され、見つかれば、すぐに厳罰に処せられました。元治元年十月の鎌倉事件では、犯人が、なんと「さらし首」にされています。

ふつうの国民から見れば、幕府の姿勢は、明らかに〝白人に甘く、日本人に厳しい〟ものので、けっして容認できなかったでしょう。幕府は、経済政策の面でも外国人犯罪の面でも、残念ながら、全国民の前で〝無能ぶり〟をさらけだしてしまったのです。

それにしても……、なぜ幕末の外国人犯罪の多発について、ほとんど知られていないのか、私には、つくづく不思議でなりません。あるいは、大東亜戦争の戦闘終結後、国内で頻発した「外国人」の犯罪と同じく、そこには今でも、何か〝ふれてはいけないタブー〟でもあるのでしょうか。

安政六年の「ロシア海軍軍人殺害事件」から、慶応四年（明治元）の「堺事件」「神戸事件」「パークス襲撃事件」まで、わが国では九年間にわたって、外国人に対する殺傷事件が、しばしば起こっています。そもそも温厚な日本人が、なぜそのころは、そのような手荒な手段に訴えざるをえなかったのか……と、日本人なら考える必要があるはずです。

私たちは今後、そのような視点から、それらの事件について、あらためて調査し直すべきではないでしょうか。日本人がそのようなことをするには、よほどの理由があったからではないか……と考えるのが、ふつうの日本人の、自分たちの先祖に対する正しい心の姿勢でしょう。

しかし、現代の日本人の多くは、ヘタをしたらそれらの事件も、「偏狭苛烈な攘夷というナショナリズム」（司馬遼太郎『世に棲む日々』）のせい……ということで片づけてしまうかもしれません。しかし、こうして見てくると、それは歴史の実態とは、かなりちがうようです。

外国人犯罪が多発し、一方、わが国の政府は、犯人を取り締まれず、無法状態がつづいていたとすれば……さて、どうでしょう？　それが、どれほど国民生活の平和を脅かすものか、今の私たちなら、身近な問題として、考えることができるはずです。

そして、そのような歴史を踏まえれば、なぜ開港後、国内に「攘夷」の気運が急激に高まったのか……ということも、よく理解できます。また、なぜ幕府から人心が離れていき、その一方、下関や鹿児島で、白人諸国と勇敢に戦った長州藩や薩摩藩の発言権が、国内で急速に高まったのか……ということも、よく理解できます。

「ジグソーパズル」でいうと、幕末の歴史に〝外国人犯罪〟というピースを入れると、幕末維新史という大きな絵の輪郭が、かなり明瞭に見えてくるのです。その事実を抜きにしてしまったら、志士たちが、なぜ「攘夷」という理念に命をかけたのか……、その理由が、ほとんどわからなくなります。

たとえば、ある人が、ＡさんがＢさんを殴っている場面だけを見せられて、正邪を判断したら、どうなるでしょう。Ａさんは、ヒドイ人ということになります。しかし、じつはＢさんの方が先にＡさんを殴っていたとしたら、さて……最終的な司法判断は、どうなるでしょうか。Ａさんの暴力は「正当防衛」ということになり、はじめの正邪の判断は、百八十度変わるはずです。

そう考えてみると、幕末の志士たちの「攘夷」の意味が、はっきりと見えてきます。それは、むりやり日本に侵入し、その上、罪を犯しても罰せられない外国人たちに対して、何もしない（できない）政府にかわって、心ある武士たちが、善良な国民を守るための行為であった可能性が高く、そうであるとすれば、それは〝民族の正当防衛〟という意味を、もっていたのではないでしょうか。

みずからを攘夷の〝発火点〟と化した吉田松陰

「安政の五か国条約」のあと、心ある人々の間では〝幕府の力で攘夷を実行することは、どうもムリらしい〟ということが、だんだんとはっきりしてきましたが、〝それでは……、幕府にかわって、誰が、どうやってそれを実行するのか……〟ということになると、なかなかはっきりとした答えが出ません。こうして幕末の政治的な混乱が、長くつづくことになります。

ある人たちは、〝朝廷に頼ろう〟と考え……、また、ある人たちは〝雄藩《ゆうはん》に頼ろう〟と考えたわけですが、いずれにしても、〝誰かに頼ろう〟という点では、同じでした。

そのうち、〝そういうことだから、事態は悪化するばかりで、少しも好転しないのではないか〟と、悟った志士がいます。吉田松陰です。

松陰は、こう書いています。

「民間人が立ち上がって、世のなかを変える……。どうして他人の力を借りる必要があるでしょう。申しわけない言い方ですが、もはや私は、朝廷も幕府も、わが長州藩も頼りにはしていません。私に必要なのは、六尺《ろくしゃく》の、この私の体だけです」（野村和作にあてた安政六年四月ごろの松陰の手紙）

（原文・「草莽崛起《そうもうくっき》、あに他人の力をからんや。恐れながら、天朝《てんちょう》も、幕府、わが藩も入らぬ。ただ六尺の微躯《びく》が入用」）

昔は、共産主義の歴史研究者らが、この松陰の言葉を、〝サヨク的な革命思想〟であるかのように伝えていましたが、それはいうまでもなく、ひどい歴史歪曲です。

同じ月、松陰は、こういうことも書いています。

「これまで私は、わが藩の藩主・毛利敬親公《たかちかこう》に対して、真正面から『尊王攘夷の行動を起してください』と迫ってきましたが、それは、そもそもムリな要求でした。私たちがすべきことは、『敬親公が尊皇攘夷の行動を起せるような、状況をつくりだす』ということではなかったか……と思います」（入江杉蔵にあてた安政六年四月二十二日の松陰の手紙）

（原文・「吾が公に、ただちに尊攘《そんじょう》をなされよ、といふは無理なり。尊攘の出来《でき》る様なことを、拵《こしら》えて差し上げるがよし」）

つまり、そのころの松陰は、こう考えていたのです。〝これまで私は、誰かに頼る……という方法で攘夷を実現しようとしてきたが、それはまちがいであった。私は、もう誰にも頼らない。これからは、まず自分が、そのための行動を起こす。すべては、そこからはじまる……〟。

こうした手紙を書いていたのが安政六年の四月で、その半年後、松陰は、江戸で処刑されます。処刑の前日、十月二十六日に書き上げた『留魂録《りゅうこんろく》』という遺著の最後には、五首の和歌が書かれているのですが、そのうちの一首は、こういうものです。

討《う》たれたる　吾をあわれと　見ん人は　君を崇《あが》めて　夷払《えびすはら》えよ

歌意は、こうです。「世の中には、処刑された私のことを、〝気の毒に〟と思ってくれる人がいるかもしれません。けれども私としては、そう思ってくれるよりも、その人が皇室を尊び、日本を侵略してくる野蛮な白人諸国を退けるよう、力を尽してくれることの方が、よほどうれしいことです」。

こうして松陰の肉体は、この世から消えますが、〝みずからを発火点にする〟という松陰の〝留魂〟は、目には見えない無数の炎となって、高杉晋作《たかすぎしんさく》、久坂玄瑞《くさかげんずい》など、多くの門人たちの魂の上に降り注ぎます。

そういえば、かつて松陰は、こういうことも書いています。「自《みずか》ら死ぬことのできぬ男が、けっして人を死なすことはできぬぞ」（前掲・野村和作あての手紙）。

恐ろしい言葉ですが、松陰は、まずみずからが、志のため〝死んでみせる〟つもりだったのではないでしょうか。そうすれば、必ず誰かが自分の志をついで、わが国を守るために戦ってくれる……、松陰は、そう信じていたにちがいありません（くわしいことは、拙著『新訳　留魂録　吉田松陰の「死生観」』を参照してください）。

空想的な攘夷から、実践的な攘夷へ

こうして「攘夷」の炎につつまれた長州藩は、文久《ぶんきゅう》三年（一八六三）五月、下関を通過するアメリカ、フランス、オランダの艦船への攻撃を開始します。アメリカ、フランスは反撃し、停泊中の長州の軍艦が砲撃され、それによって長州藩の海軍は、大きな打撃を受けますが、それでも長州藩は屈せず、海上封鎖《かいじょうふうさ》をつづけました。

翌年（元治元年）、イギリスは、アメリカ、フランス、オランダの三国に呼びかけて、連合艦隊を編成し、同年八月、下関の長州藩の砲台を砲撃した上で、陸戦隊《りくせんたい》を上陸させ、砲台を破壊します。この二つの戦いは、あわせて一般に「下関戦争」と呼ばれています。

結果的に長州藩は、惨敗《ざんぱい》を喫《きっ》したわけで、昔も今も、この戦いを、まったく意味のない、無謀な行動のように言う人が少なくありませんが、私は、そうは思いません。これは「生麦事件《なまむぎじけん》」に端を発する「薩英戦争《さつえいせんそう》」（文久三年七月）とならんで、きわめて歴史的に意義のある戦いではなかったか、と思っています。

なぜなら、実際に白人諸国と砲火を交えるという経験によって、それまでの〝言葉の上での攘夷〟や〝文章の上での攘夷〟の時代……、つまり観念的・空想的な「攘夷」の時代を終わらせたからです。注意しておくべきことは、終わったのは、そういう観念的・空想的な「攘夷」の時代であって、「攘夷」という考え方そのものが終わったわけではない……というところにあります。

一般には、「下関戦争」と「薩英戦争」によって、わが国では「攘夷」という考え方そのものが終わり、両藩が急に「開国」に転じたように言われていますが、それは、きわめて表面的な歴史解釈にすぎません。二つの戦争によって、それ以後、両藩の「攘夷」が、実践的・合理的なものに生まれ変わったのではないか……というのが、私の見方です。

つまり、「古い攘夷」が、「新しい攘夷」に生まれ変わり、「攘夷」という考え方が〝再生〟したのです。その歴史的なきっかけが、その二つの戦争ではなかったか……と、私は考えています。

それでは、新しい実践的・合理的な「攘夷」とは、いったい、どのようなものなのでしょうか。「下関戦争」と「薩英戦争」のあと、高杉晋作は、慶応元年二月ごろに、こう書いています。

「もうすぐ下関を開港する、という話がおこるでしょう。時代の流れですから、それはやむをえないことです。いっそ私は、ここは〝一つの戦略〟と思い定めて、国体をはずかしめることがないようにするため、むしろこちらから先に開港すべきではないか、と思っています。長州が、〝政治とは民のためのもの〟という考えを確立し、より正しいものに変えていけば、民は豊かになります。

民が豊かになれば、すなわち長州が豊かになり、それによって、よい機器も、必要に応じて手に入れることができるようになるでしょう。諸隊の隊員たちにミニエーの元込め銃、ライフル銃、カノン砲をもたせれば、長州藩の軍隊は、天下無敵になるでしょう」（「回復私議」）

（原文・「やにわに馬関開港《ばかんかいこう》の義《ぎ》、起こるべし。……時運《じうん》なれば、止《や》むを得ず、御権謀《ごけんぼう》にて、国体を恥かしめざるよう、われより先んじて開港すべし。民政を正せば、すなわち民富み、民富めば、すなわち国富み、すなわち良機械《りょうきかい》も手に応じて求めらるべし。諸隊《しょたい》の壮士《そうし》にニミネ《（ママ）》ールの元込《もとご》み、雷《ライ》フル、カノンの野戦砲《やせんほう》を持《もた》しむる時は、天下に敵なし」）

ここには、〝攘夷のための開港〟という考え方が、はっきりと打ち出されています。しかし、高杉の場合、まだ開港は「時代の流れですから、それはやむをえないこと」という認識です。

その考え方を、もう一歩進めた志士がいます。それが高杉や久坂たちと親交のあった土佐藩の志士・中岡慎太郎《なかおかしんたろう》（一八三八―六七）です。

「攘夷」の〝死と再生〟――中岡慎太郎

中岡は、「予《よ》が説は尊攘なり」としつつ、こういう、まことに大胆なことを書いています。

「私の攘夷の策は、外国と結ぶことです」（「窃《ひそか》に知己《ちき》に示す論」・慶応二年十月二十六日）

（原文・「某《それがし》の攘夷の策は、今日、深く外夷《がいい》と結ぶにあり」）

つまり、私は「尊王攘夷」を主張する者である……としつつ、その上で、「私が考える攘夷の秘策は、今日の情勢では、白人諸国と深く親交を結ぶこと」というのです。

そして中岡は、こうつづけます。

「白人諸国に留学生を送り、外国人の教師を雇い、国の産業を盛んにし、はっきりとした決意で、堂々と国際交流を開始すべきです」（前同）

（原文・「海外諸国へ書生《しょせい》を出し、あるいは外国人を雇い、国産を開き、断然《だんぜん》と大《おおい》に国を開くべし」）

ここには、すでに明治政府の諸政策を、先取りする先見の明があります。しかし、それらの政策の提言そのものが、とりたてて珍しいわけではありません。

そのような提言なら、その九年前の橋本左内《はしもとさない》の手紙にも見え（安政四年十一月二十八日づけの越前福井藩士・村田氏壽《うじひさ》あての手紙）、また皇学者（国学者）の大国隆正《おおくにたかまさ》も、攘夷のために開国する、という考え方を、「大攘夷《だいじょうい》」という言葉で、そのころ主張しているからです。

それらとはちがって画期的なのは、そのような新しいかたちの「攘夷」は、欧米列強との戦闘を経験した長州藩と薩摩藩にしかできない……という中岡の見解です。

白人諸国と、実際に戦火を交えた両藩だからこそ、真の「開国」ができる……というのは、一見すると矛盾しています。しかし、よく考えてみると、それこそが政治という〝生きもの〟の本質を、よく見きわめた鋭い指摘でしょう。

中岡は、「世間の攘夷家《じょういか》、開港家《かいこうか》の空論《くうろん》」を粉砕したものとして、薩摩藩の「生麦」、長州藩の「敗軍《はいぐん》、失策《しっさく》」をあげつつ、こう書いています。

「薩摩を興隆させたのは、生麦事件です。長州が強化されたのは、戦っては敗北し、試みては失敗し……ということを、くりかえすことによって生まれた成果です」（前同）

（原文・「薩《さつ》を興《おこ》すものは生麦なり。長を強くするものは、たびたび長《ちょう》の敗軍、失策の功、またなきにあらず」）

中岡は、これまで世間では、やれ「攘夷」だ……やれ「開港」だ……と、うるさく議論されてきたけれど、二つは対立しているように見えて、じつは「空論」であるところは同じではなかったか……と見ています。つまり中岡には、どちらも〝本気〟ではなかった……と見えていたのでしょう。

ところが、長州藩と薩摩藩はちがいます。どちらも「攘夷」に、みずからの藩の運命をかけて〝本気〟で挑んだのです。結果は、手痛い目にあって終わったわけですが、そのような両藩にしか、〝本気の開港〟もできなければ、〝本気の攘夷〟もできない……と、中岡は書いています。まさに卓見でしょう。

大切なのは、じつは「攘夷」とか「開港」などという個別の〝政策〟ではなく……、日本のためなら、わが身、わが藩を犠牲にしてでも、信じる政策を〝本気〟で実現しようとする〝覚悟〟である……と、中岡は見ています。〝覚悟〟のない藩……〝本気〟になれない藩に、厳しい国際情勢のなかで日本の未来を担うことなど、とても期待できないでしょう。

中岡は、この論策のなかで、自分のことを「平素《へいそ》、実地《じっち》に立ち、その特質をいささか知り……」と書いています。なるほど、このような達見は、現実政治の最前線で、みずからの命を賭けて、戦いつづけてきた中岡のような人物にしかもちえないでしょう。

中岡は、そこから、さらに進んで、そもそも「攘夷」とは何か……という本質論も、展開しています。

「攘夷というのは、日本だけの特殊な政策ではありません。やむをえない状況になれば、世界中の国々が、すべてそれを実行します。……そのような視点から攘夷というものを考えれば、西洋の国々でさえ、わが国でいう攘夷や鎖国を、しっかりと実行してきた、ということがわかります」（「愚論　窃かに知己の人に示す」慶応二年十一月）

（原文・「それ攘夷というは、皇国《こうこく》の私言《しげん》にあらず。その止むをえざるにいたっては、宇内《うだい》、各国、みなこれを行うものなり。……これによりて、これを看《み》れば、西洋各国といえども、よく鎖国、攘夷を行うものなり」）

中岡は、欧米の歴史から、その具体例をいくつか挙げています。たとえば、アメリカの独立戦争は、中岡から見れば、〝攘夷戦〟にほかなりません。
中岡は、こう書いています。

「ワシントンは、アメリカの十三の州の民をひきいて、イギリス人を拒絶し、鎖国・攘夷を行いました。それ以来、アメリカとイギリスは、七年にわたって戦いをつづけましたが、イギリスは、とうとう〝勝つことは不可能〟と悟って、和平を求め、アメリカは、それによってイギリスの植民地という立場を脱して、独立を勝ち取り、十三州は同盟して、合衆国と名乗るようになり、一つの強国になりました。それが、今から八十年ほど昔の事です」(前同)

(原文・「ワシントン、米地十三邦《べいちじゅうさんぽう》の民をひきい、英人を拒絶し、鎖国攘夷を行ふ。これより英米、連戦《れんせん》七年、英、つひに勝たざるを知りて和を乞《こ》ひ、メリケン、ここにおいて、英属《えいぞく》を免《まぬが》れ独立し、十三地同盟《じゅうさんちどうめい》、合衆国《がっしゅうこく》と号し、一強国《いちきょうこく》となる。じつに今を去ること八十年前なり」)

なるほど、そういう見方もできるか……と、感心します。中岡は、アメリカ独立の物語と、そのころの日本のおかれた状況を、重ね合わせて見ていたのです。

こうして「攘夷」は、世界史的な観点から、あらためて解釈されることになります。それは、国家や民族の〝自由と独立を勝ち取ること〟と、ほぼ同じ意味の言葉になったのです。こうして「攘夷」は、あらためて〝普遍的〟な意味をもつ言葉になりました。たぶん中岡は、みずからの志士活動を、そのような〝普遍的〟な価値を実現するための行動である……と認識していたはずです。

さて……、そのような世界史的な観点から、中岡は、そのころの日本の政治情勢を、どう分析していたのでしょうか。私なりに推測すれば、それは、たぶんこういうものでしょう。「今の長州藩、薩摩藩の、若いエネルギーに満ちたありさまは、まるで白人諸国が勃興した時のようではないか。この両藩によって、〝攘夷（国家・民族の自由と独立を勝ち取ること）〟は、実現できるにちがいない。とすれば……もはや古い政治体制は、滅びなくてはならない。それを滅ぼすための戦いの炎のなかから、若い力に満ちあふれた新しい国家が、立ちあらわれてくるであろう」。

攘夷から討幕へ

こうして中岡のうちで、「攘夷」という考え方が、しだいに「武力討幕《ぶりょくとうばく》」の考え方へ変容していきます。中岡が、みずからの討幕論を語ったものとしては、「時勢論《じせいろん》」が有名です。

そのなかに、こういう文章があります。

「そもそも、わが国でもシナでも、そして西洋諸国でも、その国の政治的な勢いが強くなる時は、その前に必ず大きな政治的な決断が下されるものです。そして、大きな危機や困難を経たあと、ある日、それまでの古い弊害《へいがい》が除かれ、軍備も政治も教育も、一新されるのです。天皇を中心とする日本の国体も、それによって、はじめて確立されます。

そういう大英断もせず、ただ政治的な工作と、口先だけの議論ばかりやっている国が、興隆した……という話などを聞いたことはありませんし、襲いかかってくる国難を解決した……という話もきいたことがありません」（「時勢論」慶応三年夏）

（原文・「そもそも和漢《わかん》、古今《ここん》、および西洋各国、その国政の張るや、必ず大英断《だいえいだん》を下し、大危難《だいきなん》を経《へ》、一朝《いっちょう》その旧弊《きゅうへい》を除き、はじめてその軍備・政教《せいきょう》、一新《いっしん》を見るべく、国体、ここにおいてや立つ。いまだ周旋《しゅうせん》と議論に終始《しゅうし》して、国を興《おこ》し、難《なん》を解《と》く者を聞かざるなり」）

ここに見える「いまだ周旋と議論に終始して、国を興し、難を解く者を聞かざるなり」というのは、まことに凄《すご》みのある言葉です。

そもそも中岡は、ひいでた交渉力をもっていた人物として知られています。土佐藩出身の元陸援隊士《りくえんたいし》・田中光顕《たなかみつあき》は、そのことについて、こう回想しています。「交渉事で障害になる人物があらわれた時は、慎太郎が行けば、短時間に、意のままに説き伏せて帰った」。

それほどの卓越した交渉力をもつ中岡が、ここでは「政治的な工作と、口先だけの議論」だけでは、国は興隆しないし、国難も突破できない……と、断言しているのです。

このような志士の心について、今のほとんどの日本人は、もはや想像すらできないでしょう。ムリに想像してみたところで、たぶんトンチンカンな〝現代的な解釈〟を乱発してしまうのが〝オチ〟ではないでしょうか。

それにしても、わずか百五十年ほど昔の、すぐれた先人たちの〝考え方〟が、ほとんど理解できなくなっている……という今の日本の知性のありさまは、まことに無残としかいいようがありません。先人たちと私たちを結ぶ〝心の糸〟は、いつか、どこかで断ち切られてしまったのかもしれません。

切れた糸を、正しく結び直すのは、たいへんなことです。それは、たとえていえば、荒れ地を緑野に変えるほどの、努力と根気が必要でしょうが、日本の未来を思うなら、私たちは、あきらめてはならないでしょう。

ちなみに、中岡の〝先見の明〟について、もう一言お話しておきましょう。幕末のころ、『万国公法《ばんこくこうほう》』（国際法）がブームになり、人々のなかには、それに一種の〝幻想〟をいだいた人々もいたのですが、中岡は、イギリス人も「万古不易《ばんこふえき》の法なし」と言っている……として、圧倒的な軍事大国に面している「小国」にとっては「公法」など頼りになるものではない……と、きわめて冷徹な見解を書いています（前掲「窃に知己に示す論」）。

また、そのころの世界の軍事大国といえば、まずはイギリスとロシアでした。もちろん中岡は、ロシアへの警戒も説いています。

しかしその一方で、「メリケン、また恐るべし」と、アメリカへの警戒も説いているのです（前同）。そのころ、すでにアメリカに対する警戒感を強くもっていた……というのは驚くべき先見の明で、まるで百年先を見通しているかのような見識です。

しかし、中岡は慶応三年十一月、京都の近江屋《おうみや》で、坂本龍馬とともに暗殺されます。時に三十歳という若さでしたが、もしも維新後も、中岡が存命であったなら、たぶん西郷隆盛、大久保利通《おおくぼとしみち》、岩倉具視《いわくらともみ》などとならぶ、偉大な政治家になっていたのではないか、と私は思っています。

近代日本にも「攘夷」は生きつづける

これまで申し上げてきたことをまとめると、こうなります。「下関戦争」と「薩英戦争」によって、それまでの観念的・空想的な「攘夷」の時代が終わります。そのあとやってきたのは、実践的・合理的な「攘夷」の時代です。中岡はその新しい「攘夷」の考え方を代表する人物の一人でした。

大局的に見れば、明治維新とは、「攘夷」という理想をかかげつつ、〝それでは……どうすればそれを実現できるのか？〟という一点で、「血まみれ」の試行錯誤の末に出された結論……ともいえるでしょう。ですから、実践的・合理的な「攘夷」の精神は、明治維新のあとも滅んではいません。

それどころか、それは、あたかも清らかな伏流水のように、また、音楽の通奏低音のように、近代日本の根底に流れつづけ、響きつづけます。それを証明するものとして、維新後の西郷隆盛の言葉をあげておきましょう。

『南洲翁遺訓《なんしゅうおういくん》』は、西郷隆盛の維新後の言葉を、旧庄内藩士《しょうないはんし》がまとめた名著ですが、そのなかに、「攘夷」の精神を脈々と伝える、こういう発言が記録されています。

「ある時、西郷先生が、こうおっしゃった。

『〝文明〟というのは、どういうことかわかるかい？　それは、道徳心が人々に広くゆきわたって、それが実践されている国のようすを、称えて言う言葉なんだ。けっして宮廷が大きくて立派だとか、人々の服装が美しくて綺麗《きれい》だとか、そういう外から見た、フワフワした華やかさを、いうのではないよ。

ところが、今の人たちが言っていることを聞いていると、何をもって〝文明〟と言っているのか、私には、ちっともわからないね。

私は昔、ある人と議論したことがあるんだよ。その時、私は、こう言ったのさ。

「西洋は野蛮じゃ！」

するとその人は、こう言った。

「いや、西洋は文明です」

そこで私は、

「いいや、いいや……、野蛮じゃ！」

と、たたみかけた。

すると、その人はあきれて、

「どうして西洋のことを、それほどまでに悪くおっしゃるのですか？」

と、不満そうに言い返してきた。

そこで私は、こう言ってやったのさ。

「ほんとうに文明の国なら、遅れた国には、やさしい心で、親切に説得し、その国の人々に納得してもらった上で、その国を発展させる方向に導いてやるんじゃないかな？　けれど西洋は、そうではない。時代に遅れて、ものを知らない国であればあるほど、むごくて残忍なことをしてきたし、結局のところ、そうして自分たちの私利私欲《しりしよく》を満たしてきたじゃないか。これを〝野蛮〟と言わないで、何を〝野蛮〟と言うんだい？」

私がそう言ったら、その人、口をつぐんで、もう何も言わなくなったよ』

そう言って、西郷先生はお笑いになりました」（『南洲翁遺訓』）

（原文・「文明とは、道の普《あまね》く行はるるを賛称《しょうさん》せる言にて、宮室《きゅうしつ》の荘厳、衣服の美麗《びれい》、外観《がいかん》の浮華《ふか》を言ふにはあらず。世人《せじん》の唱《とな》ふるところ、何が文明やら野蛮やら、ちともわからぬぞ。予《よ》、かつてある人と議論せしことあり。『西洋は野蛮ぢや』といひしかば、『いな、文明ぞ』と、争ふ。『いな、野蛮ぢや』と、畳《たたみ》かけしに、『何とて、それほどに申すにや』と推《お》せしゆゑ、『じつに文明ならば、未開の国に対しなば、慈愛を本とし、懇々説諭《こんこんせつゆ》して、開明に導くべきに、さはなくして、未開蒙昧《みかいもうまい》の国に対するほど、むごく残忍のことを致し、己を利するは、野蛮ぢや』と申せしかば、その人、口を莟《すぼ》めて、言なかりき、とて笑われける」）

国家は、道義によって運営される時、「文明国」と呼ばれ、道義を失って運営される時、「野蛮国」と呼ばれる……、それが、きわめてシンプルな西郷の「文明国」と「野蛮国」の区分方法です。

その区分法によれば、「西洋は野蛮じゃ！」ということになるのですが、第二章で申しあげたような、十五世紀以来の世界史をふりかえれば、それに対して、「それは、ちがう」と断言できる人は、たぶんいないでしょう。

第二章で「大東亜四百年戦争」というお話をしました。そのような見方からすれば、明治維新は、大東亜戦争という〝最終決戦〟へ向けた準備のはじまり……ではなかったか、というお話もしました。

それに関連して、西郷のこういう言葉が思い出されます。

「徳川幕府は、戦国時代の武士たちの勇猛な心を抑えるという方法で、国を維持し、世のなかを平和に治めてきたけど、今は、そんな方法で、国を維持できるような時代ではないよ。今は国民全体が、昔の戦国時代の勇猛な武士たちよりも、もっと勇猛心《ゆうもうしん》をふるい起さなければ、欧米列強と対等な立場に立って、国を維持するなんてことは、できない時代なんだ」（前同）

（原文・「徳川氏は、将士《しょうし》の猛《たけ》き心を殺《そ》ぎて世を治めしか共《ども》、今は、昔時《せきじ》、戦国の猛士《もうし》より、猶一層《なおいっそう》、猛《たけ》き心を振い起こさずば、万国対峙《ばんこくたいじ》は成《な》る間敷也《まじきなり》」）

また、西郷の盟友で、「安政の大獄」で処刑された橋本左内《はしもとさない》は、安政五年（一八五八）、二十五歳の時、こういう詩を書いています。

「なまめいた女性の歌声を、数曲ばかり聞きながら、緑色に澄んだ酒を酌《く》み交わす。美しく着飾った女性たちに、とり囲まれた宴《うたげ》のさなか、川に張り出した縁に座っていると、月が昇ってきた。清らかに輝く月は美しい。しかし、その月の光が、かつてマカオで、侵略者と戦って殺された人々の白骨を照らしていたことを、覚えているものはいるであろうか」（『橋本景岳全集』）

（原文・「数闋《すうけつ》の嬌歌《きょうか》、緑醅《りょくはい》を侑《すす》め、綺羅《きら》、月を邀《むか》えて、江台《こうだい》に坐《ざ》す。誰か知らん一片《いっぺん》、清輝《せいき》の影の、嘗《かつ》て澳門《マカオ》の白骨《はっこつ》を照らし来るを」）

マカオは、第二章で申し上げたとおり、十六世紀からポルトガルが支配してきたところですが、それでもはじめのころは、「お金を払って借りている」というかたちでした。ところが、アヘン戦争で清国が弱体化すると、ポルトガルは嘉永二年（一八四九）、その支払いさえしなくなります。

こうしてマカオは、完全にポルトガルの領土にされます。マカオの夜空に輝いている「月」は今も、そのような歴史を、覚えているはずです。

「大義を四海《しかい》に布《し》かん」

「攘夷」という精神は、明治維新で終わったのではありません。先ほどもお話ししたとおり、実践的・合理的なものとして生まれ変わり、その思想の〝伏流水〟は、また〝通奏低音〟は、大東亜戦争にいたるまで、あるいは噴出し、あるいは鳴り響いています。

かつて中岡は、国家や民族の〝自由と独立を勝ち取ること〟を、「攘夷」と呼びました。もしも、わが国が今、いまだに真の自由と、真の独立を勝ち取っていないのであれば、それは、たぶん〝攘夷の精神が足りない〟から……ではないでしょうか。

まずは、わが国が「戦後体制」を脱し、真の自由と独立を勝ち取ることが第一歩ですが、「攘夷」は、それで終わるのではありません。日本から発する道義の光が、『新論』のいう「四海万国」を照らすようになる時、はじめて「攘夷」の精神は、本来の姿をあらわすのです。

その意味で、私は横井小楠《よこいしょうなん》（一八〇九―六九）という、熊本藩の思想家の言葉を、しばしば思いおこします。小楠は、よく「攘夷」から「開国」に転じた思想家の代表例としてあつかわれますが、私は、中岡慎太郎と同じく、小楠も「攘夷」のはてに、「開国」へ転じていった人物ではないか……と、思っています。

小楠が最終的にたどりついた境地をあらわしているのが、慶応二年、二人の甥がアメリカに渡るさい、小楠が二人に贈った次の言葉です。

「シナの古代の聖なる天子である堯帝《ぎょうてい》や舜帝《しゅんてい》の教え、そして孔子の教えを、いよいよ明確なものにし、西洋の機械の技術を徹底して学びましょう。そうすれば、日本は、どうして〝豊かな国〟というだけにとどまるでしょうか。どうして〝強い軍隊をもつ国〟というだけにとどまるでしょうか。それらを超えて、日本は、大義を世界に広める国になるのです」（「左《さ》・大二姪《だいにてつ》、洋行を送る」）

（原文・「堯《ぎょう》・舜《しゅん》。孔子の道を明らかにし、西洋機械《せいようきかい》の術《じゅつ》を尽《つ》くす。何《いずくん》ぞ富国《ふこく》に止《とど》まらん。何ぞ強兵《きょうへい》に止まらん。大義《たいぎ》を四海《しかい》に布《し》かんのみ」）

小楠が親しくしていた橋本左内は、「かつてマカオで、侵略者と戦って殺された人々の白骨」を照らした「月光」を歌っています。そのことから考えれば、小楠のいう「大義」が、何を意味しているか、おのずから明らかでしょう。

日本の真の独立と自由……、ひいては国際社会での道義の確立……。たぶんそれらが完全に実現する時が、小楠のいう「大義」が「四海」に広まっている、という状態なのでしょう。

とすれば……、「大東亜四百年戦争」が終わった今も、まだ日本の前途には、険しい道のりが未来へと、長くつづいている、ということになります。前途は遼遠《りょうえん》です。

しかし、日本人として生まれた者ならば、わが国の先人たちの高い志を、わが志とし、まずは〝みずからを発火点にする〟ところから、一歩を踏み出すべきでしょう。そして、たとえ自分の一生において、その実現の日を見ることができなくても、私たちはその高い志を、かつての楠木正成の一族のように、子の世代にも……孫の世代にも、さらにそのあとの世代にも、受け渡していくべきではないでしょうか。

第四章　「五箇条の御誓文」への道

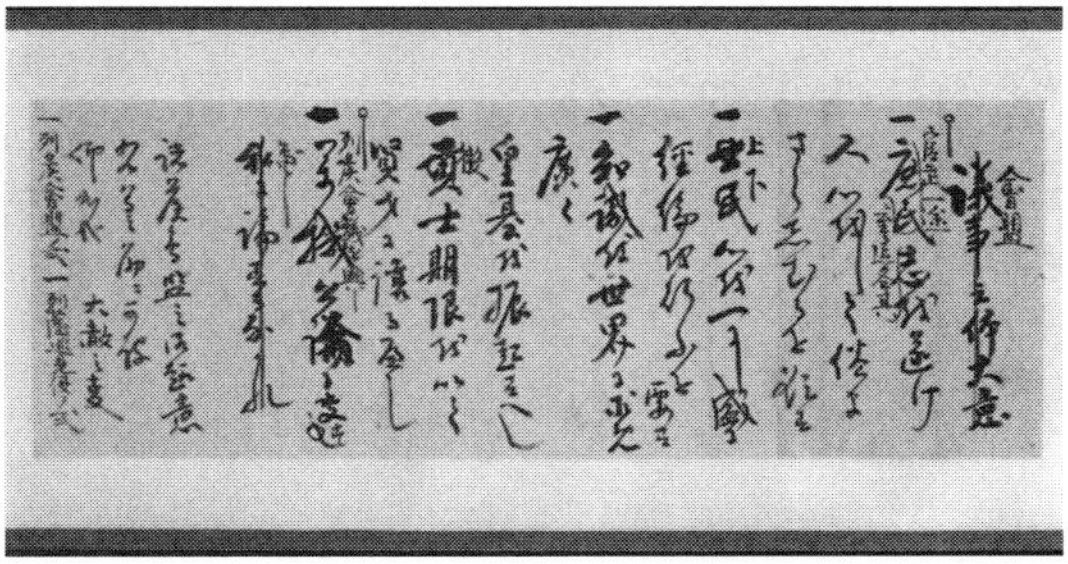

「五箇条の御誓文」の原案とされる由利公正自筆の「議事之体大意」（福井県立図書館蔵）

第一節　「会議を興《おこ》す」とは？――洋学者たちが伝えたもの

青地林宗《あおちりんそう》の『輿地誌略《よちしりゃく》』

江戸時代の「尊皇」や「攘夷」の考え方については、先の第三章で、いろいろとお話ししました。明治維新の思想的な動力になったのは、もちろんそれらの思想なのですが、船が正しく前に進むためには、動力と同時に「舵《かじ》」が必要です。

明治維新の理念は、「五箇条《ごかじょう》の御誓文《ごせいもん》」に集約されていますが、そのような〝良港《りょうこう》〟に着岸するための「舵」とは、いったい何だったのでしょうか？　第一章でお話したとおり、「五箇条の御誓文」の、はじめの二か条は、自由な言論にもとづく議会政治と、私有財産にもとづく自由経済を謳っています。

それでは、それらを〝理想の政治〟とする、という考え方は、どこから来たのでしょうか……？　これからは、そのことについてお話しします。

まずは、「広く会議を興し、万機公論に決すべし」という第一条についてです。これは、いうまでもなく「議会政治」を〝理想の政治〟とするものです。
話し合いでものごとを決める……という伝統は、わが国では、じつは古代からあったものですが、それを「議会」という制度をつくってすすめる、という考え方は、もちろん欧米から来たものです。それでは、〝欧米諸国では、議会というもので政治が動いている〟という情報は、いつごろ、どうやって日本にもたらされたのでしょうか？

意外なことかもしれませんが、すでに江戸時代の後期には、そのような知識が、わが国に入っていました。たとえば、松山藩の出身で、杉田玄白《すぎたげんぱく》に学んだ青地林宗《あおちりんそう》（一七七五—一八三三）という蘭学者がいます。

林宗は、十一代将軍・家斉《いえなり》の時代、文政九年（一八二六）に『輿地誌略《よちしりゃく》』という地理書を書きました。オランダ語の世界地理の本を翻訳したものですが、そのなかで林宗は、「ブリタニア（イギリス）」の政治制度について、こう説明しています。

「政府のことを、パルレメントといいます。これは、政治を行う家臣たちが集まる庁〔注・「役所」〕のことです。上・下の二つの庁にわかれています。……上・下の庁は、それぞれ頭を立てて、政治上の問題の可否を決めるのです。その決め方ですが、まずは王様からの命令を受けます。そのあと、そのことについての可否を決める……それが決まりです。大きな会議は、王さまが招集します。私的に集まることはありません。たいていは毎年一回、もしくは二、三年に一回、かならず大きな会議があります」

イギリスには「上」と「下」の「役所」があり、王は「大きな会議」を紹集する、ということが紹介されています。わが国に、欧米の「議会政治」の〝しくみ〟をはじめて紹介したのは、たぶんこの本でしょう。

箕作省吾《みつくりしょうご》の『坤輿図識《こんよずしき》』

つづいて、弘化二年(一八四五)から三年にかけて、よりくわしい海外情報がもたらされます。箕作省吾《みつくりしょうご》(一八二一―四六)という蘭学者が、『坤輿図識《こんよずしき》』(五巻三冊)、『坤輿図識・補』(四巻四冊)という大部の世界地理書を出版したのです。

以後、この本は、福沢諭吉《ふくざわゆきち》の『西洋事情』が出版されるまで、わが国の人々の、海外事情の主な情報源となります。「まさに幕末出版界きっての名著」(『鎖国時代　日本人の海外知識』)といわれるゆえんです。

この本はよく売れて、数種類の〝海賊本〟まで出るほどでした。ですから、その影響は、かなり広くおよんでいます。

たとえば、吉田松陰は、少年時代から晩年にいたるまで、この本を読みつづけています。それにとどまらず、松陰は、この本をテキストにして、弟子たちに世界地理の講義までしていました（今も萩の松陰神社には、松陰の書入れのある版本が所蔵されています）。鍋島直正《なべしまなおまさ》や井伊直弼《いいなおすけ》も、この本を読んで「外交の指針」にしていたといいます。桂太郎《かつらたろう》も本書によって「大志」を立てたそうです。

『坤輿図識』は、「亜細亜誌《あじあし》」からはじまりますが、その「亜細亜誌」の冒頭に書かれているのは、「皇国《こうこく》」（原文）です。そのあたりに、箕作省吾の〝日本人としての矜持《きょうじ》〟が感じられます。

この本に書かれているのは、たんに世界地理の情報だけではありません。世界各国の政治や歴史の情報も、ふんだんに盛りこまれています。たとえば、この本では、アメリカのことを「共和政治州《きょうわせいじしゅう》」（原文）として紹介しています。「共和政治」という言葉は、この本が出版されたあと、幕末の政界では、さまざまな意味に解釈されながら、急速に広まりました。

幕末という時代にあって、それほど大きな影響を与えた『坤輿図識』、『坤輿図識・補』

ですが、今の私たちが、それを読むのは容易ではありません。なぜならこの本は、近代の日本では、一度も活字にされていないからです。

そこでここでは、江戸時代の版本をもととして、『坤輿図識・補』が、「ブリタニア（イギリス）」の政治制度について、どう説明しているか、見ておきましょう。

「全国の政治は、上庁と下庁の二か所で行います。上庁は、身分の高い役人たち、王室の一族、寺院、宗教などの問題について、処理するものです。その役職の種類は、大きなものから小さなものまでいれると、三百あまりにわかれています。下庁は、町や村の、さまざまなことを指示するところです。……

ただし、新しく大きな命令を発するさいは、国王、会議をする仕事の役人、大政官、機密大臣《きみつだいじん》、議政官《ぎせいかん》などの秘密の会議が行われます。小さなことに関しては、いろいろな役所の役人が、その司っている役職にしたがって、さまざまなことを処理します」。

「上庁」「下庁」の役割については、『輿地誌略』より、ずいぶん詳しい説明になっていますが、この本の段階では、まだ「政府」・「役所」・「会議」の役割の説明が、ほとんどありません。

箕作阮甫《みつくりげんぽ》の『八紘通誌《はっこうつうし》』

それが正確に伝えられるようになるのは、箕作省吾の義父・箕作阮甫《みつくりげんぽ》（一七九九―一八六三）の『八紘通誌《はっこうつうし》』（六巻六冊）からです。箕作阮甫は、安政三年（一八五六）、「蕃書調所《ばんしょしらべしょ》（洋学の研究と外交文書の翻訳をする幕府の機関）」の教授になった洋学者で、その三女を「しん」といい、その婿が省吾です。

省吾は、病の床で『坤輿図識・補』を書き上げたあと、二十六歳という若さで帰らぬ人となりました。阮甫は、その娘婿の残した大著『坤輿図識』と『坤輿図識・補』を補うものとして、『八紘通誌』を書いたのです。

ヨーロッパについて書かれた最初の三冊は、嘉永四年（一八五一）に出版されました。ここでようやく、イギリスの議会が「立法府」である……ということが紹介されていますので、その部分を見ておきましょう。

「王室に、いかに権威があるといっても、国の定まった法律と、『政治を行う場所』で開かれる議会に逆らうことはできません。……『政治を行う場所』には、法律をつくる権限があり、王さまは、そこに所属し、その頂点に位置しているのです。上政省《じょうせいしょう》、下政省《かせいしょう》が、それにつづきます。王室、上政省、下政省、それぞれに議論をすることができ、たった一つの法律であっても、三つの意見がそろわなければ、変えることはできません。
上政省は、名家の人々が議員になりますが、具体的に言えば、それは高位の僧、あるいは親王などです。……下政省は、五百九十八名の議員からなります。武士や庶民の身分の人々から、選任して、『政治を行う場所』に出てきてもらい、役人にするのです。また、貴族や名家が召し出した者も、下政省の議員に任じることがあります」。

この本によって、「王室」「法律」「上政省」「下政省」などが、整理されたかたちで、理解できるようになりました。特にこの本によって伝えられた「貴族や名家が召し出した者も、下政省の議員に任じること」ができる、という情報は、政治参加を求めてやまなかった幕末の志士たちにとっては、心励まされる情報だったでしょう。

なお、この時代の文献のなかに「選挙」という言葉が、しばしば出てきます。『八紘通誌』の原文にも、その言葉が使われていますが、これは今の選挙の意味ではありません。この本の時代の「選挙」というのは、今の「選任すること」の意味で使っています。それでは、今の選挙のことは、この本のころは何と言っていたのか……というと、ふつうは「入札《いれふだ》」です。

『八紘通誌』が出版されたのは、ペリー来航の二年前です。ですから、すでにそのころ、国内の一部の人々は、西洋の「議会政治」について、少なくとも以上のような知識はもっていたことになります。

ペリーが来航し、政権中枢の人々の間で、〝もう……これまでのような幕府独裁の政治体制では、日本はやっていけないのでは……〟という危機感が生じると、日本も〝欧米のような政治体制〟に変えていかなくてはならない……と考える人々があらわれます。たとえば、幕府の老中・阿部正弘《あべまさひろ》は、早くもドイツ連邦を参考にして、雄藩《ゆうはん》の合議制による国政運営を考えはじめていました（川端太平『松平春嶽』）。

そして、ペリー来航から七年後の万延《まんえん》元年（一八六〇）……、とうとう日本人は、直接、自分の目で欧米の「議会」を見学することになります。「万延元年派米使節《まんえんがんねんはべいしせつ》」の一員として、咸臨丸《かんりんまる》でアメリカに渡った人々が、それを見学したのです。

その使節のなかに勝海舟《かつかいしゅう》（一八二三―九九）や福沢諭吉（一八三四―一九〇一）がいたことは、よく知られています。一行が、「議会」を見学したのは四月のことです。

副使・村垣範正《むらがきのりまさ》は、そのようすを、こう記録しています。

「正面の高いところに副大統領がいました。前方の少し高い台になっているところに、書記官が二人います。その前には、円形に椅子を並べてあって、各人のところには、机や書籍がおびただしく置いてありました。およそ四・五十人も居並んでいます。

そのなかの一人が立って、やたらと大きな声で何か罵り、しかも手ぶりまで交えていて、それを見ていると、まるで狂人のようです。その人が何か言い終わると、今度は、また別の一人が立って、同じようなことをします。

『あれは、いったい何をやっているのか?』と質問すると、『国の政治を、皆で議論し、一人ひとり自分が思うところを、すべて建白して、それを副大統領が聞いて決めるのです』といいます。

例の股引《ももひき》をはいて、筒袖《つつそで》の服を着て、大声で罵るさまや、副大統領が高いところにいるようすなどを見ながら、私たちは『ちょうど、わが国の魚河岸《うおがし》のようすに、よく似ていますね』と、語り合ったことでした」(村垣範正『航海日記』)。

もしかしたら今の日本の議会も、国会から市・町・村議会まで、江戸時代の人々から見れば、「魚河岸」のように見えるかもしれません。それでよいのかどうか……わかりませんが、今の日本が、よくも悪くも、すっかり「欧米化」しているということだけは、まちがいないようです。

さて、その使節の一行であった福沢諭吉ですが、その時は、二十七歳でした。そして、その二年後の文久二年（一八六二）になると、福沢は、今度は幕府の遣欧使節《けんおうしせつ》に加わり、フランス、イギリス、オランダ、ドイツ、ロシア、スペイン、ポルトガルなどを訪問して、日本に帰っています。

そのようにして、当時としては、信じがたいほどの広い見聞をもととして、慶応二年（一八六六）十月、諭吉は満を持して、ある本を出版します。それが『西洋事情』（初編）です。

福沢諭吉の『西洋事情』

『西洋事情』は、その「初編」と「外編」をあわせると、十五万部も売れたといいます。ですから、諭吉の書いたもののなかでは、『学問のすゝめ』と並んで、もっとも広く読まれ、もっとも影響力の強かった本といえるでしょう。

『西洋事情』はそれまでのような、文献だけに頼った欧米諸国の紹介本ではありません。何しろ、実際に現地を見た日本人によって書かれたものなのですから、説得力がちがいます。

この本の普及によって、わが国の人々の海外認識は、格段に深く、かつ広くなりました。

それからあと、『西洋事情』は、それまでの『坤輿図識』、『坤輿図識・補』にかわって、わが国の人々の海外事情についての、いわば〝情報の宝庫〟になっていくのです。

『西洋事情』は、その冒頭の部分で、欧米の政治体制を三種類に区分して紹介しています。そのころのわが国の心ある人々は、たぶんこの本を読みながら、これからの、あるべき日本の政治体制について、さまざまな思いをめぐらせたにちがいありません。

その冒頭の部分を、見てみましょう。


「政治には、三つのかたちがあります。

一つは『立君《りっくん》の政治』です〔モナルキといいます〕。これは政治上、特に大切なものといわれている礼制《れいせい》や音楽をはじめ、敵国を征伐することなど、政治上のすべてのことが、一人の君主から発令される政治です。

一つは、『貴族合議の政治』です〔アリストカラシといいます〕。これは、国内の貴族や名家の人々が集まって、国の政治を行うものです。

一つは、『共和政治』です〔レプリックといいます〕出自や身分を問わず、人望のある人を立て、その人を長として、広く国民と協議して政治を行うものです。

さて、第一の『立君の政治』にも、二つのかたちがあります。たった一人の君主の意のままに政治を行うかたちが、『立君独裁《りっくんどくさい》』です〔デポットといいます〕。今のロシアやシナのような国が、それです。

もう一つは、いうまでもなくその国では、一人の王を尊ぶことは決まっているのですが、定められた国の法律があって、君主の権力を抑制するという『立君定律《りっくんていりつ》』の政治です〔コンスチチューショナル・モナルキといいます〕。今、ヨーロッパの諸国では、この制度を用いている国が少なくありません。

そのように三つのかたちがあって、それぞれその趣はちがうのですが、一国の政治のうちに、それらを兼ね備えているという国もあります。たとえば、イギリスは、血統のつづいた君主を立て、王の命令で国内に号令するところは、『立君の政治』です。しかし、国内の貴族が上院に集まって、さまざまなことを議論するところは、『貴族会議の政治』です。また、出自や身分を問わず、人望のある人を選任して、下院をもうけているところは『共和政治』です」（初編・巻之一）

さて……、「それでは、これからの日本は、どうすればいいのか？」と考えた時、ふつうの人は「福沢が称えているような国の政治体制を、採用すればよいのでは……」と考えるはずです。それはそれで、まちがった考え方ではありません。

しかし、〝実際にその国に行った人が、そう言うのだから、まちがいなかろう〟という考え方は、基本的には正しいものですが、だからといって、その国に行った人がその国について語っていることは、すべて正しい……とはかぎりません。なぜならそれは、あくまでも〝その人が知っている範囲内での、その国の姿〟にすぎませんし、それに、そもそも人が人に情報を伝えるさいには、どうしても伝える者の〝主観〟がはいりこむからです。

無意識のうちに〝主観〟が入りこむのは、ある意味、ふつうのことで、いたし方のないことです。しかし、困ったことに世の中には（それが善意によるものか、悪意によるものか……ということは別として）、意識的に情報を〝歪曲〟して伝える人が、今も昔も少なくありません。

〝ロシア幻想〟から〝アメリカ幻想〟へ

たとえば、江戸時代の後期、伊勢国《いせのくに》から漂流のはてに、ロシアに渡り、ペテルブルグでエカテリーナ二世にも会い、寛政四年（一七九二）、無事に日本に帰ってきた船頭がいます。大黒屋光太夫《だいこくやこうだゆう》（一七五一—一八二八）です。

しかし、光太夫は、ロシアについて、「他国のスキをうかがう」などのことは「絶えて見えず」（『北槎異聞《ほくさいぶん》』）と断言しています。つまり、ロシアは、対外的な侵略の意図がまったくない、信頼できる「平和国家」である、と語っているのです。たぶん、そのような情報の背後には、日本とロシアの友好親善を、望んでやまなかった光太夫の〝善意〟があるのでしょう。しかし、その〝善意〟の情報が、結果的には、幕末にいたるまでの日本人の〝ロシア観〟を、きわめて〝甘いもの〟にしてしまいます。

わが国は、ロシアから文化三年（一八〇六）にはカラフトを、翌年には、カラフト、エトロフ、利尻《りしり》などを攻撃されています。それでも、一度広まった〝よいイメージ〟は、なかなか消えません。

たとえば、橋本左内は、安政四年（一八五七）の手紙で、日本とロシアが同盟して、イギリスの侵略に対抗する……という壮大な国家戦略を語っていますが、その戦略の背景には、左内の、ロシアに対する強い信頼感がありました。それでは、その強い信頼感の根拠になったのは何か……といえば、それが、どうやら光太夫の情報のようなのです（荒川久壽男《くすお》「伊勢の国からロシアの国へ――漂流と探検」）。

しかし、左内がそう語ってから、わずか四年後、長年にわたる日本人の〝ロシア幻想〟を打ち砕く、衝撃的な事件が起こります。文久元年（一八六一）のポサードニク号事件（露艦対馬占拠事件《ろかんつしませんきょ》）です。

その年の二月、艦長・ビリレフにひきいられたロシアの軍艦・ポサードニク号は、対馬の芋崎浦《いもざきうら》に錨をおろし、いきなり大砲を放ち、兵営を建設したあと、「このあたりの土地を貸せ……」などという、十二か条の理不尽な要求をしてきました。対馬藩も長崎奉行も幕府も、「それはできない」と拒否するのですが、ポサードニク号は、知らぬ顔をして七月になっても、対馬の不法占拠をつづけます。

結局、幕府はイギリス公使・オールコックに、「なんとかしてください」と泣きつくことになりました。すると、すぐにイギリス・東洋艦隊司令長官・ホープが、軍艦二隻をひきいて対馬におもむき、ビリレフに強く抗議します。

さて……、そのあと、どうなったでしょう？　ポサードニク号は、あっけなく対馬から退去したのです。

こうして日本人は、〝どのような正論でも、軍事力の前には無力である……〟ということを、言いかえれば、正論を通すためには軍事力が不可欠であることを、つくづくと思い知らされます。ロシアの対馬不法占拠は、半年もの長期におよんだ幕末の大事件なのですが、そのことを、戦後のマスコミや教育では、なぜかほとんど取り上げません。

こうして〝ロシア幻想〟は、日本から消えていくのですが、それと入れかわるようにして、今度は『西洋事情』が出版されます。そして、福沢は「純粋な共和政治で、ほんとうに人民の代表の者が集まって国政を議論し、いささかも私心がないという点では、アメリカ合衆国が、もっともすぐれています」と、アメリカを絶賛するのです。

あるいは、これが日本における〝アメリカ幻想〟のはじまり……かもしれません。福沢は『西洋事情』のなかで、アメリカの政治制度を、このように紹介しています。

「アメリカでは、一州ごとにそれぞれ議事局を設けています。その州から人物を選出し、その人に評議員になることを命じ、一州のなかの政治を行うのです。

その点から見れば、自然に一つの州は、それぞれ一つの独立国のようなかたちになっています。ただし、外国と条約を結ぶこと、また、非常事態の時に敵国の船を取り押さえて、味方の損出を償わせること、貨幣を造ること、銀券を出すこと、身分の高い役人に爵位《しゃくい》を与えること……などの権限を、州がもつことはできません」（初編巻之二）

幕末の心ある人々は、ここに書かれているアメリカの「連邦制」に注目したでしょう。「一つの州は、それぞれ一つの独立国のようなかたち」になっている……というのですから、〝徳川家を、この本でいう国の中心の「ワシントン府」のようにして、その他の藩を、ほかの「州」のようにすれば、日本は、ほぼ今の体制のままでも、欧米に並び立つ国に変われるのではないか……〟と考える人があらわれても、不思議ではありません。

幕末に「公議政体論《こうぎせいたいろん》」と呼ばれる考え方があらわれています。わが国の統治機構を「列藩会議《れっぱんかいぎ》」「雄藩連合《ゆうはんれんごう》」などのかたちにしていこう……という考え方です。

それは、けっして机上の空論でない、現実的な政策である……と訴えたい人は、アメリカという具体的な「モデル」を示せば、説得力が増します。それでは、そのような「モデル」にもとづいて、そのころの日本の政治制度を変えるとすれば、具体的には、どういう〝かたち〟になるのでしょうか?

赤松小三郎《あかまつこさぶろう》の「議政局論《ぎせいきょくろん》」

赤松小三郎《あかまつこさぶろう》(一八三一—六七)の「議政局論《ぎせいきょくろん》」と呼ばれている提言は、そのような時代の課題に対する、もっとも模範的な解答といえます。赤松は、信州国《しんしゅうのくに》の上田藩の武士で、勝海舟にも学んだことのある洋学者です。

慶応二年二月、赤松は京都で塾を開きます。やがて京都の薩摩藩邸に招かれて、欧米諸国の軍事学を教えることになりました。その塾の「教え子」は、そうそうたる面々です。

たとえば、桐野利秋《きりのとしあき》、村田新八《むらたしんぱち》、篠原国幹《しのはらくにもと》、野津道貫《のずみちつら》、東郷平八郎《とうごうへいはちろう》などがいます。

しかし、薩摩藩の「軍事機密」の中枢にいたことが、やがて悲劇を招きます。赤松の故郷の上田藩は、幕府の老中を出すほどの〝幕府側〟の藩でしたが、京都にいる赤松に「藩に帰ってこい」という命令を下しました。

はじめは断っていた赤松ですが、とうとうその命令を受けます。ちょうどそのころ、〝その帰国命令は、上田藩からの命令のように見せかけて、じつは幕府からの命令で、いったん幕府は赤松を上田藩に帰らせたあと、会津藩に招くつもりらしい〟という噂が広がっていました。

薩摩藩の藩士のなかには、かねてから〝赤松は幕府のスパイではないか〟と疑っていた者もいたのですが、赤松が上田藩に帰るという話を聞いて、いよいよその疑いが、〝確信〟にかわります。こうして慶応三年九月三日、大政奉還を目前にした京都で、赤松は、薩摩藩士に暗殺されるのです。

まだ三十七歳という若さでした。暗殺者は、桐野利秋、田代五郎《たしろごろう》、有馬藤太《ありまとうた》の三名であろう、といわれています（信濃教育会編『赤松小三郎先生』）。

赤松の「議政局論」という提言は、暗殺される四か月前、慶応三年五月十七日、松平《まつだいら》春嶽《しゅんがく》と島津久光《しまづひさみつ》に提出されたものです。その提言のなかで赤松は、新しい日本の政治体制にについて、〝こうしたらよい〟と提言しています。

「まず、朝廷に徳と権威が備わったら、天皇のおそばに、宰相《さいしょう》たちがお仕えすることになります。将軍、公家、諸大名、幕府の旗本などのなかから、道理がわかり、現在の政治的な課題もよくわかっていて、それらのさまざまな問題に通じている方々を六人、宰相として選び、天皇にお仕えしてもらうのです。

そのうち、一人は大閣老《だいかくろう》で、国政の全体をつかさどり、一人は金銭の出入りをつかさどり、一人は外国との交際をつかさどり、一人は海軍・陸軍をつかさどり、一人は司法をつかさどり、一人は収税をつかさどります。その配下として働く、いろいろな役人たちも、当然必要になりますが、それも門地を問わず、人を選任し、天皇を補佐させていただけば、よいでしょう。

そしてそこを、全国の政治をつかさどり、また全国に命令を出す〝朝廷〟ということにして、それとは別に議政局をつくり、上下の二局にわけます。下局は、藩の大小に応じて、さまざまな藩から数人ずつ選びます。その選び方ですが、自分の藩、あるいは隣の藩のなかで、道理のわかった方々のなかから、投票によって選べばよいでしょう。百三十人ほど選べばいいと思います。そして常時、その三分の一は、都にいるようにさせ、年限を定めて、勤務させるようにするのです。

上局は、公家、大名、旗本などの方々で、投票によって人を選び、三十人ほどを任命します。そして、それらの方々が、交代で京都に滞在しながら、勤務するのです。

国の政治は、すべてのことをその二局で決議して、それを朝廷に申し上げます。お許しが出たら、それを朝廷から全国に命じるのです」

赤松は、天皇を〝世襲の大統領〟に見立て、そのもとで、将軍、公家、諸大名、幕府の旗本などから選挙で選ばれた者が、内閣を組織すればよい……と考えています。そして、公家、大名などから、選挙で議員が選ばれる「上局」と、全国の藩から議員が選ばれる「下局」によって、全国に下すべき「命令」を審議すればよい……というのです。

まことに画期的な提言で、日本を動かす〝しくみ〟について、これほど国際標準にそった構想をえがいているものは、そのころほかにありません。これは、もはや「憲法草案」と呼んでもいいほどの出来です。

福沢、赤松、森に共通する〝問題〟

しかし、私は、福沢や赤松の国際認識には、共通して一つ大きな問題がある……と感じています。それは、白人に対する〝劣等感〟です。

たとえば、福沢には、アメリカの先住民への同情が、〝かけら〟も見られません。『西洋事情』の「亜米利加《アメリカ》合衆国」のところには、こういうことが書かれています。

「ここでいう土人《どじん》とは、もともとアメリカにいた人種のことをいいます。コロンブスが、この国を発見したあと、ヨーロッパ諸国の人々が、ここに移住することになりましたが、それからずっと平和な時がなく、ややもすれば戦闘が起きました。

この土人たちは、風俗が卑しく、ただ強くて勇敢なだけで、学問も技術もないので、もとよりヨーロッパの人々に、かなうはずがありません。合衆国が独立したあと、さらに排斥されて、山野に隠れました。川で漁業で生活を立てるようになりましたが、海岸のある地方には、出てきたくても、出てくることできません。そこで時々、仲間をつくって、山から出てきて、合衆国の内地を侵略することがある、といわれています」（初編・巻之二）

これは、あまりにも〝ヒドイ言いよう〟としか、いいようがありません。「侵略した」のは白人たちであり、「侵略された」のは、先住民なのですが、福沢の視点は、完全に「侵略者」の側に立ったものです。

白人の国としては、世界侵略に出遅れていたアメリカですが、慶応三年（一八六七）には、ミッドウェー島を占領しています。いよいよアメリカは、太平洋の支配に向かって、着々と歩を進めていました。

福沢が、そのような国際情勢を知らないはずがなく、同じ有色人種の者として、ふつうは〝日本も危ないのでは？〟という危機感をもってもよいはずなのですが、大黒屋光太夫と同じ種類の〝善意〟にもとづくものでしょうか……、不思議なことに『西洋事情』には、そのような危機意識が、まったく見られません。福沢は、自分を「名誉白人」とでも認識していたのでしょうか。

しかし、危機意識がない……というだけなら〝まだマシ〟です。それにとどまらず福沢は、『西洋事情』のなかで、読者に対して、白人諸国には悪意はなく、善意に満ちていて、外国に出ていっているのは〝ただ貿易がしたいだけ……〟などと説いているのです。

『西洋事情』には「英国」について、こう書いてあります。

「イギリスの海外にある領地は、とても広大です。……世間一般では、『イギリスは海外の領土が広いから、本国が富み栄え、軍事力も強く盛んなのだ』と言う人が多くいますが、その説は当たっていない、というべきでしょう。……イギリスは、北アメリカ、また西印度に領地がありますが、今にいたるまで、その領地から一銭も徴収していませんし、ですから、それを本国の費用にした、ということもありません。……

たとえ海外に領地があっても、そのことによって本国が得をするのは、ただ一つ……、つまり貿易ができる、ということだけです。……イギリスが豊かで強い文明国で、他の国々から比べても、ずば抜けているのは、地理的に便利なところにあって、産物が多く、才能のある人が多く、政治が公平に行われているからです。すでに地理的に便利なところにあって、また、すでに公平な政治も行われているのですから、もしも今後、海外の領土を失っても、イギリスは、少しも心配する必要がありません」。(初編・巻之三)

まるで〝白人諸国の植民地支配〟は、〝やさしい支配で、何の問題もないものなのですよ〟とでも言いたげな文章です。もしもこの福沢の言葉を、のちにインド独立のために命をかけた、チャンドラ・ボース(一八九七—一九四五)、マハトマ・ガンジー(一八六九—一九四八)、ジャワハルラール・ネルー(一八八九—一九六四)などが聞いたら、何と思うでしょうか。

もしも幕末の日本で、それらのインド独立の闘士たちと、似ている人々を探すとすると、やはり「尊皇攘夷」の理念をかかげ、日本の自由と独立を守るために戦った志士たち……ということになります。少なくとも、白人諸国の植民地支配に対して、〝目くじらを立てる必要などない〟というようなことを平気で書く、福沢のような人たちではありません。とすれば……、〝学問がない〟かのように見える志士たちの方が、〝学問がある〟知識人たちよりも、世界の厳しい現実を、より正しく見ていた……ということになります。皮肉な話ですが、今の世の中にも〝学問はあるが、世間は知らない〟という人が少なくないので、驚くようなことではないのかもしれませんが……。

しかし、大黒屋光太夫にしても福沢にしても、なぜ江戸時代の海外渡航者たちは、帰国すると、自分が行った国に対する〝幻想〟をふりまくのでしょうか？　たぶん二人とも〝善意〟でそうしたのでしょうが、それがあとで、国をまちがった方向に向かわせる場合もある……ということは、先の光太夫の例でもわかります。

外国に対して、謙虚に学ぶ姿勢は大切です。しかし、それも行き過ぎると〝迎合《げいごう》〟になり、それが、さらに度を過ぎれば、〝卑屈《ひくつ》〟になります。

その〝卑屈〟の具体例が、明治以後の行き過ぎた「欧化主義《おうかしゅぎ》」ですが、じつはそのような傾向は、すでに赤松の「議政局論」にも見えているのです。

こういう一文があります。

「一　良質の人、馬、あるいは鳥や獣の品種を入れて、繁殖させること
ヨーロッパ人が、アジア人より優れていることは、目の前の現実です。よい種をもったヨーロッパ人を日本に移民させ、繁殖させたならば、自然に人々の才能は高まり、自然によい国になっていくのが道理です」

赤松は赤松なりに、〝それが日本の未来のため……〟と思って書いているのでしょうが、これは、まことに本末転倒の暴論というしかありません。もしも、そういうことをして、この日本列島にある「国家」が繁栄したとしても、もうそれは、〝日本ではなくなっている〟かもしれないからです。

たとえば、アメリカ大陸の先住民たちにとって、そのころやってきた白人たちは、はじめは「難民」でした。そのあと「移民」になっていきますが、その「移民」を、どんどん受け入れているうちに、やがて、もともと住んでいる人々の方が、「土人」あつかいされ、

やがて「排斥されて、山野に隠れました」（『西洋事情』）ということになったのです。もしも幕末の段階で、赤松の書いているようなことをしていれば、どうなったでしょう。たぶん今ごろは、もともと住んでいた日本人が「土人」あつかいされて、「排斥されて、山野に隠れました」というハメになっていたかもしれません。

〝学問がある人〟は時に、こういう恐ろしいまちがいを犯しがちです。大切なものを〝守るための手段〟であったはずのものが、いつのまにか大切なものを〝滅ぼすための手段〟にすりかわっているのに、なぜか……そのことに気づきません。

そのことを考えていくと、どうしても初代文部大臣の森有礼《もりありのり》のことが、思いおこされます。森は、明治六年（一八七三）、二十七歳の時、アメリカで『日本における教育』という本を出版していますが、その「序文」のなかで、森は〝日本が国際的な独立を保つためには、日本語を廃止し、英語を採用しなければならない〟という暴論を主張しているのです。ルーマニアの思想家であるエミール・シオランは、「祖国とは国語」と言っています。国語を大切に守ることは、国家・民族を守ることと、イコールなのです。そうであるとすれば、森の主張は、〝日本を守るため、日本を滅ぼす〟といっているのと、同じことになります。それは、まるで〝自宅が他人に放火されるかもしれないから、その前に、自分で自宅に火をつけて焼き払おう……〟と言っているようなもので、同じことは、赤松の「人種改良論」にもいえます。

そういえば、現在の文部科学省も、「国語」の教育よりも「英語」の教育に熱心です。文部科学省は、それを「グローバル人材の育成」などと称していますが、もしかしたら文部科学省には、森の〝極秘の遺訓〟のようなものが残っていて、官僚たちは今もそれを奉じているのではあるまいか……と、私は、なかば本気で疑っています。

第二節　「盛《さか》んに経綸《けいりん》を行う」とは？——横井小楠《よこいしょうなん》・坂本龍馬《さかもとりょうま》

「強兵《きょうへい》」のための「富国《ふこく》」

「五箇条の御誓文」の第二条は、「上下《しょうか》、心を一にして、盛んに経綸を行うべし」です。第一章でもお話したとおり、「五箇条の御誓文」の起草者の一人である由利公正《ゆりきみまさ》は「経綸」について、こう語っています。

「経綸の術は、業《ぎょう》を興《おこ》すにあり。業を興すは、資本を充《み》たすと、販路《はんろ》をえるの二案《にあん》の外、あるべからず」（「国利民福について」）

つまり、「盛んに経綸を行うべし」とは、「大いに経済活動をしなさい」という意味です。その考え方のもとにあるのは、やはり横井小楠の考え方でしょう。

横井小楠は、安政五年（一八五八）、五十歳の時に福井藩の松平春嶽に招かれ、以後、しばしば福井藩の招きに応じて福井におもむき、春嶽のブレーンとして活躍しています。万延元年（一八六〇）、越前藩から三度目の招きをうけた小楠は、藩内の議論をまとめるため、「国是三論《こくぜさんろん》」という政策提言を書きました。

その提言は「富国論《ふこくろん》」「強兵論《きょうへいろん》」「士道《しどう》」の三項目にわけて、論じられていますが、そのうち「富国」の部分には、今後の日本がとるべき経済政策について、こう書かれています。

「今は、日本と外国の銀貨の値が等しくありません。そのことによって幕府の経済政策は、大混乱におちいっていて、このままでは全国的な困窮を引き起こしかねない勢いです。これから海外の列強が、先を争って日本におびただしい洋銀《ようぎん》を運びこみ、日本の経済活動を阻害してくるでしょう。鎖国していた時代の古い考え方のまま……、つまり、日本一国に限定された経済体制のまま、それに対抗しようとしても、とうていかなうものではありません。

そのような事態が、今、目の前に迫っています。このままでは、日本の通貨制度の自主性は失われ、やがて日本の銀が、洋銀と同じ相場になってしまうのは確実です。

ですから、今のところは、日本の物価をつり上げておくのも、一つの見識でしょう。なぜなら今、日本の物品を洋銀で買うと、外国にとっては非常な安値です。ですから、交易をすればするほど、どんどん外国の利益になり、その一方、どんどん日本の損失になります。ですから今は、日本の物価をつり上げておくことが、結果的には、日本の利益になるはずです。

しかし、物価が上がって、金銀が不足してくると、世の中の流通が滞ってきます。その場合、たとえば、物価が、これまでの三倍の高値となるなら、銀札《ぎんさつ》も、これまでの三倍に増発しなければなりません。そうしないと、物品と貨幣の流れが滞ってしまいます。銀札の増発には、不安を覚える人もいるでしょう。

しかし、藩政府が正金《しょうきん》を山のように準備していれば、たとえ銀札を、湯水のように増発しても、何の差しさわりも心配もいりません。武士も民衆も、そのことによって、大いに便利になるばかりです」

第二章で、幕末の「銀の流出」についてお話しましたが、これは、そのような事態に対応するための、いわば〝日本経済を守るための緊急提言〟です。

なぜ経済政策が大切なのか？　『国是三論』の「富国論」のなかで、小楠は、はっきりと、こう書いています。

「大いに経済活動を盛んにして、政治や教育を一新し、国を富まし、兵を強くします。それは、ひとえに外国からの侮《あなど》りを防ぐためです。西洋のものを、やみくもに尊んでいるのではありません」

（原文・「大に経綸の道を開きて、政教《せいきょう》を一新し、富国強兵《ふこくきょうへい》、偏《ひとえ》に外国の侮りを禦《ふせが》んと欲す。敢《あえ》て洋風を尚《とうと》ぶにあらず」）

兵を強くするため、国を富ます……、国を富ますための「洋風」ということです。その背後にあるのは、いわば〝攘夷のための開国〟という考え方で、その点は、中岡慎太郎と同じです。

なお、ここには「大いに経綸」とありますが、それは「五箇条の御誓文」の「盛んに経綸」を想起させます。『国是三論』には、他にも「五箇条の御誓文」を想起させる言葉が、しばしばあらわれています。たとえば、「天地の気運《きうん》に乗《じょう》じ、万国の事情に随《したが》ひ、公共《こうきょう》の道をもって天下を経綸せば……」（「富国論」）です。この一文は、「五箇条の御誓文」の「天地の公道《こうどう》」を想起させます。

また、「旧見《きゅうけん》を固執して、短兵陸戦《たんぺいりくせん》を本邦《ほんぽう》の長術《ちょうじゅつ》と頼み、……じつに憐れむべきの陋習《ろうしゅう》なり」（「強兵論」）という一文は、「五箇条の御誓文」の「旧来の陋習」を想起させます。「陋習」という言葉は、このほかにも見えますから（「固執鄙野《こしつひや》の陋習」〔士道〕など）、よほど小楠は、「陋習」を憎んでいたのでしょう。

ちなみに、小楠は、『国是三論』で、すでに「維新」という言葉も使っています。もっともこれは、「幕府、もし維新の令《れい》を下し」という一文のなかの言葉です。「幕府が、もし革新的な命令をくだせば……」という意味です。ですから、明治維新とは、直接の関係はありません。

しかし、すでに大きな政治変革のことを、「維新」と呼んでいた点は、注目してよいでしょう。ともあれ、以上のような言葉の使用例からしても、この提言が、どれほど先駆的なものか、およそおわかりいただけるはずです。

自由な言論にもとづく、公論による政治

その二年後の文久二年（一八六二）七月九日、小楠が仕えていた松平春嶽が「政治総裁職《せいじそうさいしょく》」（いわば総理大臣のようなもの）に就任しています。そのさい小楠は、春嶽に大胆な政治改革のプランを提出しました。

それが「国是七条《こくぜしちじょう》」です。これは小楠を代表する提言の一つとして知られています。短

いものですが、その下書きの写真版を見ると、第六条目と七条目の間に、二つの条文が入っていています。つまり、ほんとうは九か条の提言を予定していたのですが、そのうち二つは、〝とりあえず、あとまわし〟ということになったのでしょう。

その二つを復活させて、九条すべてを見てみると、そのうちの三条は経済政策に関するものです。どれだけ小楠が経済政策を重視していたか、よくわかります。

そこに見える提言のなかには、明らかに「五箇条の御誓文」に引きつがれているものがあります。そこで、次にその「国是七条」の全文を見ておきましょう（〔　〕内が〝とりあえず、あとまわし〟になったものです）。

「一、将軍は、京都に上って、天皇に歴代《れきだい》の無礼を謝罪すること。
一、大名の参勤交代《さんきんこうたい》をやめて、大名は、将軍に領内の政務の報告をするだけにすること。
一、大名の奥方《おくがた》を、国に帰すこと。
一、外様《とざま》、譜代《ふだい》を問わず、賢明な大名を選び、政治を担わせること。
一、自由な言論を大いに開き、天下の人々とともに、公の場での議論による政治を行うこと。
一、海軍をつくって、日本の軍事力を高めること。
〔金座《きんざ》・銀座《ぎんざ》・銅座《どうざ》を廃止して、貨幣を同一の種類のものにすること。〕

〔全国の鉱山を開発して、金鉱を開くこと。〕
一、個人や団体が、勝手に外国と貿易することをやめ、外国との貿易は、すべて役所で管理するようにすること」

このうち四条目の「自由な言論を大いに開き、天下の人々とともに、公の場での議論による政治を行うこと」（原文・「大いに言路《げんろ》を開き、天下とともに公共の政《まつりごと》をなす」）は、注目すべきでしょう。政治は、自由な言論にもとづく、公の場での議論によってすすめなくてはならない……という提唱です。

これは「五箇条の御誓文」の「広く会議を興し、万機《ばんき》、公論に決すべし」の精神と、ほぼ同じです。「五箇条の御誓文」の源流に位置する人物の一人として、小楠の名前は、しばしばあげられてきたところですが、それも、もっともなことです。

「海軍」を重視する点は、すでに勝海舟が主張していたところですが、そのあとの三つの経済政策は、小楠らしい提言といえます。三つとも、今日からすれば、〝あたりまえのこと〟のように見えます。

しかし、〝これからは強い海軍をつくることが必要であり、そのためには国を豊かにすることが重要である〟ということは、そのころの心ある人なら、多くの人が考えていたことですが、問題は、〝それでは、どうすれば国を豊かにすることができるのか〟というのが、最大の問題でした。そのころ国を憂うる人は多くいましたが、経済政策をもとにして、その具体策を明快に示すことのできる人は、じつはあまりいなかったのです。

ところが、小楠には具体策がありました。その点は、同時代の学者のなかでも傑出しています。

今でこそ、〝経済政策は、政治の主要課題〟ということが、世間の常識です。しかし、この時代にあって、小楠ほどはっきりと、〝国を守るためには、まず経済の振興〟ということを主張し、その具体策を提示できた人物は、ほとんどいません。

横井小楠と井上毅との対話

小楠は、現在では「開明派」として知られていますが、「欧化主義《おうかしゅぎ》」にはおちいっていません。小楠の目的は、日本の自由と独立を守ることで、欧米を尊ぶのは、あくまでもその〝手段〟にすぎなかったのです。

そういえば、小楠は、キリスト教の流入にも危機感をいだいていました。『沼山対話《ぬやまたいわ》』という本のなかで小楠は、こう語っています。

「今、もしも日本にキリスト教が入ってくれば、かならず仏教との宗教上の争いが生じ、やがてはそれが内乱に発展し、国民は、塗炭《とたん》の苦しみを味わうことになります。そのような災いが起こることは、明白なのですから、けっしてキリスト教をいれてはならないのです」。

明治二年一月、小楠は暗殺されます。そのさい刺客たちは〝小楠は、外国人と通じてキリスト教をひろめようとしている〟ということを理由にかかげていましたが、この史料を読むと、それは明らかに濡れ衣である、ということがわかります。

ちなみに、この『沼山対話』という本ですが、ここで小楠は、いったい誰と「対話」しているのでしょうか？　じつは対話の相手は、あの井上毅《いのうえこわし》（一八四四―九五）です。

井上は今、一般には、ほとんど忘れられている人物かもしれません。しかし、井上は、のちに伊藤博文のもとで、「大日本帝国憲法」と「皇室典範《こうしつてんぱん》」の起草にあたり、また、「教育勅語《きょういくちょくご》」の起草にもあたっている人で、いわば近代日本を代表する〝天才官僚〟です。

「対話」が行われたのは元治《げんじ》元年でした。時に、小楠は五十六歳、井上は二十二歳です。

井上は、まだ熊本藩の藩校「時習館《じしゅうかん》」の学生でしたが、三十四歳も年上の大学者に対して臆《おく》することなく、堂々とした「対話」をくりひろげています。その「対話」を、井上が記録したのが、『沼山対話』です。

この『沼山対話』と、その翌年・慶応元年の『沼山閑話《ぬやまかんわ》』という二つの「対話編」が、「小楠の思想の最高到達点を示すもの」（松浦玲「理想のゆくえ」）といわれています。前者の対話の相手は、井上毅でしたが、それでは後者の『沼山閑話』の対話の相手とは、誰でしょう？

元田永孚《もとだえいふ》（一八一八―九一）です。はからずも、のちにその二人が「教育勅語」（明治二十三年）の起草にたずさわるわけですが、それは、けっして偶然とばかりは、いえないような気がします。

ところで、小楠が「欧化主義」に陥らなかったのは、なぜでしょう。たぶんそれは、その学問の系統が、山崎闇斎《やまざきあんさい》の学問の系譜を引いているからではないでしょうか。

現在は、ほぼ忘れられていることですが、小楠が松平春嶽に仕えるきっかけをつくったのは、山崎闇斎の学問を継承している幕末の志士・梅田雲浜《うめだうんぴん》（一八一五―五九）です。また、小楠は、三十歳代のころ、「南朝史稿《なんちょうしこう》」という原稿も書いています。そして、そもそも「小楠」という名前が、楠木正行《まさつら》を敬慕して名乗ったものです（圭室諦成『横井小楠』）。そのような小楠に、尊王思想がないはずはありません。

小楠は、明治天皇を称えていた人物でもあります。明治元年四月、新政府に「参与《さんよ》」として招かれた小楠は、熊本から海路で大阪に着くやいなや、出迎えた門人の由利公正《ゆりきみまさ》に、こう語っています。

「わが国には、世界に比類のない幸福があります。それは、皇統《こうとう》の一系です」。同年九月には、そのころの政治家たちを、政治の「本源《ほんげん》」への志がない……と批判した上で、ただ頼むところは「聖上陛下《せいじょうへいか》〔注・明治天皇〕の御英明《ごえいめい》と岩倉輔相《いわくらほしょう》〔注・具視〕の偉才《いさい》のみ」とも語っています。

「士道忘却事件《しどうぼうきゃくじけん》」と坂本龍馬

文久二年の七月ごろ、「国是七条」を提出したあと、小楠は、たいへんな目にあっています。その年の十二月、暗殺されかけたのです。

危うく難は逃れたものの、今度は、その時の対応を非難されて政治問題にされる……という、踏んだり蹴ったりの目にあっています（「士道忘却事件」）。翌文久三年十二月、その事件の裁きが決まり、結局のところ小楠は、熊本に帰ることになりました。それから明治元年に新政府から呼び出されるまで、四年七か月の間、小楠は熊本の沼山津《ぬやまづ》で、謹慎生活を送ります熊本で謹慎生活を送っているうち、小楠の〝時代の読み〟は、残念ながら〝時代遅れ〟になってしまいます。すでに幕府は、追いつめられつつあったのに、熊本にいた小楠は、〝もうじき幕府が消滅する〟とは、夢にも思っていなかったのです。

慶応元年五月十九日、坂本龍馬が、熊本の小楠を訪ねています。龍馬と小楠は、旧知の仲でした。しかし、この時の対面は、おだやかなものであった……という説もありますが、激論になったという説もあります。私は、たぶん激論になったであろう、と思っています。幕府が長州藩を追討《ついとう》する命令を出したことを、批判する龍馬と、賛成する小楠の激論です。龍馬は小楠に向かって「あなたは、天下の事情にうとい」と言った、ともいわれています。

その時、龍馬は、こうも言ったそうです。「世間では、あなたのことを今も〝大家〟と言っているし、私も、これまでは尊敬し、敬慕《けいぼ》してきたが、今日の議論は、何ということですか。まるで、どこにでもいる平凡な人たちと同じではないですか」。

わずかの間に〝時代遅れ〟になってしまった小楠に、龍馬は深く失望したでしょう。しかし、時代が速く大きく変わる時には、昨日は最先端だった人が、明日は時代遅れになる……という現象も、時には起こるものです。

幕府独裁の時代はペリー来航で終わり、そのあとに模索されはじめた「公議政体論《こうぎせいたいろん》」の時代も、すでに終わりつつありました。そしてその先には、「大政奉還《たいせいほうかん》」、そして「王政復古《おうせいふっこ》」という、まだ誰も見たことがない未来が、待っていたのです。

龍馬には、小楠のような高度な学識はありませんが、〝時代の変化〟を見る〝政治的なカン〟は小楠を超えていた、ということになります。二人が会って話をしたのは確認されるかぎり、これが最後です。

小楠の持ち味は、その「高調子《こうちょうし》」の考え方（勝海舟の評）と、あくまでも〝時代の枠組《わくぐみ》〟のなかでの政治・経済の運営であったか、と思います。〝時代の枠組〟そのものを組み直して、まだ誰も見たことがない未来を創造していく……というタイプの仕事には、たぶん向いていなかったのでしょう。

しかし、小楠の「高調子」の考え方は、最後に二人があってから二年後、龍馬が立ち会った「薩土盟約《さつどめいやく》」のなかに生かされています。つまり、〝理想の継承〟は、しっかりと行われていたわけです。

「決められない政治」がつづく

小楠が熊本に帰った文久三年は、激動の年でした。「公議政体論」の考え方にもとづいて、その年の二月、一橋慶喜、松平春嶽、山内容堂《ようどう》、松平容保《かたもり》の「四侯《しこう》」が、京都で会談しますが、結局のところうまくいかず、翌三月になると、春嶽も容堂も、自分の藩に帰ってしまいます。

そのあと、八月十八日の政変で、京都から「尊王攘夷派」が一掃されると、その年の十二月、朝廷は、先の慶喜、春嶽、容堂、容保の四名に、伊予宇和島藩《いようわじまはん》の伊達宗城《むねなり》を加えた五名を「参与《さんよ》」に任命し、その会議によって国政を運営していこう、と計画します。いわゆる「参与会議」です。

翌元治元年の一月、島津久光《ひさみつ》も「参与」に命じられ、いよいよ一月四日、はじめての会議が開かれますが、やはり、みなの意見は一致しません。こうして、この「参与会議」も、わずか二か月で崩れ去ってしまうのです。

こうして「決められない政治」が、延々《えんえん》とつづきます。それから三年後の慶応三年五月四日、京都で、江戸幕府の十五代将軍となった慶喜と、四人の有力な大名の会議が開かれました。

「三度目の正直」というところです。四人の有力な大名とは、島津久光、松平春嶽、山内容堂、伊達宗城で、この会議が今、「四侯会議《しこうかいぎ》」と呼ばれています。

これまでの有力大名による会議の末路を、痛いほど知っている西郷隆盛は、「四侯会議」が開かれる前、わざわざ土佐まで出向いて行って容堂に会い、直接、こう言っています。「これまでの上京とはちがいます。今度こそは〝ことのしぐさし（中途半端）〟のまま、お引取りというわけにはいきませんので、ご決意ください」。

その時、容堂は側近の福岡孝弟《ふくおかたかちか》をかえりみて、「このたびは（京都の）東山《ひがしやま》の土となるつもりぞ」と言ったといいます。まことに勇ましい言葉です。

そのようにして、〝今度こそは……〟という思いではじまった「四侯会議」ですが、その会議で、徳川慶喜は兵庫の開港を強く求め、それを実現させます。その一方、薩摩藩は、そのころ朝廷から排除されていた長州藩の「名誉回復」を求めていたのですが、それは、たくみに退けられてしまいます。

慶喜の政治力に「四侯」は歯がたちません。そのため、はじまって二十日ほどのちの五月二十七日、早くも山内容堂は、またもや〝ことのしぐさし〟で、「四侯会議」を見捨て、京都を去り、せっかくの「四侯会議」も、一か月で崩れ去るのです。

こうして失敗を重ねたあげく、ついに心ある人々は、〝そもそも有力大名の会議によって国政を動かしていこう……という「公議政体論」の考え方そのものが、「絵に描いた餅」

ではなかったか……〟と思いはじめます。考えてみれば、いくら「賢侯《けんこう》（賢い大名）」といわれている人々が集まったところで、誰かが、何かを気に入らなくなれば、途中でプイ……と帰国できるような、何の強制力もない「会議」では、いつまでも「決められない政治」と、「行われない政治」がつづくばかりでしょう。

容堂が、またもやプイ……と京都を去ったあと、ついに薩摩藩の西郷隆盛は、こう決意します。

「有力な諸大名の会議を開いて、あれこれ議論したところで、もはや何の益もない。なるべく早く武力を用いて幕府を討ち、現状を打開するしかない」（山内家史料刊行委員会『山内家史料　幕末維新　第六編　第十六代　豊範公紀』）

そのような薩摩藩の決意を知った土佐藩の参政《さんせい》・後藤象二郎《ごとうしょうじろう》（一八三八―九七）は、薩摩藩の武力行使に〝待った！〟をかけようと考え、六月二十日、薩摩藩の家老・小松帯刀《こまつたてわき》を訪問し、あらためて二日後に〝土佐藩と薩摩藩の首脳部が話し合おうではないか〟という話になります。こうして六月二十二日、三本木《さんぼんぎ》の「水亭《すいてい》」で、京都にいる両藩の有力者が集まることになりました。

薩摩藩からは、小松帯刀、西郷隆盛、大久保利通という在京の最高幹部たちが出席し、土佐藩からも、後藤象次郎、寺村左膳《てらむらさぜん》、福岡孝弟（一八三五―一九一九）、真辺栄三郎《まなべえいざぶろう》（正心《まさむね》）という在京の最高幹部たちが出席しています。ただし、なぜかそこには、どちらの藩の最高幹部でもない人物が、二人同席していました。

龍馬と中岡慎太郎です。そのころ二人は、「浪士の巨魁《きょかい》」（つまり、「浪人の親玉」）と呼ばれていましたが、こうした会議を開くことができたのも、つまりは二人のおかげだった……ということかもしれません。

「五箇条の御誓文」に先立つ「薩土盟約」

その時の会談で決まったのが、「薩土盟約」の「覚書《おぼえがき》四か条」（あるいは「約定《やくじょう》の大綱《たいこう》」）と呼ばれているものです。そこには「将軍が日本の政治を動かすことは、天のつづくかぎり、地のつづくかぎり、あってはならないというのが、世のなかの道理です。将軍は大名の一人にもどり、天皇のもとでの政治を、補佐するようにしなければなりません」とあります。

「将軍職」が廃止となって、慶喜が一大名になり、天皇のもとで、すべての大名が対等に議論できる……のであれば、薩摩藩に異議はありません。こうして、「薩土盟約」が成立します。六月二十五日には、芸州藩も加わって、「薩土芸三藩約定書《さつどげいさんぱんやくじょうしょ》」も交わされました。

こうして「王政復古」への動きは、いよいよ加速していきます。

先の「覚書四か条」は、その後、薩摩藩との間で削ったり加えられたりしました。そして、ようやく今、薩土盟約の「約定書《やくじょうしょ》」と呼ばれている文書ができあがるのですが、それが「薩土盟約」の、いわば「正本《せいほん》」です（なお、文案の最終的な合意が確定したのは七月二日です）。

いったいそれは、どのような内容なのでしょうか？　少し長くなりますが、次にその全文を見てみましょう。

「今、天皇国・日本でなすべきことは、国のかたちと制度を、正しいものに直し、世界の国々に対して、恥ずかしくないものにすることです。それをこそ、まず第一にしなければなりません。

その要点は、王政復古……つまり古《いにしえ》の世のように、天皇が政治の中心にもどっていただくことです。そのためには、世界の情勢を視野に入れ、世の中全体から見ても、後の時代から見ても、何の問題もないような大条理《だいじょうり》にもとづき、これからの、さまざまな問題に対処していかなければなりません。

一つの国に二人の王はいません。一つの家に二人の主《あるじ》もいません。ですから、国の政権が一人の君主に収まる……、それこそが大条理というものです。わが日本の皇室は、一系の血統が長くつづいて絶えることなく、それは古も今も、まったく変わることがありません。

ところが、中央集権制であった古代の政治体制は変わり、今は、地方にそれぞれ君主がいる……という政治体制になって、国全体の政権は、幕府がもっています。そして人々は、日本の頂点に天皇がいらっしゃることさえ知らない、というありさまになってしまったのです。

このありさまは、国際的に見て、どうでしょうか。このように国のかたちや制度が、二重になっている国が他にあるでしょうか。

ですから、国の統治制度を一新して、国全体の政権を朝廷に収め、諸大名の会議を開き、それによって人民が、共に和していくような政治体制をつくりあげましょう。そうすれば、世界の国々に対して、恥ずかしくない国になり、それではじめて、わが天皇国・日本の国のかたちは、世界で特別なものとして、独り立っていくことができるのです。

もし、一・二の出来事を取り上げ、その問題に執着して、そのことについて、えんえんと〝正しい〟とか〝まちがってる〟とかの議論をはじめ、朝廷も幕府も諸大名も、お互いに非難しあって、細かい枝葉の議論におちいって、小条理《しょうじょうり》にとどまっていれば、どうなるでしょう。

かならずや天皇の国・日本の大きな基本を失うことになるでしょうし、そうなれば、それは私たちの、もともとの志を失うことにもなります。

ですから今後、心がけるべきことは、国際的に通用する、公平な見解にもとづいて政治が運営されることです。その大条理にもとづいて国家の基本を確立することは、今、日本の政治をあずかっている堂々たる諸大名の、責任といえます。成功するか、失敗するか……、そのようなことを、いちいち考えてはなりません。古典に『死んだ時、はじめてやめる』という言葉がありますが、今回のことは、その覚悟で臨むべきです。

このたび、古いものがあらたまり、新しいものがはじまり、世の中は、すっかり新しくなろうとしています。わが天皇国・日本が、ふたたび興隆することを目標とし、政治の場から、悪い者や邪《よこしま》な者を排除し、賢明で善良な人々を挙用し、平和な世の中を実現していきましょう。

そして、世の中のすべての人々のため、心が広くて情け深く、清らかで思いやりのある政治を実現していきましょう。以上の目的を実現するため、これから私たちが行っていくべきことを、つぎのように定めます。

一　日本国の全体の政治について、それを最終的に決定していく権限は、朝廷にあります。

わが天皇の国・日本においては、制度や法律はいうまでもなく、すべての小さなことにいたるまで、それを決める命令は、京都の議政堂《ぎせいどう》から出されるようにしなければなりません。

一 議事院《ぎじいん》を建設するため、諸藩からは、それに必要な費用を奉納してもらわなければなりません。

一 議事院を上・下にわけ、議事に参加する議員は、上は公家から、下は大名の家臣、さらには庶民にいたるまでの、多くの人々のなかから、正義感があって、私欲のない純粋な人を選び、それらの人々を登用します。なお諸大名も、それぞれの職務に応じて、上院の議員として勤務してもらいます。

一 将軍職が、日本の国全体の、すべての小さなことにいたるまでを掌握する、という道理などありません。これからあと、将軍は、その職を辞《じ》して、一大名となり、他の大名と同列の地位になって、これまで委任されてきた日本の政権を朝廷にお返しする……それは、当然のことです。

一 個別の港を外国に開くかどうか……、ということについての、外国との条約は、兵庫港を開くさい、朝廷の大臣、諸大名、諸藩もとの武士たちと協議して、道理のはっきりした新しい条約を結びます。そして、誠実な通商を行うべきです。

一　朝廷の制度、法律は、はるかな昔からある律令《りつりょう》というものがありますが、今の時代に照らして考えてみれば、時に適当でないものもあります。ですから、その時代にあわないところを改革して、一新し、今の国際社会に恥じない、国家の基本法とするものを、つくっていかなければなりません。

一　以上のような、天皇国・日本を復興するための議事に関わる武士たちは、私心を取りのぞいて、公平な心にもとづき、策謀をめぐらすことなく、正しく実《じつ》のあることを尊ばなくてはなりません。そして、これまであったことを、いつまでも〝よいことであった〟とか、〝まちがっていた〟とか、〝邪であった〟とか〝正しいことであった〟とか、いろいろと互いの批判をすることなく、人々の心の〝和〟を第一に考えて、議論をすすめていかなければなりません。

以上のとおり、議論によって定められたこの盟約は、いずれも今の日本の急務であり、それ以上、今の日本全体で大切なことはありません。ですから、こうして盟約が決まった上は、どうして、それが〝成功するのか、失敗するのか〟とか、〝うまくいくのか、いかないのか〟などという、いらないことを、考える必要があるでしょうか。ただひたすらに、心を一つにして力をあわせ、ここに書いてあることを、貫き通すことが必要です。

慶応三年六月」（河内和夫『玉里島津家文書』下巻）

まことに立派なものです。〝天皇のもとでの日本政治〟という大原則を立て、その上で、議事堂を建設すること……、そこで議会を開いて政治を行うこと……、議会の議員は「庶民」からも選ぶこと……、外国との交易の基準をつくること……、憲法を制定することなど、その三か月後の「大政奉還の建白書《けんぱくしょ》」に直結するのみならず、その五か月後の「王政復古の大号令《だいごうれい》」にも、その八か月後の「五箇条の御誓文」にも、さらには「自由民権運動」にもつながる内容といえます。

しかし、すべては、第四条に明記されている〝将軍職《しょうぐんしょく》の廃止〟、つまり徳川家が一大名になり、他の大名と同列の存在になる、というところからはじまるのです。その点については、薩摩藩と土佐藩の最高幹部たちも、そして中岡や龍馬も、思いは同じでした。

「薩土盟約」が結ばれると、後藤象二郎は七月四日、〝いったん土佐藩に帰って、藩の意見をまとめたあと、こんどは土佐藩の軍隊をつれて、十日ほどしたら帰ってきます〟と言い残して京都を去りました。「軍隊をつれて」というところが大切です。

そういう軍事的な圧力をかけないまま、「徳川家は、一大名になってください」と言っても、幕府が「はい、そうします」と言うはずはありません。ところが、後藤が帰ってきたのは、なんと二か月後の九月で、しかも軍隊の姿など、どこにも見えません。

それは、山内容堂の考えによるものでした。しかも容堂は、これから土佐藩が将軍に提出する予定の「大政奉還の建白書」には〝将軍職の廃止〟という、もっとも薩摩藩が重視していたことを削除する気らしい……ということもわかりました。

そのような残念な結果をもって、後藤は、九月七日、京都の小松帯刀の家で、西郷隆盛、大久保利通などと会談します。その二日後の九日、西郷が後藤に〝薩土盟約の解消〟を告げたことは、いうまでもありません。

坂本龍馬の「新政府八策」

そのあと、わが国の政局は、土佐藩の路線ですすみます。慶應三年十月、土佐藩の山内容堂は、「大政奉還に関する建白書」を幕府に提出し、それが徳川慶喜の「大政奉還の上表《じょうひょう》」につながりました。

しかし幕府は、家康以来の政治権力を、むざむざと手放すつもりは、もちろんありません。「大政奉還」のあと、松平春嶽は二条城《にじょうじょう》で慶喜に会っていますが、その時の印象は、こういうものでした。

「（慶喜は）『将軍ではなくなっても、朝廷から諸大名の頭《かしら》のようなものに命じられるのではないか』と、思っておられるように見えた」（『逸事史補』）

現に同年十一月下旬、幕府の「開成所《かいせいじょ》」の教授・西周《にしあまね》は、〝憲法草案〟とでもいうべき文章を書き上げ、慶喜の側近に差し出していますが、そこには、こう書かれています。「大君《たいくん》〔注・将軍〕は、全国の行政権をもつ元首として、行政府を大坂に開き、そこに行政府の官僚を置き、天下の大政《たいせい》を行う」（「別紙　議題草案」）。

「天下の大政を行う」とは、〝日本の統治を行う〟ということですから、なんのことは、ありません。幕府は〝看板の書き替え〟で、ことを終わらそうとしていたのです。

ですから、「大政奉還」によって、幕末の政治史は〝山場を越えた〟のではありません。むしろ〝最高レベル〟の緊張状態に入ったのです。

そのような情勢のなか、十一月十五日、龍馬と中岡が、京都の近江屋で暗殺されました。この事件の犯人については、人々の関心が高く、さまざまな説が提唱されています。「薩摩藩黒幕説」もあれば「勝海舟黒幕説」もあるといったぐあいです。まことに驚くような〝珍説の見本市〟です。

しかし、犯人も、それを命じた人物も、すでにはっきりしています。犯人は見廻組《みまわりぐみ》の佐々木只三郎《ささきただざぶろう》、今井信郎《いまいのぶお》などの七名、そしてその事件の本質は、「会津藩が見廻組に命じて行った政治的暗殺」（磯田道史『龍馬史』）で、今後、よほどの新史料でもあらわれないかぎり、その結論は、もう動かないでしょう。

その事件の背景には、幕府が〝看板の書き替え〟によって、ほぼそのままの権限をもって、今後も存続することを認めるのか、認めないのか……という、そのころの〝最高レベル〟の政治的な緊張状態があります。そのことを踏まえれば、龍馬暗殺に〝謎〟はありません。たしかに歴史には〝謎〟が多く、しばしば「通説」は覆るものです。しかし、それは、あくまでも実証的な研究の結果として、覆るべきものであって、〝ゲスの勘ぐり〟のような〝珍説〟で覆るものでは（また、覆していいものでも）ありません。

さて……龍馬は、暗殺された十一月「新政府綱領八策《しんせいふこうりょうはっさく》」（以下、「新政府八策《しんせいふはっさく》」と記します）という文書を書いています。龍馬の、いわば〝政治的な遺言〟です。

なお、龍馬の献策として、これまで有名であった「船中八策《せんちゅうはっさく》」ですが、これは近ごろ、知野文哉《ちのふみや》さんの実証的な研究によって、その信憑性に疑問がもたれており、今は私も、その説を支持しています。知野さんは、こう書いています。

「坂本龍馬は、船中八策という文書は作成しておらず、船中八策は、明治以後の龍馬の伝記のなかで、しだいに形成されていったフィクション」（知野文哉『「坂本龍馬」の誕生船中八策と坂崎紫瀾』）。

もっとも、その文書は〝龍馬が書いたもの〟ではないものの、そこに書かれていることは〝龍馬の考え方〟を示しているものとはいえる……とも、知野さんは書いています（同前）。

それに対して、「新政府八策」の方は、龍馬の直筆の、正式な署名（「坂本直柔《なおなり》」）が入った文書が、二通も残っていますから、これは信用できる文書です。これから、その龍馬の〝政治的な遺言〟を読んでみましょう。

「第一義

日本全国から、名高い人材を招いて、顧問にします。

第二義

有能な大名を選んで用い、その人たちに朝廷から官職や官位をたまわるようにし、その一方、現在の、かたちばかり残っていて中身のない官職は、廃止します。

第三義

外国との交際の方法を、議論して定めます。

第四義
法律をつくり、新しく永遠に通用するような立派な法律を定めます。法律が定まったら、さまざまな大名・小名《しょうみょう》たちは、すべてその立派な法律にしたがって、部下を率います。
第五義
上・下の議政所《ぎせいしょ》。
第六義
海軍局《かいぐんきょく》・陸軍局《りくぐんきょく》。
第七義
皇室に直属する軍隊。
第八義
天皇の国・日本の、現在の金・銀の値段を、外国と等しいものにします。

右のことを、あらかじめ二・三名の賢明な人々と議論して定め、諸大名が集まって盟約を結ぶ日を待ちます。そのあとのことは、言うまでもないでしょう。
そして、〇〇〇が、自然なかたちで、その盟主《めいしゅ》となり、そのすべてを朝廷に献上し、そのあとはじめて、日本全体の民に公布します。そのあとのことも、言うまでもないでしょう。

もしも、そのようにして決まったことに強く抗《あらが》い、無礼な態度で、公の議論で決まったことに逆らうような者は、断固として征討《せいとう》します。そのことについては、たとえ権力のある家であろうと、家柄のよい公家であろうと、容赦はしません。

慶応三年十一月　　　　　　　　　　　　坂本直柔《なおなり》」

右の「〇〇〇」は、原文の写真版でも、そのまま「〇〇〇」です。龍馬は、あえて具体的な名前を入れていません。たぶん龍馬は、〝今は、さまざまな人が、それぞれの思わくで、そこに誰の名前を想定してもらってよい〟と考え、〝いざ、そのような集まりがもたれたら、そこに集まった人たちが、その場で「盟主」を決めればよいではないか〟と考えて、あえて「〇〇〇」としたのではないでしょうか。

「二・三名の賢明な人々」も、それが誰をさすのか……ということについて、いろいろな想像がされています。しかし、たぶん龍馬は、それも、〝そのような集まりがもたれたら、そこに集まった人たちが、その場で決めればよいではないか〟と考えていたのではないでしょうか。

この「新政府八策」には、ただ単語が並べられているだけの条文もあります。それだけに何か……切迫した時代の空気を感じます。

この文書で、私が注目している点を指摘しておきましょう。まず「第四義」の「新しく永遠に通用するような立派な法律を定めます」です。これは、来るべき「憲法制定」を想定した条文といってよいでしょう。次に「第五義」の「上・下の議政所」です。これは、来るべき「国会」の開設を想定した条文です。

「第六義」の「海軍局・陸軍局」は、もちろん国防力の強化を考えてのものです。龍馬は、対外的な危機に対しては、あたりまえのことですが、ちゃんと国防の強化を訴えています。今は龍馬のことを、〝戦後的な平和主義者〟のように思っている人が少なくありません。しかしそれは、司馬遼太郎さんが流布した〝戦後的な龍馬像〟によって、そう印象づけられているだけのことです。

「第七義」の「皇室に直属する軍隊」には、龍馬の「尊皇精神」が、見てとれます。龍馬の尊皇精神も、〝戦後的な龍馬像〟からは、抜け落ちています。

「第八義」の「現在の金・銀の値段を、外国と等しいものにします」というのは、横井小楠の『国是三論』ゆずりの経済政策でしょう。「公の議論で決まったことに逆らうような者は、断固として征討します」というのは、いささかブッソウですが、何度も会議が開かれたものの、えんえんと「決められない政治」を見てきた龍馬からすれば、これは〝欠かせないこと〟であったにちがいありません。

由利公正の登場

しかし龍馬は、これを書いたあと、すぐに命を奪われます。時に三十三歳でした。なぜ京都の、民間の宿である近江屋《おうみや》に滞在していたのか……というと、それは、土佐藩に復帰していたからです。というと……話がわかりにくいでしょうが、そのころの土佐藩は、龍馬の脱藩の罪を許したものの、まだ藩邸にかくまってはくれなかったのです。

それ以前の龍馬なら、迷うことなく薩摩藩邸にかくまってもらっていたでしょうが、すでに土佐藩に復帰している以上、薩摩藩邸にかくまってもらうわけにもいきません。そこで、無用心とはわかっていながら、自由に出入りできる民間の宿が便利でもあり、そこに泊まっていたところ、十一月十五日、襲われたのです。

龍馬が京都の近江屋に到着したのは、十一月五日でした。それまで、どこにいたのかというと、越前の福井にいました。福井で、横井小楠の弟子の由利公正と、できたばかりの新政府の、財政問題を語り合っていたのです。経済政策を重視する龍馬らしい行動といえます。

龍馬は別れぎわ、由利に自分の写真を渡しました。十一月十三日、由利は川を渡っていた時、懐《ふところ》にいれていたものとともに、その龍馬の写真を紛失しています。そのことが、なぜか気がかりでならなかったそうです。その二日後、龍馬がこの世を去ったのは、偶然にしても不思議な話です。

翌十二月、小楠から教えを受け、龍馬とも親しかったその由利が、京都に呼び出され、新政府の経済政策の中心人物として、活躍をはじめます。そのころの経済政策を「由利《ゆり》財政《ざいせい》」と呼ぶ方もいるほどです。

その慶応三年十二月から、翌年の正月はじめにかけて、由利は、ある文書の草稿を書きました。それが、のちの「五箇条の御誓文」です。

第五章　「五箇条の御誓文」の発布

「五箇條御誓文」
（乾南陽・画　明治神宮聖徳記念絵画館蔵）

第一節　王政、復古する

「簾前盟約《れんぜんめいやく》」という考え方

話は、少しさかのぼります。慶応三年十月十四日、徳川慶喜は、「大政奉還の上表」を朝廷に提出し、朝廷は翌日、それを受理します。ここに幕府政治は、いちおうは終わったわけです。その二十五日、慶喜は「将軍職」も辞退します。

土佐藩の人々は、自分たちの政治路線がそのまま、順調に進んでいくもの……と、信じていたようです。そして、自分たちの政治路線に沿って、もうすぐ〝理想の大名会議〟が開かれる……と信じ、そこに向かって政治を〝次の段階〟へと進めようとします。

同二十五日、土佐藩の福岡孝弟、神山郡廉《こうやまくにきよ》などは、公家の嵯峨《さが》（正親町三条《おおぎまちさんじょう》）実愛《さねなる》のもとを訪れ、大名会議を開催するよう、はたらきかけました。しかし、これまでのような大名会議では、また同じことのくり返しになるのは、目に見えています。

ですから、今度は、天皇の「簾前《れんぜん》」……つまり天皇の「御前《ごぜん》」で会議を開き、大名たちが、そこで決まったことは、かならず守るという誓いを、互いに立てることにしてはどうか…

…という提案をします。そのときの二人の提案が、「五箇条の政綱《せいこう》」として残っていますが、それは、次のようなものです。

「(一) 国の統治機構をあらためて、兵庫〔注・神戸〕開港の相談をすること。
(二) 諸大名の会議を開き、決まったことを天皇陛下の御前で、互いに約束すること。
(三) 天皇の国・日本は、一致団結し、朝廷は五カ国との条約を締結すること。
(四) 制度改正の役所をつくること。
(五) 国会を立てること」
(原文・「国体変換《へんかん》　兵庫談判の事／諸侯会議　簾前盟約《れんぜんめいやく》の事／皇国一体《こうこくいったい》　朝廷条約、五国と結ばせらるるの事／制度改正局《せいどかいせいきょく》の事／議事院建立の事」(『維新土佐勤王史』)

福岡孝弟は、のちに、この「五箇条の政綱」を説明して、こう語っています。

「国体変換というは、幕府を倒して天下一新の帝国の体《てい》にするのだから、その次には、ぜひ諸侯を会して会議で事を決せねばならん。それからつづいて、制度改正、簾前誓約《せいやく》という事を唱えた。……簾前誓約という方が、のちに御誓文となった……簾前誓約というのは、御上が出御になって居る御簾《みす》の前で会議する。すなわち御前会議を開いて諸侯《しょこう》が誓約を立て、その上にて議を決するというのである」(『子爵福岡孝弟談話筆記』)

しかし、この文書は、いわば「メモ」のようなものです。「五箇条の御誓文」の「草稿」とまでは、とてもいえないでしょう。

それに、「御前会議を開いて諸侯が誓約」をするというのは、天皇が神々に誓いを立てる……という「五箇条の御誓文」とは、その性格が、まったくちがいます。自分たちの「簾前誓約」のアイデアが、のちの「御誓文」となった……と言いたい福岡の気持は、わからないでもありませんが、そう言い切るには、無理があるように思います。

やはり「五箇条の御誓文」が、かたちをなしていく上では、由利公正の登場をまたなければなりません。前章でお話したとおり、由利が京都に来るのは、同年十二月のことです。

「王政復古の大号令」が発せられる

「大政奉還」のあと、慶喜が「(たとえ)将軍ではなくなっても、朝廷から、諸大名の頭のようなものに命じられるのではないか」と思っていた……ということは、すでにお話しました。しかし、薩摩藩や長州藩は、新政府は〝絶対に幕府・将軍ヌキ〟でなければ、まとまらない……と考えていました。

両者の対立は、深まるばかりです。そして、いよいよその決着をつける時が、近づいてきます。

その〝政変劇の主役〟となるはずの人物が、慶応三年十一月、五年ぶりに京都に戻ってきていました。岩倉具視です。

京都に戻ってきていても、まだ岩倉は「蟄居《ちっきょ》」という処罰を受けていたのですが、十二月九日の朝、それが、とうとう全面解除になります。そして岩倉のもとに、〝すぐに御所《ごしょ》に来るように〟との命令がとどきます。

岩倉は、僧形《そうぎょう》のまま、すぐに衣冠《いかん》をつけ、午前十時ごろ、さまざまな文書を入れた小箱をもって、御所に参上しました。その小箱のなかに、「王政復古《おうせいふっこ》の大号令《だいごうれい》」が入っていました。

岩倉は、他の二人の公家とともに、時に十六歳の明治天皇の御前《ごぜん》に進みます。そして、王政復古を断行していただくよう、明治天皇に進言するのです。

それを受け、明治天皇は、御学問所《ごがくもんしょ》にお出ましになり、親王さまや諸大名を引見《いんけん》されます。そして現在「王政復古の大号令」と呼ばれる詔勅《しょうちょく》を発布されました。

そこには、こういうことが書かれています。

「内大臣《ないだいじん》・徳川慶喜より、これまで天皇から委任されていた日本の政権〔原文・「大政」〕を、返上したいとの申し出があり、あわせて将軍職も辞退したい、との申し出もあったため、この二つの申し出を、今回、はっきりと許すことにしました。そもそも嘉永六年以来、かつてない国難がつづき、そのことについて先帝陛下《せんていへいか》〔注・孝明《こうめい》天皇〕が、毎年……ずっとお心を悩まされてきたことは、みなも、よく知っているところでしょう。

ですから今、天皇である私は、考えを固め、王政を復古し、国威を挽回するための基礎を樹立することとしました。以後は、摂政《せっしょう》、関白《かんぱく》、幕府などを廃止し、今、かりに総裁《そうさい》、議定《ぎじょう》、参与《さんよ》の三職を設置し、それらによって、すべての日本の政治〔原文・「万機《ばんき》」〕を行うことにいたします。

これからは、すべてのことを初代天皇・神武天皇が、日本の政治を開始された時に立ちもどり〔原文・「諸事《しょじ》、神武創業《じんむそうぎょう》の始《はじめ》に原《もと》づき」〕、何ごとも一からはじめ、公卿《くぎょう》、武士のわけへだてなく、あるいは、朝廷で昇殿《しょうでん》を許されている者と、昇殿を許されていない者のわけへだてもなく、正しく公正な議論〔原文・「至当《しとう》の公議」〕を尽してまいりましょう。

もちろん私も、天下万民と、苦楽をともにするつもりです。ですから、それぞれの人は、それぞれの持ち場で励み、つとめ、古くからの、驕《おご》ったり怠けたりする悪い癖を洗い流し、そして一人ひとりが忠義を尽くし、国に報いよう……との誠の心をもって、公のために尽

くしてください」(『明治天皇紀』一)

これは長い日本史の上でも、まことに画期的な政治宣言文です。これからは「万機」を「至当の公議」によって決していく……という部分など、翌年の「五箇条の御誓文」にも通じるところがあります(一方、そのころの徳川家が、先の西周の「別紙 議題草案《ぎだいそうあん》」のとおり、なお徳川家を〝世襲の独裁者〟とする政権構想を立てていたことを考えると、両者の政治思想は、まことに対照的というほかありません)。

「諸事、神武創業の始《はじめ》に原《もと》づき」というのは、国の原点に帰って、〝一からはじめる〟という意味です。〝ゼロから〟ではなく、〝一から〟というところが、きわめて日本的です。〝ゼロから〟はじめるのであれば、それは外国の「革命」と変わりません。〝一から〟はじめるのが、日本の「維新」です。

かつて哲学者の西田幾多郎《にしだきたろう》は、昭和天皇への御進講《ごしんこう》で、こう語っています。

「歴史は、いつも過去・未来を含んだ現在の意識をもつもの、と思います。ゆえに私は、わが国においては、肇国《ちょうこく》の精神〔注・「肇国」は、はじめて国を建てること。つまり神武天皇の建国事業の精神〕に還《かえ》ることは、ただ古に還ることだけではなく、いつもさらに新たな時代に踏み出すことと存じます。復古ということは、いつも維新ということと存じます」（「御進講草案」）。

わが国においては、原点に回帰すること、イコール新しい時代を創造すること……というのです。〝卓見《たっけん》〟というべきでしょう。

「神武創業の始めにもとづき」という発想

「神武創業のはじめ」に還れば、そのことによって、平安時代からの「摂関政治」も、鎌倉時代からの「幕府政治」も、すべては、一挙に廃止することができます。壮大なスケールの政治変革ですが、そもそも「神武天皇に還ろう」という政治理念は、どこから生まれたのでしょうか？

調べてみると、そのような発想は、すでに大塩平八郎の「檄文《げきぶん》」にも見られるのですが、その文言を「王政復古の大号令」に入れたのは、この詔勅の草案を書いたとされる皇学者（国学者）・玉松操《たままつみさお》（一八一〇―七二）でしょう。操は、そのころ岩倉具視のブレーンでした。

ちなみに玉松は、慶応三年十月六日、岩倉のもとを訪ねてきた大久保利通と品川弥二郎《しながわやじろう》に、「錦《にしき》の御旗《みはた》（錦旗《きんき》）」の図案を見せ、岩倉はその製作を大久保に依頼しています。大久保に見せたその「錦の御旗」の図案も、操が考えたものです。

その「錦の御旗」が、翌年、鳥羽伏見《とばふしみ》の戦いで翻《ひるがえ》ります。その時、戦場に衝撃が走ったということは、よく知られている話です。

玉松操というのは、山本公弘《きんひろ》（実福）という公家の子です。八歳の時に出家し、「大僧《だいそう》都法印《ずほういん》」にまでなったのですが、三十歳で還俗《げんぞく》しています。

学問の師は大国隆正で、隆正は、具視の二代前の岩倉具集《ともあい》とも関係がありますから、あるいは操は、隆正のツテで具視に仕えるようになったのかもしれません。その隆正は「神武中興紀元《じんむちゅうこうきげん》」という、独自の学説を唱えていました。

ですから、「諸事、神武創業の始に原づき」という名文には、隆正の学説からの影響もあるかもしれません。しかし、元治元年の「禁門《きんもん》の変」以来、隆正は、幕府を擁護する立場をとっています。ですから、そのころの隆正と操は、師匠と門人とはいっても、むしろ政治的には、対立関係にありました。したがって、その点に関しては、隆正の思想との直接的な関係は、さほどないようです（そのことについては、学術書ではありますが、私の『大国隆正の研究』の「第四章」を参考にしてください）。

「小御所会議《こごしょかいぎ》」と「辞官《じかん》・納地《のうち》」

「王政復古の大号令」が発せられたあと、御所では「小御所会議《こごしょかいぎ》」が開かれます。そこで岩倉と大久保は、朝廷から慶喜へ「辞官《じかん》・納地《のうち》」を迫るべきである……と主張しました。「辞官・納地」とは、内大臣という朝廷の役職を辞め、領地を朝廷に返納することです。それがあって、はじめて「大政奉還」も〝実〟のあるものになるわけですが、土佐藩の山内容堂と後藤象二郎は大反対で、なかなか納得しません。

しかし、岩倉は奮闘をつづけます。その会議での岩倉の舌鋒は、大久保から見ても、まことにすさまじいものであったようです。そのことを大久保は、こう書き残しています。「岩倉公、堂々論破《どうどうろんぱ》、感伏《かんぷく》にたえず」（『大久保利通日記』慶応三年十二月九日条）。

結局のところ、岩倉の「気迫」と、討幕派の政治力などがあいまって、「小御所会議」は討幕派の路線で決着し、朝廷は、慶喜に対して「辞官・納地」を求めることになります。会議が終わったのは深夜です。

ある意味で、この日は〝近代日本の誕生日〟ともいえるでしょう。まことに長い一日で、その意味では、この日こそが、じつは〝日本の一番長い一日〟だったのかもしれません。（なお、今の歴史学界では、この日の劇的な変革のことを「王政復古のクーデター」と呼んでい

ます）

幕末の歴史では、その前にも似たような政変がありました。「八月十八日の政変」です。しかし、今回の「王政復古のクーデター」は、その内容のスケールがちがいます。

あまりにも急激な変革ですから、「乱暴すぎるのでは……」と思われる方もあるでしょう。なるほど、軍隊で御所を固めた上で、瞬時に平安時代以来の政治制度を、すべて廃止し、「さあ、一からはじめましょう」というのですから、そう思われる方がいても、不思議ではありません。

しかし、幕末維新史の実証的な研究者として知られる家近良樹《いえちかよしき》さんは、「王政復古クーデターが実施されなければならない必然性」について、こう書いています。

「二百数十年におよんだ幕府専断政治《ばくふせんだんせいじ》のもと、蔓延《まんえん》していた馴《な》れ合い精神（それは新国家の創設にとって、最大のマイナス要因となるものであった）を粉砕するためには、クーデター方式という、ショック療法が必要とされたのである」（家近良樹『幕末の朝廷』）

もしも、「蔓延していた馴れ合い精神」が払拭できなかったら……、そのあと日本は、どうなっていたでしょうか。「なあ……なあ……」「グズ……グズ……」では、当然、「版籍奉還《はんせきほうかん》」も「廃藩置県《はいはんちけん》」も、いつまでたってもできなかったでしょう。

ということは……、議会政治も憲法制定もできず、そして近代的な統一国家としての、産業、工業、軍隊、教育などを、つくりあげることもできず、さらに金融、交通、流通などの近代的なシステムをつくりあげることも……すべてできなかったでしょう。そして、もしもそうなっていたら、やがて日本は白人諸国によって、まちがいなく植民地にされていたにちがいありません。

「王政復古クーデター」という「ショック療法」がなければ、わが国は、ほかの有色人種の国々と、同じような運命をたどっていたはずです。その意味で、そのような「ショック療法」は、わが国の自由と独立を守るためには、避けては通れない道であった、と思います。

もちろん、「近代化」にともなう〝負の側面〟も忘れてはなりませんが、私たちが今、とにもかくにも自由で豊かな日本で暮らすことができているのは、もとをただせば慶応三年十二月九日の、岩倉、西郷、大久保などの決断と勇気と行動にある、ともいえます。その点、現代人は、彼らに対して批判ばかりするのではなく、少しくらいは、感謝してもよいのではないでしょうか。

さて……、「辞官・納地」を突き付けられた幕府は、もちろん納得しません。まだ、そのころの幕府は、ほぼ無傷です。

ですから幕府が、家康以来の〝既得権益《きとくけんえき》〟を「手放せ」と言われて、「はい、そうします……」と、すぐに言えるはずもなく、こうして幕府と、新政府との間で、厳しい〝にらみ合い〟がつづくことになります。幕府への〝征討軍派遣《せいとうぐんはけん》〟ということも、新政府の人々の脳裏をかすめるようになっていきました。

となれば……、あらためて諸大名の結束を固めなければなりません。そのような情勢のなか、いよいよ「五箇条の御誓文」の草案《そうあん》が、かたちをあらわしてくるのです。

「五箇条の御誓文」の草案

「五箇条の御誓文」の草案と呼ぶにふさわしいのは、由利公正の「議事《ぎじ》の体《てい》、大意《たいい》」と題する文書です。そこには、こういうことが書かれています。

「議論の大本、そのあらまし

一　すべて人々が、自分の志をとげ、人々の心が、倦まないようにすることが大切です。

一　武士もその他の人々も、心を一つにして、さかんに経綸を行うことが必要です。

一　世界の知識を求めて、それを日本に取り入れて広め、天皇の国・日本の根幹を、振い起こしていかなければなりません。

一　各藩から差し出して、朝廷で用いる人材は、期限を決めて採用し、期限が来たら辞めてもらい、賢く才能のある人に、その地位を譲らなければなりません。

一　すべてのことは、公の議論の結果で決め、私的な場で論じて決めてはなりません。

以上を、大名会議の心得とすべきでしょう。

こういう筋で、議論を進めていき、そのさい、大赦《たいしゃ》のことも布告されるべきでしょう。

一　諸藩の会盟《かいめい》の次第を、決めなければなりません。

一　諸藩を巡検《じゅんけん》する次第を、決めなければなりません」（『明治天皇紀』）

（原文・「議事の体、大意

一　庶民《しょみん》、志をとげ、人心をして倦《う》まざらしむるを欲す

一　士民《しみん》、心を一にして、盛んに経綸を行ふを要す

一　知識を世界に求め、広く皇基《こうき》を振起すべし

一　貢士《こうし》、期限を以て賢才《けんさい》に譲るべし

一　万機公論《ばんきこうろん》に決し、私《わたくし》に論ずるなかれ

諸侯会盟《しょこうかいめい》の御趣意《ごしゅい》

右等の筋に仰せ出でらるべきか、大赦の事

一　列侯会盟《れっこうかいめい》の式
一　列藩巡検使《れっぱんじゅんけんし》の式」）

ただしこれも、まだ「メモ」の色彩が強く、なかなか意味がとりづらいところもあります。しかし、前の福岡の「五箇条の政綱」と比べると、格段に「五箇条の御誓文」に近いものになっています。

「人々の心が、倦《う》まないようにすること（原文・「人心をして倦まざらしむる」）というのは、「五箇条の御誓文の「人心をして倦まざらしめん」と、ほぼ同じです。ただし、あまりなじみのない表現でしょうから、ここで少しご説明をいたします。

これは、儒学の経典にもとづく表現です。『論語《ろんご》』には、孔子が弟子から「政治とは何でしょう」と質問されて、孔子が「倦《う》む無《な》かれ」（「子路《しろ》」）と答えた、という記事や、「これに居《お》りて倦むことなく」（「顔淵《がんえん》」）と答えた、という記事があります。

「倦む」とは、「怠ける」とか「いいかげんにやる」とかいう意味で、そうであってはいけない、ということです。つまり「政治とは、国民が、それぞれの立場において、勤勉に働いて、楽しく暮らすことのできるような環境をつくること」と考えていいでしょう。
こういう儒教の伝統にしたがって、由利公正は、こう語っています。

「庶民をして、おのおの志を遂《と》げ、人心をして倦まざらしむるべし……とは、治国《ちこく》の要道《ようどう》であって、古今東西の善政《ぜんせい》は、悉く《ことごと》此《こ》の一言に帰着《きちゃく》するのである」(『英雄観』)。

こう述べた後に、由利は、そのためには三つの大事なことがある……として、三か条をあげています。それは、次の三つです。

「明徳《めいとく》を明らかにすべし」「民《たみ》を新たにすべし」「至善《しぜん》に止《とど》まるべし」

これは、儒学の古典『大学』のはじめに書かれている文章ですが、「民を新たにすべし」は、「民に親しむべし」とも読みます。

由利があげている「民を新たにすべし」は、朱子学の立場からの読みです。いかにも朱子学的な教養をベースにしていた江戸時代の教養人らしい〝もの言い〟ですが、さらに言えば、朱子学者の横井小楠の弟子らしい〝もの言い〟ともいえるでしょう。

いずれにしても、「人心をして倦まざらしむる」という一文には、儒学にもとづく政治理念が、はっきりと書かれています。つまり、そこには、「王道政治《おうどうせいじ》」の理念が盛りこまれているのです。

次に「心を一つにして、さかんに経綸を行うことが必要です」（原文・「盛んに経綸を行ふを要す」）というのも、「五箇条の御誓文」の「心を一つにして、盛んに経綸を行ふべし」と、ほぼ同じです。この言葉の意味は、すでに第一章の第三節でもお話したとおり、〝経済の振興〟というような意味で、そのような考え方の源流が、横井小楠の『国是三論』にあることは、第二章の第二節で、お話しました。

あらためて確認しておきたいのは、小楠が、「国を富まし、兵を強く」することを重視したのは、あくまでも「外国からの侮《あなど》りをふせぐため」（『国是三論』）であった、ということです。「外国からの侮りをふせぐため」に、軍事と経済が重要であることは、過去においてのみならず、現在も、そして、たぶん未来においても変わることはないでしょうから、そのことを、今の政治家の方々も、そして国民も、よくよく心しておかなくてはなりません。

なお、右の文中には、「諸侯会盟の御趣意」とあります。ですからこれも、まだ「諸侯会議」の、いわば〝会議心得〟のようなものであったことがわかります。その意味で、まだ「五箇条の御誓文」には遠いのですが、この由利の「議事の体、大意」に、土佐藩の福岡孝弟が、筆を加えます。

「会議心得」から「誓約書」へ

福岡が修正を加えて、「議事の体、大意」は、こう変わりました。

「諸侯が合同して誓うこと
一　大名たちが集まる会議を開き、すべてのことを公の議論の結果で決めていきます。
一　朝廷と諸大名が一体となって、すべての人々が志を立て、それが成就《じょうじゅ》するようにして、結果的に、人々の心が倦まないようにする……それが大切です。
一　身分が上の人も下の人も、心を一つにして、さかんに経綸を行わなければなりません。
一　世界の知識を求めて、それを日本に取り入れて広め、天皇の国の根幹を、振い起こしていかなければなりません。
一　朝廷が各藩から出向させた人材は、期限を決めて採用し、期限が来たら辞めてもらい、賢く才能のある人に、その地位を譲らなければなりません。
以上を、大名会議の心得とすべきでしょう。

こういうことを朝廷から、おおせ出だされるべきでしょう。そして、そういう大名会議が開かれたら、大赦《たいしゃ》のことも、布告されるべきでしょう。

一　諸藩の会盟の次第を、決めなくてはなりません。

一　諸藩を巡検する次第を、決めなくてはなりません。」（同前）

（原文・「会盟

一　列侯会議《れっこうかいぎ》を興《おこ》し、万機公論《ばんきこうろん》に決すべし

一　官武一途《かんぶいっと》、庶民《しょみん》に至るまで、各《おのおの》その志を遂げ、人心《じんしん》をして倦まざらしむるを欲す

一　上下《しょうか》、心を一にして、盛んに経綸《けいりん》を行ふべし

一　智識を世界に求め、大いに皇基《こうき》を振起《しんき》すべし

一　徴士《ちょうし》、期限を以て賢才《けんさい》に譲るべし

右等の御趣意、仰せ出ださるべきか、かつ、右会盟相立《みぎかいめいあいた》ち候処《そうろうところ》にて、大赦の令、仰《おお》せ出でらるべきか

一　列侯会盟《れっこうかいめい》の式

一　列藩巡検《れっぱんじゅんけん》の式」）

福岡の修正案に、また由利が手を入れたりして、細かなことを言い出すときりがないの

ですが、要するに先の由利の案が「会議心得」のような内容であったのに対し、福岡の加筆によって、それが「誓約書」のような内容に変わりました。その変化によって、草案は「五箇条の御誓文」へと、大きく一歩を進めたわけですが、残念ながら、その基本的な性格は、まだ「御誓文」とは、かなりのへだたりがありました。

まだ大名同士が互いに約束をする……というものにとどまっていたからです。くりかえしになりますが、天皇が神々に誓う……という〝かたち〟にならなければ、「五箇条の御誓文」とはいえません。

鳥羽伏見《とばふしみ》の戦いで〝お蔵入り〟

ところで、由利や福岡の、その草案は、いつ書かれたものなのか……というと、それが、なかなかはっきりしません。由利は、慶応四年（明治元）正月七日の夜から九日の夜明けまでの間に書いた……と語っていますが、その原案を修正したという福岡は、それが慶応三年の十二月末日のことであった……と語っています。

どちらも、晩年の回想です。ですから、はっきりと、どちらが正しいと、断定しにくいところがあります。

私も長年、歴史学者の端くれをやってきましたが、ある個人の「回想」というのは、たとえ本人が自分の過去を語っているものでも、無条件には信用できません。どんなに聡明な人でも……どんなに誠実な人でも、「回想」には、かなりの不正確さがつきまとうからです。できれば、リアルタイムの文書記録があれば、それにこしたことはないのですが、そういう良質の史料が残っていることは、きわめてまれでしょう。ですから歴史学の上では、しかたなく「回想」にたよって、事実を究明するほかない場合が、少なくありません。

この場合、由利と福岡のどちらの記憶の方が正しいかということについて、断定する決め手が、なかなかありません。ですから、さまざまな研究をまとめると、今のところ、二人の草案ができたのは、慶応四年（明治元）の「正月十日前後」（大久保利謙『国史大辞典』第五巻）としておくのが、もっとも妥当なところでしょう。

ただし、その草案ができる一週間ほど前……、「鳥羽伏見の戦い」がおこっています。大名同志が互いに約束をする……などという、悠長《ゆうちょう》なことは、もう言っていられなくなります。ですから、その戦いの砲声や銃声とともに、その草案そのものが、どこかへ吹き飛んでしまいました。こうして、そのあとしばらく、この草案は、「お蔵入り」するのです。

ちなみに今、その戦いを起させるため、西郷隆盛が、わざと江戸の薩摩藩邸を攻撃させるようにしむけた……などという俗説が広まっています。しかしそれは、ほとんど根拠のない〝うがちすぎ〟の説で、実証的な歴史学者たちの賛成するところではありません（その点については、私の『新訳　南洲翁遺訓　西郷隆盛が遺した「敬天愛人」の教え』をお読みください）。

第二節　「御誓文」、公布される

神戸事件《こうべじけん》・堺事件《さかいじけん》

慶応四年（明治元年）正月三日、「鳥羽伏見の戦い」が起こり、討幕軍と幕府軍は激突し、いわゆる戊辰戦争《ぼしんせんそう》がはじまります。そして、その戦火の中から、新しい日本の姿が、しだいにその〝かたち〟を、あらわしはじめます。

あたかもそのころ、戊辰戦争とは別に、新政府を悩ませる問題が発生していました。神戸港は、慶応三年十二月七日に開港していましたが、そこを警備していた岡山藩兵が、慶応四年（明治元）一月十一日（つまり鳥羽伏見の戦いが起こって一週間ほどしたころですが……）、イギリス、フランス、アメリカなどの諸外国の軍隊と衝突したのです。

その結果、神戸港の日本船は抑留され、神戸の居留地は軍事占領されます。いわゆる「神戸事件」です。

つづいて、その翌月の二月十五日には、堺を警備していた土佐藩兵とフランス兵との衝突事件がおこります。森鷗外《もりおうがい》の小説で有名な、堺事件です。

どちらも、日本側に大きな落ち度はなかったのですが、白人諸国の態度は、きわめて強硬でした。新政府は、戊辰戦争がはじまって、ただでさえ大変な時、それらの事件の収拾にも追われます。

新政府の首脳部は、こう痛感したはずです。〝これからは外国からの侵略にも、国内での外国人犯罪にも、国家が責任をもってあたるようにすべきであり、けっして、それらの問題を個人や各藩で対応してはならない……。そのことを、国内に周知する必要がある〟。たとえば、これは国内の話ですが、政府は明治六年二月に「敵討禁止令《かたきうちきんしれい》」を出しています。これは、国内の犯罪者を、個人的に処罰することを禁じ、国家が責任をもって、法にもとづいて、犯人を処罰するようにするためのものです。

「攘夷」も、それと同じ〝かたち〟に変えていかなければなりません。つまり、これからは個人や各藩が、個々に外国や外国人に対処するのではなく、国家が法にもとづいて、不法な侵略には抵抗し、外国人犯罪は厳正に裁くようにする……そうしなければ、わが国は国際的な信用を失う……と、新政府の人々は思ったはずです。

そして、こうも思ったでしょう。侵略や犯罪などの非日常の事態を除いて、日常的には、外国と円満な関係を維持し、西洋文明を取り入れ、あるいは貿易で経済の振興をはかっていく……、それが結果的には、「外国からの侮りをふせぐ」（『国是三論』）ことにもなる……、したがって、これからは、国内にそのような「空気」をつくっていかなければ、新政府の基盤は危うくなり、ひいては日本の未来も危うくなる……。

「天地の公道」とは「国際法」

「五箇条の御誓文」には、そういう意味での〝時代の危機感〟も反映されています。「旧来の陋習《ろうしゅう》を破り、天地の公道に基づくべし」「知識を世界に求め、大いに皇基《こうき》を振起すべし」などの文言がそれにあたります。

この場合、「天地の公道」とは、ごく一般的な意味の他に、そのころは「国際法」（当時の言葉で言えば「万国公法《ばんこくこうほう》」）という意味もありました。「国際法」の存在は、すでに慶応年間には、心ある日本人の間で、よく知られていました。

シナで宣教師をしていたアメリカ人のウィリアム・マーチン（丁韙良）という人物がいます。そのマーチンが、アメリカ人のエートンが書いた国際法の本を漢訳し、シナで『万国公法』として出版したのが、一八六四年（元治元）のことです。

その翌年（慶応元年）には、早くもその漢文に訓点《くんてん》をつけたものが、日本でも出版されています。この本は広く読まれ、そのころの多くの人々に強い影響を与えました。

たとえば、坂本龍馬は、慶応三年の「いろは丸沈没事件」のさい、『万国公法』を手に入れ、それにもとづいて事件を処理しようとしています（慶応三年五月十一日付の秋山某あての手紙）。今、龍馬といえば、小説やドラマの影響もあって、すぐに「万国公法」を想起する方も少なくないでしょうが、たぶん龍馬は、その漢文の「万国公法」を読んでいたのでしょう。

また、慶応四年には、福井藩士の瓜生寅《うりゅうはじめ》が『公道起源《こうどうきげん》』という国際法の本を出版しています。そのなかには、「各国の遣使」が交わるさい、「中庸《ちゅうよう》」をとってそれを「天下の公法」とする、そしてその「天下の公法」を「各国」が「盟《めい》して、これを守る」……、それが、つまり「万国公法」である、ということが書いてあります。

木戸孝允は、瓜生を呼んで、直接話を聞いていたようです。ですから、たぶん「五箇条の御誓文」の「天地の公道」は、瓜生が木戸へ伝えた知識を、木戸が、木戸なりに解釈した上で、「五箇条の御誓文」に取り入れたもの、と考えていいでしょう。

それにしても、由利といい、瓜生といい、福井藩と「五箇条の御誓文」は、とても密接な関係にあります。現在、福井市に立っている由利公正の銅像の横には、「五箇条の御誓文」の原案となった「議事之体大意」（本書、第四章の扉に掲載しています）の写真版が展示されていますが、なるほどそれは、正しい「お国自慢」の方法といえるでしょう。

木戸孝允の奔走

さて、官軍の進軍はつづき、江戸城総攻撃の準備も整い、〝三月十五日には江戸城を総攻撃する〟と決まります。西郷隆盛が品川に着いたことを知った勝海舟は、三月十三日、江戸の芝高輪《しばたかなわ》の薩摩藩邸を訪ね、そこで第一回の会見が行われ、つづいて翌十四日、田町《たまち》の藩邸の近くの「橋本屋」で、第二回の会見が行われました。

それによって、翌日に行う予定であった江戸城の総攻撃は中止する……と決まります。こうして江戸城は「無血開城《むけつかいじょう》」となり、江戸は、戦火に焼き払われずにすんだのです。

一方、京都では、その十四日、「五箇条の御誓文」が公布されています。お話してきたとおり、その原案は、由利と福岡によるものです。しかし、もはやそれが、大名会議の「会議規則」や大名同士の「誓約書」である必要はありません。幕府の力が、ほぼ消えつつある今、古い「公議政体論」の考え方をひきずる「大名会議」の構想に、こだわる必要はなくなっていたのです。

〝お蔵入り〟していた原案を再発見し、新しい日本の「国是」に仕立て直したのは、木戸孝允です。そのことについて福岡孝弟は、こう回想しています。

「私〔注・福岡孝弟〕と由利とが、箇条の草案をつくって居《い》ると木戸に知らしたのは、まったく後藤〔注・後藤象二郎〕であったと思っている。……ともかくも、『これじゃ』というて出した。すると、『これは、もうしぶんがない、こういうものがあったか』、たしか、こういう言いようで、『それならば、一つやろうじゃないか』と言われただけで、それからあとは、どうであったか、覚えにない」（『子爵福岡孝弟談話筆記』）

木戸は、由利・福岡の草案に、いろいろと手を入れます。特に重要な点は、公布前日の三月十三日、「列侯会議を」を、「広く会議を」に修正したことです。なぜ「広く会議を」になったか……というと、「列侯会議」では、大名だけの政治参加になってしまうからです。それでは、そもそも政治参加者の範囲が狭すぎますし、当然、公家たちからも不満がでるにちがいありません。

しかし、たとえそういう事情があったとしても、その木戸の修正によって、結果的に「五箇条の御誓文」は、時代をこえた輝きをもつ、不滅の政治宣言文になりました。「広く会議を興し、万機公論に決すべし」は、わが国がわが国であるかぎり、けっして古びない普遍的な政治理念として、これからも永く生きつづけることでしょう。

木戸とともに岩倉具視や三条実美《さんじょうさねとみ》が修正をほどこします。そうして、ようやく本文が確定しました。

次の問題は、その公布の〝かたち〟です。そもそも、公家たちからすれば、これまでの由利、福岡の考え方には、大きな不満がありました。〝天子さま（天皇陛下）〟が、大名たちを招集して、大名たちとの間で誓いを立てる……という〝かたち〟は、あまりにも〝シナ風〟ではないか、と見えたのです。明治天皇の祖父である中山忠能《なかやまただやす》や岩倉具視が、これまで考えられていたような〝かたち〟に対して、是正を求めます。

木戸は、その間にたって奔走し、明治元年三月、こういう建議を行っています。「至尊《しそん》、親《した》しく公卿、諸侯、および百官《ひゃっかん》をひきい、神前《しんぜん》に誓わせられ」るかたちで、つまり、天皇が神々に誓うかたちで、「国是」を確立し、それを「天下の衆庶《しゅうしょ》」に示すべきである、というのです。

そもそも「政治」は、古来「まつりごと」と呼ばれています。それは、わが国の古代においては、「祭祀《さいし》を行うことも、賞罰を行うことも、服従を誓わせることも、すべてマツリゴトであった」（『時代別　国語大辞典』上代編）からです。

その意味で「五箇条の御誓文」は、わが国の「マツリゴト」の本来の意味を踏まえて、正しい〝かたち〟で公布されたことになります。こうした公布までの過程を見れば、「五箇条の御誓文」は、もちろん、さまざまな人々の叡智《えいち》の結晶ではありますが、「真の制定者を求むるならば木戸孝允こそ、それに該当する」（大久保利謙「五箇条の御誓文に関する一考察」）と、いってよいでしょう。

もっとも木戸が、そのように活躍できたのも、明治天皇の御存在があってのことです。くれぐれも、そのことを忘れてはなりません。

こうして、「五箇条の御誓文」は、ようやく天皇おんみずからが神々に誓う……というかたちで、公布されることになりました。すでに明治天皇は、明治元年二月十日、三月八日の二度にわたって、神武天皇の御陵《ごりょう》を、おんみずから拝されていますから、天皇の「親祭《しんさい》」（天皇おんみずからがお祭りをされること）は、それで三度目ということになります（武田秀章『維新期天皇祭祀の研究』）。

それでは、その儀式のかたち……つまり神道式の新しい祭式は、いったい誰が考えたのでしょうか。明治元年（慶応四）二月二十七日、津和野《つわの》藩主・亀井茲監《かめいこれみ》が「神祇事務局《じんぎじむきょく》輔《ほ》」に任じられており（加部厳夫編『於杼呂我中《おどろがなか》』）、三月四日、津和野藩士・福羽美静《ふくばよししず》が、「神祇事務局権判事《じんぎじむきょくごんはんじ》」に任じられています（加部厳夫『木園福羽美静小伝』）。

その津和野藩の主従《しゅじゅう》は、木戸や岩倉と近い関係にありました。ですから、その津和野藩の二人が中心になって、儀式の〝かたち〟を決めたことは、まちがいありません。また、現在では、その二人と、そして京都の向日神社《むこうじんじゃ》の神職・六人部是愛《むとべよしちか》が、その儀式を発案したといわれています（阪本是丸『近代の神社神道』）。六人部是愛は、平田派の国学者として知られる六人部是香《むとべよしか》の六男です。

ですから、「五箇条の御誓文」の公布を、神道の側面から見ると、「天神地祇御誓祭《てんしんちぎごせいさい》」ということになります。なお、ここに登場する福羽美静は、大国隆正の門人で、のちに明治天皇の即位式や、大嘗祭でも活躍していている皇学者《こうがくしゃ》（国学者）です。

玉松操といい、福羽美静といい、そのころの大国隆正の門人たちの活躍は、なかなか目覚しいものがありますが、残念ながら、先にもお話したとおり、元治元年の「禁門の変」以来、隆正は、幕府を擁護する立場をとっていましたので、そのころの美静と隆正も、政治的には、対立関係にありました。

「天神地祇御誓祭《てんしんちぎごせいさい》」

「五箇条の御誓文」の原案は、はじめは「会議規則」の文章として、次に「誓約書」の文章として起案され、そして最後に木戸の力によって、天皇が神々にお誓いする言葉になりました。この最後の転換は、きわめて重要です。

なぜなら、それが神道的な〝かたち〟によって公布されることにより、明治維新そのものが、たんなる政治的な変革を超えたものになったからです。つまり、それによって明治維新は、〝建国以来の民族の伝統にもとづく政治変革〟という、格別の性格を帯びることになったのです。


それでは、慶応四年三月十四日、その「天神地祇御誓祭」は、どのようにすすめられたのでしょう。その式次第を、『明治天皇紀』などをもとに、見てみましょう。


まず、天の神々と地の神々（原文・「天神地祇《てんしんちぎ》」）の「神座《しんざ》」を御所の紫宸殿《ししんでん》の、母屋の東の面に設け、位の高い公家や大名は母屋に、位の低い公家は南廂《みなみびさし》に、その他の人々は、東廂《ひがしびさし》に、それぞれ着席します。みな衣冠《いかん》をつけた姿です。

次に塩水《えんすい》、散米《さんまい》の儀式をして、神祇事務局督《じんぎじむきょくのかみ》の白川資訓《しらかわすけのり》が「降神《こうしん》」〔注・神々をお迎えすること〕の歌を奏します。そのあと神前に、神々への捧げものが並べられました。

やがて御年《おんとし》十七歳の明治天皇が、三条実美《さんじょうさねとみ》、岩倉具視、中山忠能、嵯峨《さが》（正親町三条）実愛《さねなる》などをしたがえて、お出ましになります。天皇のお召し物は、御引直衣《おひきのうし》です。

天皇は、南面《なんめん》した玉座《ぎょくざ》の、敷物の上に着座されます。時刻は、「申《さる》の刻《こく》」〔注・現在の午後三時から五時ごろ〕でした。

天皇の右が「神坐」で、天皇のまわりには、四季を描いた屏風《びょうぶ》が立てられ、正面が開いています。そして、三条実美が、神前にすすみ、「祭文《さいもん》」を奏上します。

その「祭文」のなかには、次のような言葉が見えます。なかなか激しい内容です。

「今から、天《あま》つ神の御依頼によって、天下の大政を執り行うため、親王、公家、国々の大名、さまざまな公務にたずさわる人々をひきいて、この神座にましますの御前《ごぜん》で、お誓いいたします。……今日、お誓いしたことを違えるような者は、天の神々と地の神々が、たちまち神罰《しんばつ》を下さしてくださるもの……と、思っています」

三条が「祭文」の奏上を終え、着座すると、明治天皇が神前に進まれて拝礼をされ、親しく玉串《たまぐし》を奉られます。そのあと三条が、ふたたび神前にすすみ、「五箇条の御誓文」を奉読し、それを天皇は、お聴きになりました。

「五箇条の御誓文」の〝祈り〟と〝誓い〟

ここで、あらためて「五箇条の御誓文」の全文をあげておきましょう。

「一、人々の意見を、広く聞くための会議を開いて、たとえ人々の意見がわかれても、なにごともその会議で、公正に議論した上で、結論を出してまいりましょう。
一、身分や立場のちがいにかかわらず、日本人は心を一つにして、それぞれの立場でしっかりとはたらいて、国を豊かにしてまいりましょう。
一、軍事にたずさわらない公務員や軍事にたずさわる公務員……、さらには一般の国民にいたるまで、すべての人々が、みな志をもち、それを達成できるような……、そして人々が、日々、生き生きと暮らしていけるような……、そのような国にしていくことが大切です。
一、これまで、わが国で長くつづいてきたことであっても、それが悪いものであるなら、きっぱりとやめ、なにごとも国際的に通用するようなことを、してまいりましょう。
一、世界中から、いろいろなことを学んで、私たちの知識を豊かにしてまいりましょう。
それは建国《けんこく》以来、皇室を中心として、今にいたっている日本の国がらを守っていくことと、けっして矛盾することではなく、むしろ、そのことが天皇の国・日本を、今後、さらに大きく奮い起こすことになるのです。

わが国の歴史上、これから、かつてない大変革を行うにあたり、まず私が、身をもって人々の先頭に立ち、天の神々、地の神々にお誓いして、この五箇条の国家方針を定めました。その方針にもとづいて、全国民を保護し、全国民が安全に暮らしていける方法を確立したい、と思っています。どうか皆さんも、この五箇条にもとづいて、心をあわせ、力を尽してください」（『明治天皇紀』）

（原文）

「一　広く会議を興し、万機公論《ばんきこうろん》に決すべし。
一　上下《しゅうか》心を一《いつ》にして、盛んに経綸《けいりん》を行ふべし。
一　官武一途《かんぶいっと》、庶民に至るまで、各《おのおの》その志を遂げ、人心をして倦《うま》ざらしめん事を要す。
一　旧来の陋習《ろうしゅう》を破り、天地の公道に基づくべし。
一　知識を世界に求め、大いに皇基《こうき》を振起すべし。
わが国未曾有の変革を為さんとし、朕《ちん》、躬《み》を以て衆に先んじ、天地神明《てんちしんめい》に誓ひ、大《おお》いに、この国是《こくぜ》を定め、万民保全《ばんみんほぜん》の道を立《たて》んとす。衆《しゅう》またこの旨趣《ししゅ》に基き協心努力《きょうしんどりょく》せよ」

「五箇条」の文章は、中学や高校の教科書にも載っているので、ご記憶の方も多いと思いますが、そのあとの「わが国未曾有の変革を為さんとし……」以下の「勅語《ちょくご》」が、なぜか今の学校の、ほとんどの教科書で削除されています。これを削除してしまっては、「五箇条の御誓文」が御誓文である意味が、まったくわからなくなってしまいます。

「五箇条の御誓文」を思想的な根拠として、のちに自由民権運動《じゆうみんけんうんどう》が起こり、憲法制定もすすめられるわけですが、それも、そのような「勅語」の重みがあったからこそでしょう。今の教育で、その「勅語」を削除していることが多いのは、たぶん唯物史観や反日史観の人々にとって、〝つごうが悪い〟からにちがいありません（なお、明成社の高校教科書『最新日本史』には、「勅語」の部分も、ちゃんと掲載されています）。

さて、こうして三条が「五箇条の御誓文」の奉読を終えると、三条以下の人々が、次々と神前に進んで、拝礼《はいれい》し、そのあと明治天皇の玉座《ぎょくざ》を拝し、そのあと「奉答書《ほうとうしょ》」に署名します。その「奉答書」には、こういうことが書かれていました。

「私どもは謹んで、陛下のお考えをうけたまわり、そのお考えを、死を恐れずに実行することを、お誓いいたします。以後、勤め励んで、みずからの責務に従事し、それによって、陛下の御心《みこころ》を、安んじ奉るつもりです」

主だった人々の署名が終わると、明治天皇は坐を離れられます。そのあと「撤饌《てっせん》」〔注・捧げものを下げること〕、次に「昇神《しょうしん》」〔注・神々をお送りすること〕の「神歌」が奏され、「戌《いぬ》の刻《こく》」〔注・午後七時から九時ごろの間〕には、儀式がおわり、人々は退出します。

なお、その日、署名できなかった人々は、そのあと、ぞくぞくと署名します。その数は合計、七百六十七名におよび、のちに七巻の巻物に装丁《そうてい》されています。

この儀式で大切なところは、まずは明治天皇が、神々に対して、〝これから私は、こういう方針で、日本を運営してまいります〟という「五箇条」の誓いをささげられ、それにつづいて、あとの人々が、〝私も同じ思いです〟と署名をしているところです。外国の、いわば「黙ってオレの言うことを聞け」という感じの「リーダーシップ」とは、そこがちがいます。

日本のリーダーシップは、率先垂範《そっせんすいはん》です。いわば〝背中で率いる〟とでもいうべきもので、そういうところに〝日本らしさ〟の一つがあるでしょう。

しかし、この「五箇条の御誓文」についてさえ、戦後は、悪いように……悪いように書いてあるものが、少なくありません。唯物的・反日的な思想の強い、戦後の学界や言論界の人々は、日本人が誇りにしているものなら、どんなものにでも、ナンクセやイチャモンをつけようとします。そのような〝病〟が嵩《こう》じて、今は、もう〝つける薬がない〟というほど悪化している人々も少なくありません。日本にいながら、日本を愛せないとは……まことに〝お気の毒〟な人々です。

あらためていうまでもなく「五箇条の御誓文」は、近代日本の起点《きてん》（基点《きてん》）に位置する、不朽《ふきゅう》の輝きをもつ宣言文です。先にも申し上げたとおり、のちの自由民権運動も、明治の帝国憲法の制定も、それを思想的な根拠として進められているのですから、近代日本の基礎が、この「五箇条の御誓文」にあることは、疑いようがありません。

「五箇条の御誓文」にまでナンクセやイチャモンをつけている人々は、もしかしたら、第一章でお話したとおり、近代日本そのものを否定したい……という情念につき動かされているのではないでしょうか。それは、結局のところ〝日本は白人諸国の植民地になっていた方がよかったのだ〟と言っているのと、同じことなのですが、そう言っている人たちに、自分がそういうヒドイことを言っている……という自覚は、たぶんありません。

日本人なら読むべき「国威宣揚の御宸翰《ごしんかん》」

「五箇条の御誓文」の「勅語」の部分が、今はあまり知られていない……ということは、先にお話しましたが、それよりも、もっと知られていないのは、その日、明治天皇が、「宸翰《しんかん》」〔注・天皇陛下が書かれた文書〕による、国民への告諭《こくゆ》〔注・お諭《さと》し〕を行われている……ということです。じつは、「五箇条の御誓文」よりも、当初はそちらの方に重きがおかれていたのですが、そのような事実が、早くも大正時代には忘れられていたようです。

そのことについて、尾佐竹猛《おさたけたけき》氏は、大正十四年発行の著書のなかで、こう述べています。

「はなはだしきは、御誓文は知っていても、御宸翰は知らないものが多いが、当時は、むしろ御宸翰に重きを置き、御誓文は、かえって従《じゅう》たるもの、と思った形跡がある。別言《べつげん》すれば、御宸翰は詔勅《しょうちょく》であり、御誓文は施政の方針である、という概念があったので、当時の新聞を見ても、御宸翰は掲載してあるが、御誓文を掲載したものは、ほとんどない」(『維新前後における立憲思想』)

その御宸翰は、新しい時代の幕開けにあたり、明治天皇が、ご自身の決意を、全国民に伝えるために書かれた、いわば〝お手紙〟です。尾佐竹さんは、その御宸翰について、こう書いています。

「この御宸翰を拝読《はいどく》すれば、まことに感涙《かんるい》の滂沱《ぼうだ》たるものがある。この大御心《おおみこころ》あればこそ、わが国今日の隆運《りゅううん》を来《きた》したのである。帝国の臣民《しんみん》たるもの、この御宸翰を再読三読《さいどくさんどく》する必要がある」（同前）

それでは、少し長くなりますが、その御宸翰の全文を、読んでみましょう。

「国威宣揚の御宸翰」（億兆安撫国威宣揚《おくちょうあんぶこくいせんよう》の御宸翰《ごしんかん》）

「私は、幼く弱い身でありながら、にわかに皇位を継承することとなりました。それ以来、私は、どのようにして世界各国と向き合いつつ、私の先祖である御歴代《ごれきだい》の天皇方に恥じないつとめをはたしていけばよいのか……と考え、朝から夕まで、いつも身の引き締まる思いでいます。

私なりに考えてみると、歴史の中ほどのころ、朝廷の政治が衰え、以後、武士たちが権力を独占してきました。武士たちは、表は朝廷を尊崇しているかのようにふるまってきましたが、じつは敬して遠ざけてきたのです。

そのため天皇は、すべての国民の父母のようなものであるのに、まったく国民の実情を知ることができないようにされてしまい、国民の君主であるということも、ただ、かたちばかりのものと、なりはててしまいました。そのため、朝廷は、昔の倍も尊ばれ、重んじられているかのように見えながら、そのじつ、朝廷の権威は、倍も衰えてしまったのです。上にいる人々と、下にいる人々が離れてしまっているありさまは、まるで天と地のようです。そういう状態のままなら、どうして、君主として、国家に責任をもって、臨むことができるでしょうか。

しかし今、朝廷の政治は、一新されました。その時にあたって、国内のすべての人々が、たった一人でも、その人にふさわしくない場所に置かれていたら、それは、みな私の罪です。ですから、これからは、私自身が骨を折り、心や志を苦しめ、困難の先頭に立ちます。

そして、御歴代の天皇方の尽力されてきた跡を見ならい、私も、御歴代の方々のように国を治めてまいります。そのようにして、はじめて私は、天から与えられたつとめをはたしたことになり、全国民の君主として、恥じない者となれるのです。

昔、御歴代の天皇方は、すべてのことを、おんみずから判断され、家臣としてまちがっている者がいれば、みずから将軍となって、その者を征伐《せいばつ》されました。そして朝廷の政治は、すべてを簡素を旨《むね》として、今のように不必要に重々しいのではなかったため、君主と家臣は、あい親しく、上の者と下の者も、たがいに愛しあい、君の徳は、国内に満ち、国の威光も海外に輝いていたのです。

近ごろ、世界は、大いに文明化し、国々は、自国を飛び出して、世界の四方に雄飛するようになりました。しかし、そのような時代になっているのに、ひとりわが国のみが、世界の動きに鈍く、旧い習慣を、かたくなに守りつづけ、新しい時代に対応しようとしてきませんでした。

もしも私まで、ただ宮中のなかで安らかに暮らし、ただ今日一日が無事であればよい、などと考え、国家百年の計を忘れてしまったならば、わが国は、どうなってしまうでしょう。そういうことになれば、わが国は、ついには諸外国から侮辱《ぶじょく》を受けるようになり、そして、もしもそうなれば、上は御歴代の天皇方を辱めることになり、下は万民を苦しめることになってしまいます。

ですから私は、そうなることを恐れ、ここに公家や大名の人々と広く、お互いに誓いを立てることにしました。私は、御歴代の天皇方の偉業を継承し、自分一人の艱難《かんなん》や辛苦《しんく》から逃げることなく、自分で全国の政治を運営し、あなた方、すべての国民が、安らかに満足して暮らせるようにします。そして、やがては万里《ばんり》も離れた海のかなたであろうと、開拓し、わが国の国威を東西南北に知らしめ、わが国を、富士山のように安泰にしていきたい、と思っています。

あなた方は、もしかしたら、これまでの悪い習慣に慣れてしまって、朝廷に対しては、ただ尊び、重んじていればよい、と考えているのではないでしょうか。神の国・日本には今、危機が迫っているのですが、そのことを知っているでしょうか。

それなのに、今は私が、一たび足を上げて、どこかに行こうとすれば皆、とても驚いて、さまざまな憶測をします。そして皆の口からは、さまざまな言葉が乱れ飛ぶ……というありさまです。

もしも、その結果、私の志が遂げられないようなことがあれば、それは私が、君主として、正しく生きることができなくなる、というだけではありません。御歴代の天皇方が保持してこられた天下を、失うことにもなるのです。

ですから、あなた方、すべての国民は、よくよく考えて、私の志を理解してください。そして、個人的な偏見があるならば、それを、お互いに注意しあって、打ち消すようにし、公に認められた見解にしたがうようにしてください。

それが私の務めを助けることにも、神の国・日本を守ることにも、ひいては御歴代の天皇方の神霊を慰霊することにもなるのです。そうなるのであれば、私の歓びは、それにすぎるものはありません」（『明治天皇紀』）

（原文）

「朕《ちん》、幼弱《ようじゃく》をもつて、にはかに大統《たいとう》をつぎ、爾来《じらい》、何をもつて万国に対立し、列祖《れっそ》につかへ奉らんやと、朝夕、恐懼《きょうく》に堪《た》えざるなり。ひそかに考るに中葉《ちゅうよう》、朝政《ちょうせい》衰てより、武家、権を専《もっぱら》にし、表は朝廷を推尊《すいそん》して、実は敬して是《これ》を遠《とおざ》け、億兆《おくちょう》の父母として、絶《たえ》て赤子《せきし》の情を知ること能《あた》はざるやふ計《はか》りなし、つひに億兆の君たるも、ただ名のみになりはて、それがために、今日、朝廷の尊重は古《いにしえ》に倍せしがごとくにて、朝威は倍衰え、上下相離《しょうかあいはな》るること、霄壌《しょうじょう》のごとし。かかる形勢にて、何を以て天下に君臨せんや。

今般、朝政一新の時にあたり、天下億兆《てんかおくちょう》、一人もその處《ところ》を得ざる時は、みな朕が罪なれば、今日のこと、朕自身骨《みづからしんこつ》を労し、心志《しんし》を苦しめ、艱難の先に立《たち》、古《いにしえ》列祖の尽くさせ給《たま》ひし蹤《あと》を履《ふ》み、治蹟を勤めてこそ、はじめて天職《てんしょく》を奉じて億兆の君たるところに背《そむ》かざるべし。

往昔《おうせき》、列祖《れっそ》、万機《ばんき》を親《みずか》らし、不臣《ふしん》のものあれば、自《みずか》ら将《しょう》として、これを征《せい》したまひ、朝廷の政《まつりごと》、すべて簡易にして、かくのごとく尊重ならざるゆへ、君臣相親《くんしんあいした》しみて、上下相愛《しょうかあいあい》し、徳澤《とくたく》、天下にあまねく、国威《こくい》、海外に輝きしなり。

しかるに近来、宇内《うだい》、大いに開け、各国四方《かっこくよも》に相雄飛《あいゆうひ》するの時にあたり、独《ひとり》、我国のみ世界の形勢にうとく、旧習《きゅうしゅう》を固守《こしゅ》し、一新の効《こう》をはからず。朕、いたずらに九重中《ここのえのうち》に安居《あんきょ》し、一日の安きを偸《ぬす》み、百年の憂《うれい》を忘るるときは、つひに各国の凌侮《あなどり》を受け、上は列聖《れっせい》を辱め奉り、下は億兆を苦しめんことを恐るる故《ゆえ》に、朕、ここに百官諸侯《ひゃっかんしょこう》と広く相誓《あいちか》ひ、列祖《れっそ》の御偉業《ごいぎょう》を継述《けいじゅつ》し、一身《いっしん》の艱難辛苦《かんなんしんく》を問《とわ》ず、親《みずか》ら四方《しほう》を経営し、汝億兆《なんじおくちょう》を安撫《あんぶ》し、つひには万里《ばんり》の波濤《はとう》を拓開し、国威を四方に宣布《せんぷ》し、天下を富岳《ふがく》の安きに置んことを欲《ほっ》す。

汝億兆《なんじおくちょう》、旧来の陋習《ろうしゅう》に慣れ、尊重のみを朝廷のこととなし、神州《しんしゅう》の危急《ききゅう》をしらず、朕、一たび足を挙《あぐ》れば、非常に驚き、種々《さまざま》の疑惑を生じ、万口紛々《ばんこうふんぷん》として、朕が志をなさざらしむる時は、これ朕をして、君たる道を失はしむるのみならず、従《したがっ》て、列祖の天下を失はしむるなり。

汝億兆、よくよく朕が志を体認《たいにん》し、相率《あいひきい》て私見を去り、公義を採《と》り、朕が業《ぎょう》を助て、神州《しんしゅう》を保全《ほぜん》し、列聖の神霊《しんれい》を慰《い》し奉らしめば、生前《せいぜん》の幸甚《こうじん》ならん」

まことに、明治という輝かしい時代の幕開けにふさわしい、若々しい、覇気《はき》に満ち溢《あふ》れたお言葉です。「天下億兆《てんかおくちょう》一人もその處《ところ》を得ざる時は、みな朕が罪なれば……」とか、「万里の波濤《はとう》を拓開し、国威を四方《よも》に宣布《せんぷ》し……」とか、この短い一文のなかには、心に染み入る言葉が満載されています。

この御宸翰の草案を起草したのは、木戸孝允といわれています。もちろん、それも明治天皇の御存在あってのことです。

この御宸翰を読めば、近代日本が明治天皇のもと、どのような覚悟と決意で、国際社会に乗り出したか……、今の私たちにも、よく伝わってきます。ですから今の私たちも、まずはこの御宸翰を、あらためて「再読三読」すべきでしょう。そこには、近代日本の原点があります。原点に立ち還《かえ》ること……それが日本では、新しい時代を築くための第一歩なのですから……。

岩倉具視の思い

「五箇条の御誓文」をもととして、「憲法」の制定に向けた歩みが、本格的にはじまります。そのさい、もっとも重視されたのは、〝憲法は日本の伝統を、踏まえたものでなければならない〟ということです。

それでは、〝日本の伝統〟とは、何でしょう？　いろいろとあるでしょうが、あえて一つに絞れば〝天皇の国〟という一点に集約されるはずです。

岩倉具視は、明治二年正月、「国事意見書《こくじいけんしょ》」という建言文を書いています。それは、「これからの日本は、どういう政治体制で運営されなければならないか……」ということについて書かれたものです。

岩倉はそれを三条実美に提出して、新政府の会議での、議論の開始を求めています。そこには「岩倉の憲法に対する基本見解」が「はっきりと表明されている」（池田正博・江村栄一校注『日本近代思想体系九／憲法構想』）といわれていますので、少し読んでみましょう。

「一、わが国の政体について

わが国では、万世一系の天皇陛下が上にあらせられます。その下に、先祖が天皇につながる臣民《しんみん》、先祖が神々につながる臣民、先祖が帰化人につながる臣民……などがいるわけです。君主と、それらの臣民との間には、それぞれに守るべき正しい区別があり、その上下の区別は、すでに古より、はっきりと決まっています。それが永遠に変わらないというのが、わが国の建国以来の政治のかたちなのですから、これからの政治のかたちも、そのような国の本質にもとづいて、つくっていかなければなりません。（中略）

一、議事院を設置することについて

議事院を設置することは、一見すると、欧米各国の真似をしているかのようですが、けっしてそうではありません。天皇国・日本において、何ごとも公の議論を尊重して、それによってものごとを決めていく……ということは、すでに神代《かみよ》からはじまっていることで

す。（中略）
ですから、私はこう思っています。議事院を設置することによって、『五箇条の御誓文』にこめられている明治天皇のお考えは、おし広げられ、充実していくことになるであろう……と」（「国事意見書」）

「議事院」のもとをたどれば、「神代」にさかのぼる……という主張は、一見すると、奇妙に思われるかもしれません。しかし、平安時代に編纂された『延喜式《えんぎしき》』の「祝詞《のりと》」には、しばしばこういうフレーズが出てきます。

「神々をお集めになり、神々の会議を開かれて」（原文・「神集《かむつど》へに集《つど》へ賜ひ神議《かむはか》りに議《はか》り賜ひて」）。

これは今も神社で、よく奏上される「大祓詞《おおはらいのことば》（中臣祓《なかとみのはらい》）」のなかにもある言葉ですから、お聞きになったことがある方も、いらっしゃるでしょう。これは、日本では「神代」の昔から神さまたちが「会議」をして、ものごとを決めていた……という一つの「証拠」であり、岩倉は、それをもとに、「議事院」のもとは「神代」にある……と書いているのです。

岩倉は、「憲法」は、〝わが国の建国以来の政治のかたち〟にもとづいたものでなくてはならず、それを具体的に言うと、上に〝万世一系の天皇陛下〟がいらっしゃること……と言っています。この岩倉の考え方を、今は、〝古くさい〟と思う人がいるかもしれません。しかしそう思う人より、岩倉の方が「憲法とは、そもそも何か？」ということを正しくとらえているのです。国際的に見れば、岩倉の考え方は今も、まったくまちがっていません。

なぜなら「憲法」は、英語では「コンスティチューション（constitution）」といいます。「コン（con）」は、「みんなで」という意味で、「スティチュート（stitute）」は、「組み立てる」という意味で、その二つが、あわさってできた言葉が、「コンスティチューション」です。

ですから、「コンスティチューション」には、もともと「性質」や「体質」などの意味があります。それが国に用いられれば、「国の体質」……つまり、「国体」という意味になります。

ちなみに、明治元年、新政府は、新しい議事の制度をつくるための、調査や準備をする機関として、「議事体裁取調所《ぎじていさいとりしらべしょ》」を設置し、明治二年三月には「公議所《こうぎしょ》」を開設しました。そして、同年四月には「制度律令の撰修《せいどりつりょうのせんしゅう》」をするための「制度寮《せいどりょう》」を設置しています。

新政府は、そのスタート時点から、日本に近代的な議会制度をつくろう……と、試行錯誤をくりかえしていたのです。その努力を、今の私たちは、もっと高く評価すべきではないでしょうか。

木戸孝允の思い

〝日本の憲法は「五箇条の御誓文」をもとにしたものでなければならない〟というのは、何も岩倉だけの思いではなく、新政府の指導者たちに共通する思いであったでしょう。木戸孝允も、そうです。

明治五年、木戸は欧米諸国を視察して回りますが、アメリカでは、アメリカの「憲法」の研究をし、イギリスでは「イギリス政体書《せいたいしょ》」の研究をしています。そして、ドイツでは、青木周蔵《あおきしゅうぞう》の案内で、ルドルフ・グナイストを訪ねています。

グナイストは、そのころヨーロッパで主流であった「歴史法学」の立場をとる法律学者でした。「歴史法学」とは、「法は民族精神、国民精神の発露」ととらえる学派で（八木秀次『明治憲法の思想』）、のちに伊藤博文も、グナイストから教えをうけています。

明治六年七月、木戸は「憲法制定の建言書《けんげんしょ》」を書いていますが、それを読むと、「憲法制定」に向けた木戸の熱い思いが、よく伝わってきます。

その一部を、少し見てみましょう。

「政府の仕事というのは、いうまでもなく膨大にあり、いったいそれが、どこまで広がっているものなのか……、境界線が見えないほどです。それにくわえて、人が生きていく上で大切なことが、文明開化が進展するにしたがって、どんどん増えていき、政府が今、急いでしなければならないことは、数年前の明治元年の時とくらべても、同じように論じるわけには、いかない状況になってきています。

ところが、政府の指針は、今でも『五箇条の御誓文』しかなく、もしもそれだけを基準にしていれば、政治の当局者たちは、臨機応変《りんきおうへん》の対処ができず、迷いを生み、ひいては国民の思いを、満たすことができなくなるでしょう。とすれば、今日の急務は、『五箇条の御誓文』にもとづいて、そこに条文を加えて、政治上の規則を増やしていくことにあります」

この意見書が書かれた翌年の明治七年一月、由利公正、板垣退助、後藤象二郎などが、「民撰議院設立《みんせんぎいんせつりつ》の建白書」を発表し、そこから「自由民権運動」がはじまります。そして、翌明治八年四月には、「漸次立憲政体樹立《ぜんじりっけんせいたいじゅりつ》の詔《みことのり》」がくだされ、いよいよ国会開設、憲法制定への動きが本格化していくのです。

残念ながら木戸は、「憲法制定」の日を見ることなく、明治十年五月二十六日、四十五歳で死去しますが、岩倉は、まだ健在でした。そして、明治十四年、「憲法大綱領《けんぽうだいこうりょう》」と呼ばれる文書を提出しています。

これを実際に書いたのは、元治元年、熊本で三十四歳年上の横井小楠と、堂々と議論を交わしたこともある、あの井上毅です。しかし、その二年後の明治十六年、岩倉も憲法発布の日を見ることなく、五十九歳で亡くなっています。

それから六年後の明治二十二年、ついに「大日本帝国憲法《だいにほんていこくけんぽう》」が発布されます。このように長い歳月をかけたはてに、わが国の近代的な立憲政治がはじまるのです。

戦後の日本の人は、「大日本帝国憲法」の〝悪口〟ばかり聞かされてきましたが、そのころの欧米の政治家や知識人からは、総じて、きわめて高い評価を受けています。もちろん、「大日本帝国憲法」も、すべての成文法と同じく〝完璧〟ではありません。

しかし、〝そのころの世界〟から見れば、事実上、東洋ではじめての近代憲法として、きわめて高く評価されていたのですから、それくらいの事実は、日本人なら、知っておくべきでしょう。また、「自由民権運動」の前線に立っていた人々も、その憲法の発布を歓迎していた……という事実も、日本人なら忘れてはなりません。

第三節　永遠なるものへの〝祈り〟と〝誓い〟

神武創業と大化の改新

「五箇条の御誓文」は、神々に誓いをたてるという〝かたち〟で、新しい国づくりを宣言したものですが、同様のことが、わが国では、すでに何度かありました。古くは神武《じんむ》天皇《てんのう》の、そのあとには「大化《たいか》の改新《かいしん》」の例があります。

まず神武天皇の時の、お話からいたしましょう。わが国の「神の代」と「人の世」は、ニニギの命《みこと》の「天孫降臨《てんそんこうりん》」で区切られますが、「国家の歴史」ということになると、ニニギの命の曾孫《ひまご》の神武天皇からはじまる、と考えてよいでしょう。

これが、いわゆる「神武建国《じんむけんこく》」です。『日本書紀《にほんしょき》』によれば、神武天皇は、天下を、ほぼ平定された後、すぐに神々を祭られたそうです。平定が終わってから神々を祭られたのではありません。ほぼ平定を終えたころ、つまり……まだ完全には平定できていないころ、神々を祭られたのです。

そのようすを、『日本書紀』をもとに見てみましょう。

「神武天皇は、前年の秋の九月に、ひそかに天香山《あめのかぐやま》の埴土《はにつち》をとって、神聖な平たい土器の皿をつくり、おんみずから身を清められ、さまざまな神々を祭り、ついに天下を平定することが、おできになりました」（『日本書紀』巻第三）

（原文・「天皇、前年の秋九月を以ちて、ひそかに天香山《あめのかぐやま》の埴土《はにつち》を取りて八十平瓮《やそひらか》を造り、みずから斎戒《ものいみ》して、もろもろの神たちを祭り、つひに区下《あめのした》を安定《しず》むることを得たまふ」）

そして、この記事のあと、『日本書紀』には、神武天皇の、こういうお言葉がつづいています。

「私が東方の征伐にむかってから、すでに六年が経過しました。その間に、天神《あまつかみ》のご威光により、多くの敵を滅ぼしてきましたが、辺境《へんきょう》の地は、まだ鎮定《ちんてい》されておらず、残る賊徒《ぞくと》も、なお頑強《がんきょう》に抵抗しています。けれど、中央の大和の国は、もうチリもたたないほど平穏になりました」（同前）。

「辺境の地は、まだ鎮定されておらず、残る賊徒も、なお頑強に抵抗しています」というところなど、ちょうど「五箇条の御誓文」が、江戸の無血開城のころ公布されたことと、政治状況がよく似ています。「御誓文」の公布を、神道的な儀式で行うことを進めた皇学者《こうがくしゃ》（国学者）たちは、もちろん、この故事《こじ》をふまえて、それを木戸孝允に進言したのでしょう。

神武天皇だけではありません。もう一つ、よく似た事例があります。「大化の改新」の時の、大槻《おおつき》の木の下の「誓い」です。

『日本書紀』には、こうあります。

「天皇〔注・孝徳天皇《こうとくてんのう》〕と天皇の祖母〔注・皇極天皇《こうぎょくてんのう》〕と皇太子〔注・中大兄皇子《なかのおおえのおうじ》・のちの天智天皇《てんちてんのう》〕は、大槻《おおつき》の木の下に群臣《ぐんしん》を招集して、盟約を結ばせました。そして、天つ神、国つ神に、このように告げられました。

『……帝道は、ただ一つであるのに、いつか世も末となり、人の心がすさみ、君臣の秩序が失われてしまいました。これに対して、皇祖《こうそ》の神々は私〔注・孝徳天皇〕の手を借りて、暴虐《ぼうぎゃく》の徒に天誅《てんちゅう》をくだされました。今、ここに誠の心を込めて誓います。今後、天皇は表裏のある政治を行わず、朝臣は皇室に対して、表裏のある態度では仕えません。もしも私たちが、この約束を違えるようなことがあれば、天変地異《てんぺんちい》が起こり、鬼神《きしん》や人々から、私たちは殺されてしまうでしょう。そのことは、月のように……日のように、明白なことです』」（『日本書紀』巻第十五）

（原文・「天皇・皇祖母尊《こうそぼのみこと》・皇太子、大槻樹《おおつきのき》の下に群臣《ぐんしん》を召集《めしあつ》めて、盟曰《ちか》はしめたまふ。天神地祇《てんしんちぎ》に告《まを》して曰《まを》さく、『……帝道《ていどう》は唯一《ゆいいつ》なり。しかるを末代澆薄《まつだいぎょうはく》にして、君臣《くんしん》、序《じょ》を失へり。皇天《こうてん》、手をわれに仮《か》し、暴逆《ぼうぎゃく》を誅殄《ちゅうてん》す。今し共に心血《しんけつ》を瀝《した》づ。しかして今より以後、君は二政《ふたつのまつりごと》なく、臣は朝《みかど》に弐《ふたごころ》なし。もしこの盟《ちかひ》にそむかば、天災《てんわざわい》し、地妖《ちわざはい》し、鬼誅《きちゅう》し、人《ひと》伐《う》たむ。皎《いちしろ》きこと、日月《じつげつ》のごとし』とまをす」）

この記事の直後に、改元して「大化元年《たいかがんねん》とす」という記事がつづきます。これも「御誓文」の公布から約半年後の九月八日（新暦では十月二十三日）に、「明治」と改元されたことと、妙に符合します。（なお、京都で明治天皇の即位式が行われたのは、その直前の八月二十七日のことでした）

こうして「大化の改新」では、神武天皇以来、ふたたび神々の前で、天皇と朝臣がともに誓いあい、新しい時代へ向けて、わが国の大革新を行うことになったのです。そのさらなる再現が、「五箇条の御誓文」の公布であり、それによって、明治維新は、「神武創業《じんむそうぎょう》」「大化の改新」という日本的革新の伝統を、正しく継《つ》ぐものとなりました。

時空を超えて共通するのは、神々への〝祈り〟と、神前での君臣の〝誓い〟、そして、それによって陋習《ろうしゅう》を打破し、新しい時代に乗り出していくこと……などです。それらは、いずれも別の原理にもとづく別の国をつくろう、という政治変革ではなく、人の体にたとえるなら、角質化した皮膚が落ち、若々しい皮膚があらわれる現象と、どこか似ています。

考えてみれば、それは伊勢神宮の「式年遷宮《しきねんせんぐう》」に似ています。いずれも、もっとも古い〝原型《げんけい》〟が、もっとも新しい〝かたち〟となって、若々しくよみがえることは同じです。

「五箇条の御誓文」と昭和天皇

「五箇条の御誓文」は、近代日本の起（基）点に輝く宣言文……というだけではありません。じつは大東亜戦争後の「戦後日本」の起（基）点にも、燦然《さんぜん》と輝いています。

昭和二十一年の元旦、昭和天皇は「新日本建設に関する詔書《しょうしょ》」を発せられました。戦後は、この詔書のことを、「人間宣言」と呼ぶことが、一般的になっていますが、全文を読むと、「人間」という言葉も「宣言」という言葉も、どこにも見えません。

じつは、その呼び方は、週刊誌の造語にすぎないのです。昭和三十五年の『サンデー毎日』

（一月十日号）に掲載された藤樫準二氏の記事が、そのはじまりらしく、そのような週刊誌の造語が、今も教科書などで平気で使われているのですから、あきれるほかありません。

さて、その昭和天皇の「新日本建設に関する詔書」ですが、そこに「五箇条の御誓文」が、引用されています。その前後の文章を見てみましょう。

「ここに新年を迎えることとなりました。かえりみると、明治天皇は、その御代《みよ》のはじめ、国の進むべき方針を示すものとして、五箇条の御誓文を下されました。それは、こういうものです。

（「五箇条の御誓文」の引用）

この明治天皇の思し召しは、なんと公平で明確で、そして正しく大きなものでしょうか。これ以上、何を付け加える必要もないでしょう。

私は、この昭和二十一年という年の年頭にあたって、その明治天皇の神々への誓いを、あらためて私自身の誓いとし、わが国の未来を伐《き》り拓《ひら》いていきたい、と思っています。（『みことのり』）

（原文・「ここに新年をむかふ。顧《かえり》みれば明治天皇の初め、国是《こくぜ》として五箇条の御誓文を下したまへり。曰《いわ》く。（五箇条の引用）叡旨《えいし》、公明正大《こうめいせいだい》、また何をか加へん。朕《ちん》は、ここに誓いを新たにして国運《こくうん》を開かんとす」）

「新日本建設に関する詔書」の全文を、じっくりと読んでみますと、その時の昭和天皇の大御心《おおみこころ》が、ふつうの人ならわかるはずです。昭和天皇はその詔書によって、一言で言えば、国民を激励されているのです。

それは、この年（昭和二十一年）の「歌会始《うたかいはじめ》」の、有名な御製《ぎょせい》からも知られます。それは、こういう御製です。

「ふりつもる　み雪にたへて　いろかへぬ　松ぞををしき　人もかくあれ」

歌意は、こうです。

「雪がどんどん降り積もり、寒さも厳しくなるばかりですが、そんななかでも、ほかの木々とはちがい、松の木は、いつもどおり青々とした色を失っておらず、頼もしく思います。できれば人も、そうありたいものです」。

陛下は国民に対して、占領という歴史的な苦難のなかでも、日本人としての誇りを失わず、どうか明るい未来を信じて、生きぬいてほしい……と、おっしゃりたかったのでしょう。

「五箇条の御誓文」は、外国の軍隊による占領という、未曾有《みぞう》の国難の時代に、陛下と国民を、ともに支える〝心のよりどころ〟となったのです。

昭和天皇、昭和五十二年の御述懐

それから……三十一年後のことです。昭和五十二年、那須《なす》の御用邸《ごようてい》で行われた記者会見のさい、昭和天皇と記者の間に、こういうやりとりがありました。

記者が、「新日本建設に関する詔書」に「五箇条の御誓文」が引用されていることについて、「これは、やはり何か、陛下のご希望もあったと聞いておりますが……」と、お尋ねしたのです。昭和天皇は、それに対して、こうお答えになっています。

「そのことについては、ですね。それが実は、あの時の詔勅の一番の目的なんです。神格《しんかく》とか、そういうことは、二の問題であった。それを述べるということは、あの当時においては、どうしても、米国その他、諸外国の勢力が強いので、それに日本の国民が圧倒される、という心配が強かったから……。

民主主義を採用したのは、明治大帝《めいじたいてい》の思召《おぼしめ》しである。しかも、神に誓われた。そうして『五箇条御誓文』を発して、それがもととなって明治憲法ができたんで、民主主義というものは、決して輸入のものではないことを示す必要が、大いにあったと思います」

さらに記者が、「そうしますと、陛下、やはりご自身で、ご希望があったわけでございますか」と質問すると、陛下は、こう断言されています。

「私もそれを目的として、あの宣言を考えたのです」

そして記者が、そのお言葉を反復するかのように、「陛下ご自身のお気持ちとしては、何も戦争が終わったあとで、米国から民主主義だということで輸入される、そういうことではないと、もともと明治天皇のころから、そういう民主主義の大本、……大綱があったんであるという……」と発言すると、昭和天皇は、その記者の言葉につづけるように、次のようにおっしゃっています。

「そして、日本の誇りを、日本の国民が忘れると、非常に具合が悪いと思いましたから、日本の国民が日本の誇りを忘れないように、ああいう立派な明治大帝のお考えがあったということを示すために、あれを発表することを、私は希望したのです」（以上は、高橋紘『陛下、お尋ね申し上げます』による)。

つまり、昭和天皇は、「民主主義を採用したのは、明治大帝の思召し」で、そのことは「五箇条の御誓文」によって明らかである、したがって「民主主義というものは、決して輸入のものではない」ということを国民に知ってもらい、「日本の国民が日本の誇りを忘れないように」するため、「あれを発表」した、とおっしゃっているわけです。ということは……、すでに昭和二十一年の時点で、「日本の民主主義は、戦後、アメリカから与えられたものである」という誤った認識が、かなり広がっていたらしい……ということがわかります。

そして、それとともに「日本の誇りを、日本の国民が忘れる」という「非常に具合が悪い」ことも起こりはじめていたわけです。そのような昭和天皇のご憂慮は、その後の世のなかの流れを見るかぎり、残念ながら、的中してしまったというほかありません。

ですから、あらためて申し上げておきましょう。私たちの先祖は、江戸時代の学問や思想の蓄積のなかから、そして幕末維新の激動の歴史のなかから、みずからの手で、新しい政治体制を構想し、そして、それをみずからの手で構築したのです。

その象徴が「五箇条の御誓文」であり、それが、その後の近代日本を導きました。国民一人ひとりの心のなかに〝私たちの先祖は、自分たちの国の政治体制を、外国から強要されてつくったのではない。あくまでも自分たちが主体的につくりあげ、それから今日にいたるまで、それを、とぎれることなく運用してきたのである〟という自国の歴史に対する正しい認識があれば、やがてそこから「日本の誇り」も芽生えるにちがいありません。

しかし、その逆に〝私たちは、近代のはじめから、自分たちの国の政治体制を、すべて外国からの借り物でつくりあげてきた〟というような、自国の歴史に対する自虐的で、誤った認識をもっているなら、それは、かならずや私たち一人ひとりの心のなかの「日本の誇り」を、打ち砕くことになるでしょう。

残念ながら、「日本の誇り」は、長く打ち砕かれたままのようです。その何よりの証拠が、今も実質的に「戦後体制」がつづいているということでしょう。

たとえば、ＧＨＱが、軍事力を背景にして、わが国に強制した「日本国憲法」は、いまだに一字も修正されていません。単純な国語表記のミスさえ、今も修正できないままなのです。

しかし、私たちの目の前には、まだ誰も見たことがない、未来が待ち受けています。もしも私たちが、新しい時代を雄々しく乗り切っていこうとするのであれば、まずは古い「戦後体制」を、乗り越えていかなければなりません。

そのためにも、私たちは、「五箇条の御誓文」という近代日本の起（基）点に、まず立ち返り、その上で、新しい時代を、どう切り拓いていけばいいのか……と考えていくべきでしょう。「稽古照今《けいこしょうこん》」という言葉がありますが、今と未来を照らすためにこそ、「古《いにしえ》」を「稽《かんが》える」必要があるのです。

終章　ハワイ王国と東郷平八郎と大東亜戦争

真珠湾攻撃で炎上するアメリカの戦艦
（ＡＦＰ＝時事）

第一節　ハワイ王国の滅亡と日系人差別

維新後、激化する白人のアジア侵略

「終章」として、これから「五箇条の御誓文」のあとから、大東亜戦争までの歴史の流れを〝点描〟して、この本を、終わりにしたいと思います。

明治維新によって、日本は、政治的には、近代的な立憲君主制の統一国家をつくりあげました。そこから近代的な議会政治もはじまります。また、経済・文化の面でも、わが国は一新されました。近代的な科学、工業、金融、教育、軍隊、交通・流通システムなどをつくりあげて国を強く豊かにし、人口も増加しました。それもこれも……最終的には、厳しい国際情勢のなか、わが国の自由と独立を守るためです。

ここで横井小楠の言葉を、もう一度、思い出してみましょう。「大いに経済活動を盛んにして、政治や教育を一新し、国を富まし、兵を強くします。それは、ひとえに外国からの侮りを防ぐためです。西洋のものを、やみくもに尊んでいるのではありません」（原文・「大

に経綸《けいりん》の道を開きて、政教《せいきょう》を一新し、富国強兵、偏《ひとえ》に外国の侮《あなど》りを禦《ふせが》んと欲す。敢《あえ》て洋風を尚《とうと》ぶにあらず」（『国是三論』）

じつは日本が明治維新をなしとげたあと、白人諸国が世界を植民地化していく勢いは、歴史上、もっとも激しくなります。たとえば、明治時代に入ってからの、白人諸国の世界侵略が、どれほど激しくなったか、それは、次の年表を見ていただければ明らかでしょう。

明治一六年（一八八三）……フランスがヴェトナムを植民地にする。
明治一九年（一八八六）……イギリスがビルマを植民地にする。
明治二六年（一八九三）……フランスがラオスを植民地にする。
明治三一年（一八九八）……アメリカが、フィリピンとハワイを支配する。

そのことについて、こういう指摘もされています。

「ヨーロッパ諸国は、一八七六年（明治九）から一九〇〇年（明治三十三）にいたる二十四年間に、一八七六年（明治九）現在で保有していた植民地面積合計の、約二分の一にあたる土地を、あらたに植民地として獲得したのである。……さらに、二十世紀にはいるとともに、ヨーロッパ大帝国主義《だいていこくしゅぎ》の矛先《ほこさき》は、アジア、とくに中国へと向けられた」（高橋昌郎『近代国家への道』）

今の日本では、多くの方々が、明治時代の国際環境について、まるで白人諸国の軍事的な圧力は衰えた……かのような錯覚に陥っていますが、実際は、それどころではなく、むしろ白人諸国の軍事的な脅威は、幕末のころと比べても、より高くなっていたのです。近代日本は、そのような国際的な荒波の中で〝国づくり〟をしていかざるをえなかった……という事実は、日本人なら知っておくべきでしょう。

やがて、白人諸国の世界植民地化の勢いは、行きつくところまで行きます。二十世紀……そのピークの時点では、地球上の陸地の、なんと八十九％が、白人諸国に支配されている……というありさまでした。

かつて平家の全盛期……「平家にあらずんば、人にあらず」といわれていた時代もあった、というお話が残っています。しかし、つい七十年ほど前までの国際社会は、「白人に非ずんば、人に非ず」という状況だったわけで、そのような時代背景を踏まえておかなければ、明治から昭和戦前期にいたる、わが国の先人たちが直面した苦難の歴史の本質は、また、先人たちの苦闘の本質は、ほとんど理解できないのではないか、と思います。もしも明治維新が、もう少し遅れていたら、日本も危なかったでしょう。明治維新は、まさに間一髪……というところで成功した大変革だったのです。

今日の自由で豊かな日本も、そもそもは明治維新がもとになっています。それでは、もしも日本が明治維新に成功していなかったら、どうなっていたでしょう？　私は、〝ハワイ王国のようになっていたのではないか〟と思っています。

今、ハワイを知らない方はいないでしょう。しかし、その悲しい〝亡国の歴史〟を知っている人は、どれくらいいらっしゃるでしょうか。

ハワイ王国の危機

カメハメハ大王が、ハワイ全島を、ほぼ統一したのは一七九五年（寛政七）で、わが国でいえば江戸時代の後期……、光格《こうかく》天皇の御代《みよ》です。ハワイの王さまは、わが国と同じく、神々にさかのぼる家系で、その神代の物語も、わが国の『古事記』などと、とてもよく似ています。

ところが、白人が訪れるようになると、彼らがもたらした病気などで、人口が急激に減りました。二十数万人もいた人口が、百年ほどで、四万人ほどに減っています。古来の信仰も衰退し、王室内部にさえキリスト教が広まり、また政府の役職も、白人たちによって占められていきます。

一八四〇年（天保一一）には「憲法」が公布されて立憲君主制の国となり、一八四五年（弘化二）には「ハワイ議会」も招集されました。日本より早い「近代化」といえますが、それは、あくまでも白人たちの手による「近代化」でした。

そのころのハワイ王国の人々は、あまりにも人がよすぎ、白人に対して無警戒すぎました。そのことは、たとえば、ハワイ王国が滅亡するころ、人口の二割しかいない白人たちが、すべてのハワイ人が所有する土地の、四倍の土地を所有していた……というところからも察せられます。

はじめにハワイを狙ったのは、イギリスでした。一八四三年（天保一四）、イギリスは、「軍艦の大砲を使って、ホノルルを破壊する」と脅迫し、カメハメハ三世がそれに屈すると、ホノルルにイギリスの国旗が翻ります。

すぐにイギリスは、その「占領」をやめて引き上げますが、一時的とはいえ、ハワイは、イギリスの領土にされたのです。一八四九年（嘉永二）、こんどはフランスが襲いかかり、そのあとはアメリカが、野心をむきだしにしてきます。

一八六七年（慶応三）、アメリカはハワイ西方の島々を「ミッドウェー諸島」と名づけ、その領有を宣言しています。これは、のちに大東亜戦争の〝天王山《てんのうざん》〟になった、あの「ミッドウェー」です。

やがて宣教師の子孫たちなど、ハワイに住む白人たちは、ハワイをアメリカに併合する運動をはじめました。ハワイ国王・カラカウアは、強い危機感にかられ、一八八一年（明治一四）に日本を訪れ、白人の随行員たちに気づかれないように用心しつつ、ひそかに明治天皇に拝謁《はいえつ》を願い出ます。

カラカウアには、白人たちに内密で、明治天皇にお願いしたいことがありました。それは、皇室との縁組《えんぐみ》です。

カラカウア王の姪《めい》に、まだ五歳ながら、カイウラニという美しい王女がいました。未来の王位継承者と目されていた王女ですが、その王女を、そのころ十五歳の山階宮定麿王《やましなのみやさだまろおう》（東伏見宮依仁親王）のお妃にしてほしい……というのが、カラカウア王の願いでした。

日本を後ろ盾にして、アメリカからの併合の圧力に抵抗しよう、という考えだったにちがいありません。思いもかけない提案に、当時二十九歳の明治天皇も、さぞや驚かれたことでしょうが、すでにハワイ王国の危機は、それほど深刻なものになっていたのです。

ハワイ王国の消滅

カラカウア王は、ハワイ王国の国歌「ハワイ・ノポイ」の作詞者としても知られる立派な王でした。山階宮家にハワイの王女を嫁がせようとしたのは、王国の自由と独立を守るため、日本の力を借りることができれば……と考えたからでしょうが、皇室とハワイ王国が縁つづきになると、ハワイを狙っているアメリカが黙ってはいません。

明治十四年の日本は、自国の独立を守ることで、精一杯でした。ハワイ王国を助けてやりたくても、とてもその力はなく、残念ながらこの縁談は、丁重にお断りするほかなかったのです。

六年後の一八八七年（明治二十）、カラカウア王は、白人たちから、新しい「憲法草案」に強制的に署名させられます。これによって国王は、自分の指名によって内閣を組織することができなくなりました。しかも、その「憲法草案」では、人口の七〇％を占めるハワイ人とアジア人には、選挙権がなかったのです。

なんともヒドイ「憲法」です。もっとも、「押し付け憲法」という点では、今の「日本国憲法」も、占領下で〝押し付けられたもの〟ですから、その点は、かつてのハワイ王国のケースと、とてもよく似ています。

一八九一年（明治二十四）、カラカウア王は、訪問先のサンフランシスコのホテルで急死します。まだ五十五歳という若さで、不審な死というほかありません。

カラカウア王のあとを継いだのが、その妹・リリウオカラーニです。彼女が、ハワイ王国の〝最後の女王〟となります。

有名な「アローハ・オエ」は、彼女の作詞・作曲です。「アローハ・オエ」とは、「あなたが歓迎され、愛されますように」という意味で、いかにも、平和を愛好したハワイ王国の女王らしい名曲ですが、あの歌を聴いていると、「滅ぼされた王国」の哀愁が、どこかにただよっているような気がしてなりません。

リリウオカラーニ女王は、女王の権限を強め、ハワイ人に選挙権を認める新しい「憲法草案」を自分で書きあげます。ハワイの国民は、その新しい憲法の公布を、〝今か今か……〟と待ちのぞんでいました。

ところが、白人たちが、それを許しません。一八九三年（明治二十六）、アメリカ公使は、「アメリカ人の生命・財産を保護する」という名目で、アメリカに海兵隊《かいへいたい》の出動を求め、それに応えたアメリカの海兵隊は、女王がいるイオラニ宮殿を包囲します。

そして、そのあと白人たちは、「ハワイ王政の廃止」と「臨時政府の樹立」を宣言するのです。たまりかねて、王政を支持する人々が武装蜂起《ぶそうほうき》しましたが、それは、あまりに遅すぎる武装蜂起でした。

蜂起した人々は、「臨時政府《りんじせいふ》」の軍隊（つまり、アメリカ軍）に敗れ、女王は逮捕・監禁されます。そして女王は、何の罪もないのに、法廷に引きずり出されます。まるで「東京裁判」のようです。そして、リリウオカラーニ女王は、「私は退位する」と記した書類に、ムリやりサインさせられ、こうして、ハワイ王国は、地球上から消滅してしまうのです。

ちなみに、この時、日本政府は……というよりも、大日本帝国《だいにほんていこく》海軍の軍艦「浪速《なにわ》」の艦長・東郷平八郎《とうごうへいはちろう》だけは、アメリカに毅然《きぜん》と抗議しています。「臨時政府」の樹立が宣言されたのは、一八九三年（明治二六）ですが、その年、東郷はハワイに派遣されました。

ある時、停泊中のアメリカ軍艦に「臨時政府・大統領」が訪問します。そのさい、アメリカの軍艦とイギリスの軍艦は、「国家元首《こっかげんしゅ》」あつかいの礼砲《れいほう》を打ったのですが、東郷は沈黙を守りました。また、ハワイにいた日本人の「囚人」が、泳いで「浪速」に逃げ込んで来た時もあります。引き渡しを求める「臨時政府」に対して、東郷は、断固拒否しています。

それどころか東郷は、ホノルルの沖合で砲撃演習を行っています。「臨時政府」に抵抗の意志をあらわしたのです。

東郷の行動は大胆でした。しかし、いずれも国際法を厳密に守ったものであったため、どこから見ても、文句のつけようがないものでした。

東郷は、翌年もハワイにおもむきます。そして東郷が、いよいよハワイを去ることになった時、多くのハワイ人が、白人に屈せず、堂々と正義を貫いた東郷に感謝し、岸壁につめかけて、「トーゴー、トーゴー」と叫んで別れを惜しんだそうです。

この時、東郷は四十八歳でした。その十年ほどのち、日露戦争の日本海海戦の大勝利によって、その名は世界に鳴り響き、その日露戦争の勝利が、やがて世界の有色人種の胸に〝独立〟への希望の燈《ひ》を、点《とも》すことになるのです。

「排日移民法《はいにちいみんほう》」の衝撃

明治維新のあと、海外に移り住む日本人が増えます。たとえばハワイには、明治元年（一八六八）、移民の「第一号」になる日本人が、働きに行っています（のちに「元年者《がんねんもの》」と呼ばれた人たちです）。

昔から日本人には、正直で勤勉な人が多く、どこへいっても、それなりの成功をおさめていきます。しかし、そのことが、白人たちにとっては、しだいに〝イマイマしいこと〟になっていくのです。

明治三十九年（一九〇六）といえば、日本が日露戦争に勝利した年の翌年ですが、この年、サンフランシスコでは、日本人の学童の「隔離《かくり》」が行われています。つまり、「人種隔離《じんしゅかくり》政策《せいさく》（アパルトヘイト）」で、これは日本人に対する露骨な人種差別です。日露戦争に勝って〝これでようやく欧米と対等の国になれた……〟と思っていた日本人にとっては、頭から冷水をかけられたような気分だったでしょう。

その「隔離政策」について、アメリカの大統領のセオドア・ルーズベルトは、こう語っています。


「私は日本が、戦争をそのままで欲しているとは思わず、すぐに戦争におもむくだろうかも、疑う。しかしながら、もしわれわれによって、思うぞんぶん刺激され、辱《はずかし》められるならば、日本はロシアのかわりにわれわれを、結局は戦いを交えなければならぬ国民的敵手として、受け取るようになるだろうと、私は強く確信している。……わが国の方が悪いところの戦争に、わが国が追い込まれるのを見るのは、ごめんこうむりたい」（岡田幹彦『小村寿太郎』）

つまり、アメリカの大統領が〝アメリカは今、日本から軍事攻撃されてもしかたがないほど、日本にヒドイことをしている〟と思っていたのです。しかし、アメリカでの日系人への人種差別は、とどまるところを知りません。

翌明治四十年には、カルフォルニアで、「反日暴動」がおこり、その翌年の明治四十一年には「日米紳士協定《にちべいしんしきょうてい》」が結ばれます。この協定で、日米は〝日本は、日本からの移民を自粛しますので、そのかわりアメリカは、日本人からの移民を排除する法律はつくりません〟という約束を交しました。

それでも、アメリカ人の〝日本への敵意〟は、一方的にふくらんでいくばかりです。「日米紳士協定」が結ばれた翌年明治四十二年には、アメリカ人の作家で、しかもシナの軍人という、奇妙な立場のホーマー・リーという人物が、『無知の勇』という小説を書いて、ベストセラーになっています。

これは、〝日本軍がアメリカに攻めてくる〟という近未来小説です。それほど昔からシナは、アメリカで「反日宣伝活動」をしていた、ということでしょう。

そして、その四年後の大正二年（一九一三）、カルフォルニア州で、日本人の移民と、さらにその子孫の土地所有までも禁止する「排日《はいにち》土地法《とちほう》」が成立します。たとえアメリカ国籍をもっていても、日本人の血を引いている者には土地の所有は認めない……というのですから、なんともメチャクチャな話というほかありません。

そのように〝かえりみて後ろめたいところ〟があるから……かもしれませんが、そのころアメリカの白人たちの間には、〝日本がアメリカに攻めてくる〟という妄想が広がります。これは、たとえていえば、AさんがBさんをイジメつづけ、それでもBさんはAさんに〝仕返し〟するつもりなど、まったくないのに、Aさんの方が勝手に、「Bさんが仕返しにくる」と思いこみ、一方的にBさんへの敵意を燃やしていくことと、どこか似ています。

第二節　大東亜戦争――人種平等の世界へ

日本国、人種差別との孤独な戦い

大正八年（一九一九）、第一次世界大戦が終わり、パリで講和会議が開かれ、国際連盟が結成されます。その規約を作成する時、日本は人類の歴史に輝く、すばらしい提案をしています。

加盟国は「皮膚の色によって、差別を行わない」という人種平等の条文を、国際連盟の規約に盛り込むように……と、提案したのです。これは「人権」の歴史の上から見ても、まことに画期的な提案であった、といえます。

日露戦争での日本の勝利によって、それまで「羊のごとく従順にその毛を刈り取らせ、ただ黙々たるのみ」（前掲『文明の実験』）であった世界の有色人種は、目覚めはじめました。シナの孫文、インドのネルー、ヴェトナムのファン・ボイ・チャウが独立の希望に胸をふくらませ、インドネシア、エジプト、ポーランド、フィンランドでも、独立運動が巻き起こっています。

今の世界では、「人種平等」は、ごくあたりまえの「正論」です。しかしその時、日本の提案は、なんと議長国・アメリカの反対で、あっさりと否決されているのです。

その否決の方法が、そもそも不可解なもので、それまでは多数決で採決していたのに、その提案になったとたん、アメリカの代表が、「この提案にかぎっては、多数決ではなく、全会一致でなければならない」と言いだして、それで否決されたのです。議長国が、いきなり採決のルールを変更して否決するのですから、あきれるほかありません。

のちに昭和天皇は、こうおっしゃっています。

「この〔注・大東亜戦争の〕原因をたずぬれば、遠く第一次大戦後の平和条約の内容に伏在《ふくざい》している。日本の主張した人種平等案は、列国の容認するところとならず、黄・白の差別感は依然《いぜん》存在し、加州《かしゅう》〔注・カルフォルニア州〕移民拒否のごときは、日本国民を憤慨させるに十分なものである」(『昭和天皇独白録』)

そもそも戦争というものは、「相手」があって起こるものです。一人でケンカはできません。

ところが不思議なことに、戦後日本のメディアや学校では、その「相手」が、そのころ何を考え、どう動いていたか……ということを、ほとんど伝えません。そして、そのような「情報封鎖《じょうほうふうさ》」に対して、「あれ？　ヘンだな」と気づく人があらわれることを、まるで恐れるかのように、戦後の日本では、〝すべて日本が悪かった〟という情報を、くりかえし……くりかえし、手を変え……品を変え、大量、かつ長年にわたって流しつづけているのです。

ペタンの警告

それでは、そのころのアメリカは、いったい日本のことを、どう考えていたのでしょう？　そのことについて、皇族《こうぞく》で、昭和二十年八月から十月まで内閣総理大臣を務めた東久邇宮稔彦王《ひがしくにのみやなるひこおう》が、驚くようなことを書き残されています。『やんちゃ孤独』という自伝のなかに見える記録で、その本は、今では古書店でしか手に入らないものです。しかし、その本は、いずれ〝貴重な史料〟として注目されるにちがいありません。

これから、その一部をご紹介します。

「大戦〔注・第一次大戦〕の翌年の大正九年四月半ばに、日本を出発しました。

……フランスに行った最初のころ、ペタン元帥に会ったのです。非常に親切な人で、一番初めに会った時に、いきなり『日本は日米戦争をやるのか？』ときいたので、私はびっくりしてしまいました。実際、それまで日本で、日米戦争などという話は、一度も聞いたことがありません。

また、陸軍でも〔注・稔彦王は、陸軍の軍人です〕対米作戦について、片鱗《へんりん》だに教わったことはありません。そこで私は、

『私のいた時は、日本の陸軍は日米戦争を考えてはいません。対米作戦というものも、まったくない』

と答えると、

『それはウソだ』と言って笑うのでした。

二回目に会った時も、ペタン元帥は、こう言いました。

『この前、あなたは日本が、日米戦争のことなんか、考えたことはないといったが、アメリカでは、お前の国を討《う》つかもしれないから、よほど用心しなければいけない』と、重ねて力をこめて言いました。……

私は、ヨーロッパに行く前に、国際情勢については、そうとう予備知識を勉強していたつもりでしたが、この日米戦争論には、一番不思議に思い、かつ驚いたのです」

ここに見える「ペタン元帥」というのは、フィリップ・ペタン（一八五六—一九五一）というフランスの軍人です。最晩年は不遇でしたが、第一次世界大戦のさいは、フランスの第二軍司令官として活躍して、フランスを勝利にみちびき、そのころは「ヴェルダンの英雄」と称えられていました。

稔彦王《なるひこおう》と会った時は、六十四歳です。そのフランスの「英雄」が、日本の陸軍では日米戦争など考えてもいなかった大正九年、アメリカは「お前の国を討つ」かもしれないから、「用心」せよ……と、くりかえし警告している事実は、重大です。

クレマンソーの予言

ペタンの言葉を不思議に思った稔彦王は、そのあとジョルジュ・クレマンソーを訪ねます。クレマンソーは、フランス首相を二度もつとめた人物で、第一次世界大戦の時の「石油の一滴は血の一滴」という言葉で有名な人です。

稔彦王は、こう書いています。

「もっとくわしく日米戦争論の根拠を確かめてみようと、その後、クレマンソーに会った時にきいてみたのです。『あちこちで日米戦争が将来起こると聞かされているが、それは、ほんとうか？』と私が言うと、クレマンソーは言下《げんか》に、『それは、あたりまえだ』と断言しました。

『こういうことを、言っていいかどうかわからぬが、アメリカが太平洋へ発展するためには、日本はじゃまなんだ。太平洋や中国大陸で、アメリカが発展するために、日本の勢力を取り除かなければならぬのは、あたりまえだ。フランスへ来ているアメリカ軍部の高官《こうかん》連中は、みんな、こう言っている。

「今回の戦争〔注・第一次世界大戦〕で、ヨーロッパでは、アメリカの発展のじゃまになるドイツを、たたきつけてしまった。今度は、太平洋でじゃまになる日本を、やっつける」と言っているよ。

アメリカは、まず外交で、日本を苦しめてゆくだろう。日本は外交がヘタだから、アメリカにギュウギュウいわされるにちがいない。その上、日本人は短気だから、きっとケンカを買うだろう。

つまり、日本の方から戦争をしかけるように外交をもってゆく。そこで日本が短気をおこして戦争に訴えたら、日本は必ず負ける。

アメリカの兵隊は強い。軍需品《ぐんじゅひん》の生産は、日本と比較にならないほど大きいのだから、戦争をしかけたら日本が負けるのは、あたりまえだ。それだから、どんなことがあっても、日本はがまんをして、戦争をしてはいけない』」

驚くべき記録です。すでに大正時代、アメリカの軍人たちは、日本からアメリカに戦争を〝しかけさせる気〟でいたのです。もちろん、ペタン元帥もクレマンソーも地位のある人々ですから、日本の皇族に向かって、いいかげんな〝うわさ話〟など、するはずはありません。

現にそのあと、歴史は彼らの「予言」どおりに進み、日本は「ギュウギュウいわされ」はじめます。大正九年（一九二〇）には、カルフォルニア州で、日本人移民の子孫の土地所有を禁止する、新しい「排日土地法《はいにちとちほう》」が成立しました。

翌大正十年（一九二一）、ワシントン会議で、「日英同盟《にちえいどうめい》」が廃棄されます。これは、アメリカのはたらきかけによるものです。これによって日本は、イギリスという強力な〝後ろ盾〟を失いました。失うどころか、ご存じのとおりイギリスは、そのあと逆に〝日本を敵視するアメリカの後ろ盾〟になっていきます。

翌大正十一年（一九二二）に締結された「ワシントン海軍軍縮条約」では、各国海軍の主力艦数が「イギリス五、アメリカ五、日本三」と決められました。つまり、英・米の「十」に対して、日本は「三」で、これは明白な〝外交敗北〟です。

一方、この年、アメリカ最高裁は黄色人種を「帰化不能外国人《きかふのうがいこくじん》」とする判決を出しています。すさまじい人種差別判決で、そのあとアメリカでは、すでに帰化していた日系人の「市民権」まで奪われてしまいます。

そして、ついに大正十三年（一九二四）、「絶対的排日移民法《ぜったいてきはいにちいみんほう》」が成立します。これは、これまでのような「州」の法律ではありません。「連邦法」……、つまりアメリカ全土に適用される法律なのです。そして、そのあとアメリカの〝日本イジメ〟は、さらに拍車がかかっていきます。

日本、経済で……軍事で、締め上げられる

クレマンソーが、「アメリカは、まず外交で、日本を苦しめてゆくだろう。日本は外交がヘタだから、アメリカにギュウギュウいわされるにちがいない」と予言したとおり、まず日本は〝日系移民への露骨な差別政策〟という、ヒドイ仕打ちをうけました。つぎは経済です。

昭和四年（一九二九）、アメリカ議会に「ホーリイ・スムート法」という法案が提出されます。これは二万品目もの輸入品に、高率の関税をかけて、外国の製品を入れないよう

にする保護貿易法案です。

この年、ウォール街で株価が大暴落したのは、その法案の提出が引き金になったのではないか、ともいわれています（この法案は、翌昭和五年に成立）。世界不況は、じつはアメリカの保護貿易政策が原因で、はじまったわけです。

昭和七年（一九三二）、イギリスも保護貿易に走ります。「オタワ会議」で「ブロック経済」の体制をつくったのです。

イギリスというと、今の方々は、つい……今のイギリスを想像してしまうでしょうが、そのころのイギリスが世界中に植民地をもっていた……ということを忘れてはなりません。オタワ会議に参加したのは、カナダ、オーストラリア、ニュージーランド、インドなどで、そのころは、それらの国が、すべて「イギリス」だったのです。

つまり、昭和五年から七年ごろ、もともと広大な領土と、それにともなう資源や市場をもっていた国々が、〝自分の国さえよければいい〟という考えで、経済的に〝鎖国〟してしまった、と考えればいいでしょう。日本が、どれだけよい製品を輸出しようとしても、高率の関税をかけられてしまえば、どこにも売れるはずがない……ということは、子供にでもわかる理屈です。

そのような世界で、近代的な産業国家としての日本は、どうやって生きていけばよかったのでしょうか？　私たちは、昭和の先人たちが、どれほど保護貿易に苦しめられたか……ということを、けっして忘れてはなりません。

圧迫は、軍事的にも強まります。昭和五年（一九三〇）、ロンドンで「海軍軍縮条約」が成立しました。先のワシントンの「海軍軍縮条約」では、「主力艦《しゅりょくかん》」が制限されたわけですが、今度は「補助艦《ほじょかん》」を制限するものでした。

補助艦の保有が、アメリカは「一〇」、イギリスは「一〇・二九」、日本は「六・九七」に制限されます。つまり、英・米の「二〇・二九」に対し、日本は「六・九七」です。

この時、首相は浜口雄幸《はまぐちおさち》で、外務大臣は幣原喜重郎《しではらきじゅうろう》でした。今の学校教育では、この条約を結んだ人々を「条約派《じょうやくは》」と呼び、それを批判した人々を「艦隊派《かんたいは》」と呼んで、まるで前者が〝善玉〟で、後者が〝悪玉〟であるかのようにいい、「条約派」の意見が通ったことを、さも〝よかったこと〟のように教えています。

しかし、そうでしょうか。それだけ妥協しても、その十一年後、日本は、対米戦争に踏み切らざるをえなくなり、そして多大の犠牲を払ったのち、敗北しています。あくまでも結果論ですが、〝条約派の勝利が敗戦を招いた〟ともいえるわけです。私は、その条約を結んだことは、わが国の〝決定的な外交敗北〟ではなかったか……と思っています。

もっとも、昭和五年三月、駐日イギリス大使・チレーや、駐日アメリカ大使・キャッスルは、日本がロンドン海軍軍縮条約を呑むよう、幣原外務大臣に〝脅し〟をかけています。キャッスルは、「アメリカの空軍は、東京を爆破する力をもつまでに発達している」とまで言って、脅しをかけているのです。

「武力による威嚇」とは、まさにこのことでしょう。そういう〝脅し〟をかけて、日本に無理やり軍縮条約を結ばせた国が、その十六年後、わが国に「日本国憲法」を押しつけ、「武力による威嚇」を禁じたのですから、冗談のような話です。

東郷平八郎の慧眼《けいがん》

その条約の締結が、わが国の〝決定的な外交敗北〟であることを、もっともよくわかっていたのは、たぶん東郷平八郎でしょう。昭和五年、東郷は八十四歳になっていましたが、何しろ「薩英戦争《さつえいせんそう》」から「日本海海戦」までの実戦経験をもつ、日本史上の、名将のなかの名将です。その武士としての、たぐいまれな直観力は、まだ少しも鈍ってはいません。

昭和四年十一月、東郷は、こう語っています。

「今度の場合、七割以下に補助艦までも引き下げるということは、絶対に同意できない。

……英米が口に『不戦条約《ふせんじょうやく》』を唱え、『国際連盟』をいうなら、『ハワイやシンガポールの防備や兵力機材《へいりょくきざい》の結集は、何のためか』と言え」(『加藤寛治日記』)

「不戦条約」「国際連盟」などの〝美しい言葉〟の裏に隠されたアメリカの〝黒い思惑〟を、さすがに東郷は、はっきりと見ぬいています。しかし、そのころの政治・軍事の指導者たちには、そのような〝厳しい現実〟が見えません(見ようとしなかったのかも、しれませんが……)。

東郷は「武士」です。しかし、そのころの政治・軍事の指導者たちは、もはや「武士」ではありません。いわば「役人」でした。「役人」は、目先の課題を「処理」するのが仕事です。

「国家百年の計《けい》」などには、さほど関心がありません。ですから、せっかくの東郷の忠告も、残念ながら、「馬の耳に念仏《ねんぶつ》」だったのです。

東郷平八郎は、福井県出身の海軍大将・加藤寛治《かとうひろはる》(一八七〇—一九三九)に、こうも言っています。

「(交渉が) 破れたとて、(軍備の) 大拡張にはなるのではないから、財政上、心配はいらぬ。……向こうが引かなければ、断固として引き上げるのみ。この態度を、強く言うてやれ。以上は、浜口〔注・首相〕にも、幣原〔注・外務大臣〕にも、自分の強い希望だと言うて、伝えてくれ。

幣原の腹はどうかね？　文官《ぶんかん》は、とかく遠き将来のことを心配せず、目前のことを、甘く片付けようとするから困る」(『加藤寛治日記』)。

〝もう会議から抜けて、日本に帰って来ればいい〟というのが、東郷の考えでした。今の人からは、〝暴論〟に見えるかもしれませんが、私は、そうは思いません。

なぜなら、フランスもイタリアも、自分たちの主張が認められなかったため、その会議から離脱しているからです。しかし、そのころの日本の政治・外交・軍事の指導者たちは、アメリカ・イギリスに対して、ひたすら〝弱気〟でしたから、そのような大胆な決断など、とてもできなかったでしょう。

〝アメリカを迎え撃つ準備を……〟

翌昭和六年（一九三一）、満州事変《まんしゅうじへん》が起こります。時に東郷は八十五歳でしたが、その鋭い戦略眼は、なお健在です。〝先の先〟を読んでいたのです。

東郷は、こう考えていました。〝満州事変は、いわば起こるべくして起こったのであり、たぶん、これからアメリカが出てくるであろう。ならば日本としては、今からアメリカを迎え撃つ準備をはじめるしかない……〟。

そう考えていたであろう……と推測できるのは、そのことを裏付ける史料が残っているからです。それは昭和二十年（一九四五）十二月、つまり、敗戦から四か月後に行われた旧・海軍の首脳部たちの座談会の記録です。

以下、その一部を、言葉をおぎないつつ、現代語に訳して引用します。


（海軍大将・澤本頼雄《さわもとよりお》）「『海軍は戦えない……と言ってくれないか』と陸軍から言われたことがあります」。

（海軍大将・井上成美《いのうえしげよし》）「たとえ陸軍と海軍が争うことになっても、すべての海軍を失うより、よかったであろう。なぜ男らしく処置できなかったか。なんとも残念でならない」。

（海軍大将・及川古志郎《おいかわこしろう》）「私の責任です。海軍が『戦えない』と言わなかった理由は、二つあります。第一は、谷口（尚真《なおみ》）大将が、軍令部長《ぐんれいぶちょう》の時、『満州事変を起こしてはならない』と言い、大臣室で東郷（平八郎）元帥から、面と向かって罵倒されたことがあります。

谷口大将の反対理由は、『満州事変は、結局のところアメリカとイギリスとの戦いになる恐れがある。それに備えるには、軍備に三十五億の予算が必要で、わが国の国力では、それは不可能である』というものでした。ロンドンの軍縮条約からあと、加藤（寛治）大将と谷口大将は、鋭く対立していたので、（東郷元帥と近い）加藤大将が、東郷元帥に（告げ口して東郷元帥に）、そういわせたのでしょう。

東郷元帥は、『谷口は、なんでも弱い』と言われたこともあります。東郷元帥は（谷口大将に）、『軍令部は、毎年、陛下に「対アメリカ戦」の作戦計画を奉っているではないか。今さら「対アメリカ戦の作戦はできません」と言うなら、それは陛下にウソを申し上げてきたことになる。また、この東郷も、毎年その計画に対して、「よろしい」と申し上げてきたが、自分もウソを言ってきたことになる。今さら、そんなことが言えるものか』と言い、谷口大将を罵倒されたのです。

そのできごとが、ずっと自分の頭を支配していました（それで「海軍は戦えない」と言えなかったのです）」（新名丈夫編『海軍戦争検討会議記録』）

この人たちには「なんとしても勝つ」という気迫が、はじめからありません。そして、あとになって、「戦えません、と言っておけばよかった……けれど、東郷元帥が怖くて言えなかった」などと、グチを言っているのです。

これが昭和の海軍首脳部というものか……と、溜息をつくしかありません。彼らは「偏差値エリート」ではあっても、やはり「武士」ではないのです。

思えば、明治時代のリーダーたちは、「三国干渉《さんごくかんしょう》」が起こった時、どうしたでしょう。〝近いうちに日本は、ロシアと戦わざるをえなくなる〟と直感し、日本は、十年ほどの間、対ロシア戦の準備を、着々とすすめたのです。

そして最後は、断固として行動に移し、「世界最大の陸軍国」の「南下政策」を阻止しました。そのような「武士」としての直観力、判断力、行動力を、昭和になっても維持していた軍人は、ごくわずかで、その筆頭が東郷平八郎だったのですが、東郷の意見をとり上げようという人々は、昭和の政治・軍事の指導者のなかには、ほとんどいなかったのです。

「ネルソン精神」を忘れた日本

もしも第一次世界大戦のあと、大正か……遅くても昭和初年、日本の政治・軍事のリーダーたちが、明治時代のリーダーたちのように、〝近いうちに日本は、アメリカ・イギリスと戦わざるをえなくなる〟と直感し、全力をあげて準備をはじめていれば、そのあとの歴史は、大きくちがっていたでしょう。
そういえば、戦後のことですが、若き日の渡部昇一さんが、元海軍大佐の源田実《げんだみのる》さんを訪ねて、「日本は、なぜ負けたのか?」と質問されたことがあります。それに対して、源田さんは、「日本がネルソン精神を忘れたからだ」と答えたそうです。
ネルソン精神とは、「常に前線に立ち、敵を見たら迷うことなく、攻撃しつづける」という精神です。それについて渡部さんは、こうおっしゃっています。

「誰よりもネルソン精神を体現したのは、日本の東郷平八郎でした。彼は日露戦争では、つねに見敵必殺《けんてきひっさつ》で、ロシアの旅順艦隊《りょじゅんかんたい》やバルチック艦隊を全滅させました。……考えてみたら日露戦争の東郷大将は、黄海《こうかい》の海戦であろうと、旅順であろうと、バルチック艦隊が相手だろうと、戦艦・三笠《みかさ》に乗って、いつでも前線に出ていました。(昭和の海軍の)山本五十六《いそろく》は出たことがありません。山本五十六は軍艦を大切にして、使うべき時に使わず、結局、使い損ねてしまったわけです」(百田尚樹・渡部昇一『ゼロ戦と日本刀』)。

もちろん、昭和の海軍にも「ネルソン精神」をもった軍人はいました。たとえば、山口多聞《たもん》です。ところが、昭和の海軍のリーダーたちは、ミッドウェー海戦の時、山口多聞に機動部隊の指揮をまかせず、南雲忠一《なぐもちゅういち》という、山口に比べると、あきらかに劣る人物に機動部隊の指揮をまかせるのです。

それは、なぜでしょうか？　南雲の方が、海軍兵学校で「先輩」だったから……といわれています。

ウソのような話ですが、「能力」や「実績」ではなく、「年齢」や「経歴」でものごとを判断しがちなのは、「役人」の常です。つまり、昭和の政治・軍事のリーダーたちは、やはり「役人」だったのです。

昭和天皇は、敗戦の原因の一つとして、こういう指摘をされています。

「往年《おうねん》の山県《やまがた》（有朋《ありとも》）、大山《おおやま》（巌《いわお》）、山本権兵衛《やまもとごんべえ》というような大人物に欠け、政治、軍事の両面に不十分の点が多く、かつ軍の首脳部の多くは〝専門家〟であって、部下統率の力量にかけ、いわゆる下剋上《げこくじょう》をまねいた」（『昭和天皇独白録』）

とすれば……、大東亜戦争の敗因の一つは、明らかにリーダーの「人材不足」、つまり〝劣化〟です。そして、さらにその原因を探っていくと、近代日本の政治・軍事のリーダーの〝教育方法〟〝選出方法〟などに、どこか大きな問題があったのではないか……というところにいきつきます。

つまり、〝近代のエリート教育の失敗〟です。私は、〝近代日本の初等教育は大成功であったが、エリート教育は、ほぼ失敗したのではないか〟と思っています。

コミンテルンの工作とシナ事変

アメリカのルーズベルトのそばにも、日本の近衛文麿のそばにも、「コミンテルンの工作員」がゾロゾロいたことは、近ごろ、よく知られるようになってきました（江崎道朗『コミンテルンの謀略と日本の敗戦』）。昭和天皇の最側近である内大臣・木戸《きど》幸一《こういち》も、ソ連に好意的な人でしたし、陸軍の参謀本部のなかにも、日本の共産化を容認する人々がいました。

日米戦争では、日本もアメリカも、多大の損害を受けましたが、巨視的な視点から〝結果〟を見れば、じつは第二次世界大戦で〝勝利〟したのは、ソ連とシナの共産党、そして世界の共産主義者たちではなかったか、という気もしてきます。現に、大戦のあと、東ヨーロッパでも、アジアでも、共産主義国家が、ぞくぞくと成立しています。ミステリー小説の〝真犯人探し〟では、「最後に得をしたのは誰か？」という観点から推理をすすめるのが常道です。少なくとも第二次世界大戦では、世界の共産主義者が、もっとも「得」をしたわけですから、〝真犯人〟は、そのあたりにいる可能性が高いと思います。

戦後、わが国では〝共産主義者は、一貫して戦争に反対してきた〟と喧伝されてきましたし、国民もそう信じこまされてきましたが、事実はその逆で、じつは共産主義者こそが、〝日本を戦争に導いた〟のではないでしょうか。たぶん今後、「インテリジェンス・ヒストリー（情報史学）」の分野で、昭和史の研究がすすめば、〝共産主義者の戦争責任〟が、より明確になってくるでしょう。

大正から昭和戦前期の大陸は、さまざまな軍事勢力が入り乱れて、「国盗《くにと》り物語」の状態になっていましたが、そのような混乱も「コミンテルンの工作」を容易にしました。昭和十二年（一九三七）の盧溝橋《ろこうきょう》事件の背後にも、罪のない日本人が大量に虐殺されたことで知られる通州《つうしゅう》事件の背後にも、シナの共産党がいました。

大陸では、日本人が次々と虐殺され、何度も停戦協定が破られ、わが国は、大陸の〝ドロ沼〟に引き込まれていきます。「シナ事変」の決着を、つけようとしても、なかなかつけられなかった原因は、アメリカ、イギリス、フランス、ソ連などの白人諸国が、「援蔣《えんしょう》ルート」を通じて、蔣介石《しょうかいせき》に支援をつづけていたことが、大きな原因の一つです。

白人諸国は、日本が大陸で消耗することを望んでいましたし、日本の「コミンテルンの工作員」たちもそれを願い、わが国のメディアを通じて、あるいは政権の中枢に食い込んで、事変の継続をあおりつづけました。つまり、彼らの目的は、日本にスターリンが提唱した「敗戦革命《はいせんかくめい》（注・国家を戦争で疲弊させ、敗戦のすきに乗じて共産革命を起す、というコミンテルンの戦略）」を起すことで、一致していたのです。

こうしてシナ事変は、日本軍と、〝白人諸国の代理のシナ軍〟との戦い……という様相になっていきます。そして、昭和十四年（一九三九）十二月、アメリカは、日本への航空機用のガソリンを禁輸にします。

日本は「援蔣ルート」さえ遮断《しゃだん》すれば、シナ事変を終わらせることができる……と考えて、昭和十五年（一九四〇）六月、フランス政府の了解を得た上で、北部フランス領インドシナに進駐しました。するとアメリカは、九月に「鉄」「くず鉄」も禁輸にします。十二月には、鉄鋼製品を全面禁輸にしました。翌十六年（一九四一）二月、アメリカは大量の戦闘機、弾薬をシナに渡し、四月には「義勇軍」と称して、二百五十九名のアメリカ軍のパイロットまで送っています。

これは、もう実質上の「宣戦布告《せんせんふこく》」でしょう。昭和十六年七月、渇《かつ》した者が水を求めるかのように、日本がフランス政府と交渉した上で、資源の宝庫である南部フランス領インドシナに進駐しますが、するとアメリカは、即座にアメリカにある日本の資産を凍結し、石油を全面禁輸にします。

最後の希望は、インドネシアで産出される石油でしたが、そこはオランダの植民地です。もちろん、オランダは、日本に石油を売る気などありません。

万事休《ばんじきゅう》す……。日本の石油の備蓄は、「平時で二年、戦時で半年」といわれていましたが、気がつけば、もはや対米戦争に突入するほか、わが国のすすむ道は、なくなっていたのです。

ここで大正九年のクレマンソーの予言を、もう一度、思いおこしましょう。「アメリカは、まず外交で、日本を苦しめてゆくだろう。日本は外交がヘタだから、アメリカにギュウギュウいわされるにちがいない。その上、日本人は短気だから、きっとケンカを買うだろう。つまり、日本の方から戦争をしかけるように外交をもってゆく」。

〝大東亜四百年戦争〟のおわり

昭和十六年十二月八日、わが国の海軍は、ハワイの真珠湾を奇襲します。アメリカと戦争をするなら、〝アメリカ艦隊を、東南アジアにおびきよせて撃滅する〟というのが、長年にわたって、海軍で練られていた作戦でしたが、なぜか山本五十六は、ハワイへの奇襲を強硬に主張しました。

こうして大東亜戦争がはじまるのですが、真珠湾への奇襲は、全体的に見て「大成功」

とは、とてもいえないものでした。まず、外務省の怠慢によって、それを、「日本が卑怯な騙《だま》し討ちをした」というアメリカの宣伝材料にされます。

ほんとうは攻撃開始の三十分前に「宣戦布告」をすることになっていたのに、駐米の日本大使は、攻撃開始後、五十五分も経ってからアメリカの国務長官に宣戦布告書《せんせんふこくしょ》を渡しているのです。ミスをした外交官たちは、切腹してわびるべきでしたが、驚くべきことに、その失態は〝なかったこと〟にされてしまいます。

また、軍事作戦の指揮も、まことに〝中途半端〟なものでした。真珠湾の基地に「第三次攻撃」をかけていれば、その後の戦局は大きく変わったはずなのに、なぜか海軍は、それをせずに帰っているのです。

この海軍首脳部の〝中途半端ぶり〟は、その後も、さまざまな戦場でくりかえされます。珊瑚海海戦《さんごかいかいせん》（昭和十七年五月）、第一次ソロモン海海戦（昭和十七年八月）、レイテ沖海戦（昭和十九年十月）などが、その典型例です。

珊瑚海海戦《さんごかいかいせん》は、海軍中将・井上成美《しげよし》のもと、東部ニューギニアのポートモレスビの攻略を目指した日米の空母対決です。わが海軍は、艦上機の半数と、搭乗員の三分の一を失ったものの、アメリカの空母のレキシントンを撃沈し、ヨークタウンを航行不能におとしいれたのですが、なぜか連合艦隊は、ポートモレスビの攻略をあきらめています。

ミッドウェー海戦（昭和十七年六月）の二か月後の、同年八月の第一ソロモン海海戦は、海軍中将・三川軍一《みかわぐんいち》のもと、ガダルカナル島に上陸したアメリカ軍への輸送路を断つことを、目的とした戦いです。わが海軍は、アメリカの重巡洋艦《じゅうじゅんようかん》六隻のうち、四隻を撃沈し、一隻を大破させ、大勝したのですが、それらの背後にいた肝心のアメリカの輸送船団には、なぜか何の攻撃も加えないまま、引き上げています。

レイテ沖海戦は、連合艦隊が残存する軍艦を総動員して、フィリピンのレイテ湾に結集したアメリカ艦隊を、撃滅することを目的とした戦いです。戦艦「武蔵」が撃沈されるなど、多大な犠牲を払いつつ、目標地点まで、あと八十キロに迫った時、なぜか海軍中将・栗田《くりた》健男《たけお》は、「反転」を命じ、作戦は失敗に終わっています。

東郷平八郎のような「ネルソン精神」を、昭和の海軍首脳部が失っていたことは、すでにお話したとおりです。しかし、その一方で、ほとんどの将兵や国民は、人類史上、かつて例がないほどの勇気と忍耐力を発揮して、戦いつづけました。

たとえば、「特攻隊」の若者たちの「遺書」は、今も心ある人間なら、日本人であろうとなかろうと、涙なしには読めないでしょう。涙なしに読める……というのであれば、その人は、もはや〝人の心〟を失なっているのかもしれません。

しかし、前線の将兵の勇気も、後方の国民の忍耐もむなしく、アメリカ軍は、圧倒的な〝物量〟で、わが国に殺到します。記憶しておくべきことは、アメリカ軍が一般の国民を計画的に大量虐殺することで「戦時国際法」を犯している、ということです。たとえば、昭和二十年三月の東京大空襲をはじめとする六十四都市への空爆、また広島や長崎への原爆の投下などは、明らかに「戦時国際法」に違反しています。〝日本人大虐殺〟と呼んでいいものですが、彼らのそのことへの〝うしろめたさ〟が、東京裁判で、「南京大虐殺」などという〝幻〟を、つくりあげたのでしょう。

ちなみに、原爆投下については、近ごろ新たな事実が明らかになっています。昭和十九年（一九四四）九月、イギリスのチャーチル首相は、アメリカのルーズベルト大統領の別荘を訪れ、そのさい二人は、「原爆が完成すれば、熟慮後、おそらく日本に使用される」と合意しているのです。「ハイドパーク協定」と呼ばれます。ドイツが降伏したのは、その翌年の五月ですから、交戦中のドイツへの「使用」が検討されてもおかしくはないのに、それはなく、原爆は、はじめから日本に使用されることになっていたのです。

二人の背後に「人種差別意識」があることは、明らかでしょう。そして、チャーチルは昭和二十年（一九四五）七月のポツダム会議で、「ハイドパーク協定」を持ち出して、トルーマン大統領に、日本への原爆の使用を迫り、その翌日、トルーマンは原爆投下命令を承認しているのです（『産経新聞』平成三十年八月十日）。

イギリスがアメリカに対して「原爆投下」をはたらきかけていた、というのは、きわめて重要な新事実です。イギリスの、そのような動きの奥には、どのような〝闇〟があるのか……、今後の学問的な解明が期待されます。

戦争中、昭和天皇は、立憲君主国の君主という立場を守られ、終始、独自の政治判断をなさることはありませんでした。しかし、最後は、「御聖断《ごせいだん》」によって終戦を決定されます。昭和二十年八月十五日、戦闘は停止されますが、昭和天皇は、この年、こういう御製《ぎょせい》を詠まれていいます。

「爆撃に　たふれゆく民の　上を思ひ　いくさとめけり　身はいかならむとも」

こうして大東亜戦争の戦闘は終結するのですが、〝大東亜四百年戦争〟は、GHQの軍事占領下で、まだ〝最後の決戦〟がつづいていました。日本に進駐してきたアメリカ軍のなかには、ソ連シンパの共産主義者が多数まぎれこんでいて、それが国内の共産主義者と連携しつつ、「敗戦革命」を画策していたからです。GHQが目指していたのは、「日本弱体化」などではありません。「日本解体」だったのです（江崎道朗『日本占領と「敗戦革命」の危機』）。

「日本解体」が、かろうじて阻止され、わが国が「日本民主主義人民共和国」にならないですんだのは、何よりも昭和天皇のお力に負うています。もしも昭和天皇の御奮闘がなければ、そのあと日本国民は、今の北朝鮮の人民のような、塗炭《とたん》の苦しみを味わいつづけることになっていたでしょう。

〝大東亜四百年戦争〟が、とりあえず終わったのは、昭和二十七年（一九五二）四月二十八日、サンフランシスコ講和条約が発効した時です。しかし、以後も、わが国の真の独立は、まだ達成されていません。

その証拠は、「日本国憲法」が一字も改正されていないことなど、いろいろとありますが、そのうち私が、もっとも遺憾に思っていることは、天皇陛下や総理大臣が、ごくあたりまえのこととして、靖国神社に参拝することができないままである……ということです。「靖国神社で、また会おう」と誓いあって散華《さんげ》された方々の御魂に対して、今を生きる日本人の一人として、これほど申しわけなく、面目のないことはありません。

大東亜戦争での、軍人・軍属の死者は二百三十万人、一般国民の死者は八十万人（戦災で五十万人、外地での死亡が三十万人）にのぼりました。日本が日本であり、日本人が日本人であるかぎり、国家と国民は、それらの尊い御魂《みたま》たちに対して、鎮魂《ちんこん》と感謝の祈りを、堂々とささげ、護国を誓う権利と義務があります。

いったい、いつになったら天皇陛下や総理大臣が、ごくあたり前のこととして、靖国神社に参拝できる日がくるのでしょう。その日がくるまで、日本は、真の意味で「独立を回復した」ということにはなりません。

一見すると大東亜戦争は、ただ悲惨なだけの戦いのようにも見えます。しかし、その一方で、そこには豊臣秀吉以来、四百年におよぶ日本の〝悲願の達成〟という側面もあるのです。タイのククリット・プラモート元首相は、こう語っています。

「日本のおかげで、アジア諸国はすべて独立した。日本というお母さんは、難産して母体をそこなったが、生まれた子供は、すくすくと育っている。今日、東南アジア諸国民が、アメリカやイギリスと、対等に話ができるのは、いったい誰のおかげか。それは『身を殺して仁をなした』日本というお母さんがあったためである。

十二月八日は、われわれにこの重大な思想を示してくれたお母さんが、一身を賭して重大な決意を示された日である。さらに、八月十五日は、われわれの大切なお母さんが、病の床に伏した日である。われわれは、この二つの日を忘れてはならない」（ASEANセンター編『アジアに生きる大東亜戦争』）。

また、かつて「ASEANセンター」の中島慎三郎さんが、インドネシアで南アフリカのネルソン・マンデラ氏の使節団と会った時、その使節団の人々は、中島さんに、こう語ったそうです。「日本軍がインド洋をこえ、エジプトまで来ていたら、南アフリカは、一九五〇年ごろには独立していた」（名越二荒助・拳骨拓史『これだけは伝えたい　武士道のこころ』）。

アフリカの人々も、日本軍によって、白人の支配から解放されるのではないか、と期待していたことが知られますが、現に日本軍は、昭和十七年四月、アフリカ南東沖のマダガスカルまで攻め込んでいます。そのころマダガスカルは、フランスの植民地でした。

クリストファー・ソーンは、こう書いています。

「白人対有色人種の関係に、より大きく注意と情熱が傾けられるようになったのは、極東での戦争〔注・大東亜戦争〕を機としてでした」（クリストファー・ソーン／市川洋一訳『太平洋戦争における人種問題』）。

やはり〝大東亜四百年戦争〟は、巨視的に見れば「白人対有色人種の戦い」だった、ということになりますが、世界の有色人種の独立の契機をつくるという、そのような〝大業〟をなしとげた日本は、いまだ「病の床」にあります。その「病」が早く癒えることを祈りつつ、また私自身、一国民として、その病を癒すことに微力を尽くすことを誓いつつ、ここに筆を置きます。

おわりに

〝大東亜四百年戦争〟は、サンフランシスコ講和条約が発効した昭和二十七年四月二十八日、いちおうは終わりました。しかし、そのあと日本は、今にいたるまで〝半独立国〟のままという「病」の状態がつづいています。

もちろん私は、アメリカとの〝軍事同盟〟は、わが国にとって、今後も必要なものと思っていますが、そもそも〝自分の国は自分で守る〟という、法律と組織と予算と、そして国民の気概のない国が、いくら他国との〝同盟〟を謳《うた》ったところで、それは、はじめから〝依存〟にならざるをえないでしょう。そもそも、独りで立てない（立とうとしない）者に、困っている他人を助けたり、支えたりすることなど、できるはずはありません。

平成十七年十月、アメリカでハリケーン・カトリーナが多大の被害を与えていることが話題になっていた時、私は、自衛隊の「将校」の方々に、「今こそ、自衛隊が、アメリカを助けに行く時ではありませんか」と言ったことがあります。こちらがアメリカに助けてもらうだけでなく、こちらもアメリカを助けてこそ、ほんとうの意味での対等の「同盟」ではないか、と思ったからです。しかし、答えは全員〝無言〟でした。その方々に言って

もしかたのないことを言い、その方々を困らせてしまったことを、今は深く反省していま
す。

昭和二十年から二十七年まで、わが国がＧＨＱ（連合国最高司令官総司令部）に軍事占領されていた期間は、法的に見れば、いまだ「戦争期間」です。その期間、ある国を軍事占領している国は、それに関する国際法を守らなければなりません。

たとえば、明治三十二年に日本もアメリカも調印している「ハーグ陸戦規定《りくせんきてい》」では、その三十三条で「占領者は絶対的な支障がない限り、占領地の現行法律を尊重して……」とあります。ところが、ＧＨＱは、その国際法に違反して、わが国の「憲法」を変えてしまいます。

そのようにしてできあがった「日本国憲法」の「第九条」によって、わが国は「国権の発動たる戦争」「武力による威嚇」「陸海空軍その他の戦力」「交戦権」……それらのすべてを失いました。「第九条」の解釈は今、いろいろとありますが、「日本国憲法」の起草者の一人であるチャールズ・ケーディスは、昭和五十六年、古森義久さんから、「アメリカ側は、第九条の規定をつくることで、いったい何をなしとげようとしたのでしょうか？」と問われて、はっきりと、このように答えています。

「日本を永久に非武装にしておくことです」（古森義久『憲法が日本を亡ぼす』）

つまり、「第九条」は、わが国を、どういう仕打ちをされても、何一つ抵抗できないよう、縛りつけておくために書かれたものなのです。いわば「第九条」によって、わが国は、ある部屋に閉じ込められ、手足を縛られて、目隠しをされ、ヘッドホンからアメリカの音楽を流され（つまり外界の音がはいってこないようにされ）、さらに猿ぐつわをかまされた上、床にころがされているようなものです。

日本人が、そのような拘束状態におかれても、不満を口にしないようにするため、日本人の「記憶」も改竄されました。つまり「歴史洗脳」です。

そして、〝戦争に負けたのだから、何もかもしかたがない〟とか、〝そもそも私は自由になると、すぐに悪いことをしでかす、悪いヤツなのだ〟とか、そういうことを、ほとんどの国民が信じさせられました。そういう「歴史洗脳」は、オールド・メディアや学校教育を通じて今も、きわめて盛んです。

もちろん戦後は、アメリカ軍が、アジアという「家」のなかにも、日本という「部屋」のなかにも「駐留」していましたから、とりあえず日本人は、生命の危機は感じずにすみました。三度の食事をする時間も、睡眠や入浴の時間も与えられていましたので、しだいに日本人は、「まぁ、このままの方が気楽でいいか……」ということで、ボンヤリと……七十年以上の歳月を過ごしてきたような気がします。

しかし、近ごろアメリカは、「この家（アジア）や、この部屋（日本）にいると、カネがかかるから、出ていこうかな……」と、言いかねない気配です。特に平成二十九年（二〇一七）一月、アメリカにトランプ大統領が誕生してから、その傾向が顕著になりつつあります。しかし、わが国の手足の〝しばり〟も、目隠しや、ヘッドホンや、猿ぐつわも、まだそのままです。最悪の事態は、日本をそのままの状態にして、アメリカが、フラリと「家」や「部屋」から出ていくことですが、その可能性も、なくはありません。しかも、日本という「部屋」の外には、同じ「家」のなかに、物騒な隣人が何人も住んでいて、その隣人たちは、アメリカが、部屋から出ていく時を、今か今かと……待っているかのようです。「さて……これから日本は、どうする？」ということが、今ほど問われている時はありません。しかし、オールド・メディアは、国民の心に芽生えはじめている、そういう自然な不安感を、必死で打ち消そうとでもするかのように、今、ヘッドホンから、アメリカのオールディーズ・ソングを（あるいは、わが国の古い「戦後の流行歌」などを）、ボリュームをマックスにして流している……かのようなありさまです。

しかし、ものごとを逆から考えれば、アメリカが自分から「部屋」を出ていこうとしている……ということは、第二次世界大戦後の〝戦勝国による国際秩序〟（「国連体制」といってもいいでしょう……）が崩壊しつつあることを意味しています。日本にとっては〝真の意味での自由と独立を取りもどすチャンス〟ということもできます。

世界には、わが国が「難産」したすえの大東亜戦争によって解放され、それが人種平等の世界がはじまるきっかけになったことを、よく知っている国が、たくさんあります。日本が真に自由と独立を取りもどせば（三〜四の「反日」を国是にしている国を除いて）、世界中のほとんどの国は、そのことを大歓迎してくれるはずです。

真に自由と独立を取りもどした時……、わが国の眼前には、天空に輝く虹のように、ふたたび維新の理想が、立ちあらわれてくるでしょう。

「大義《たいぎ》を四海《しかい》に布《し》かんのみ」

その日が、一日も早く訪れるよう、願ってやみません。なぜなら、それが、わが国のためであり、また、世界の国々のためでもあるからです。

なお、本書の第三章から終章までは、部分的に、私の旧稿を利用しています。具体的には、およそ次のとおりです。

第三章　「平成『臣民』論」（『正論』平成二十二年一月号）

第四章　「『攘夷』という心の構え」（『日本』平成十五年十一月号）

第五章　『龍馬の「八策」維新の核心を解き明かす』（ＰＨＰ研究所・平成二十九年）

『日本の心に目覚める五つの話』（明成社・平成二十二年）

終　章　「色かえぬ松――大東亜戦争と昭和天皇」（『解脱』平成二十七年一月号―平成二十九年十二月号）

主な参考文献（複数の章にわたるものは、いずれかの章に一度記すのみとしました）

はじめに

・デュラン・れい子『一度も植民地になったことがない日本』（講談社・平成十九年）

第一章　「維新の大業」を消そうとしているのは誰か？

・山川健次郎「七年史　序」（続日本史籍会叢書『七年史』（東京大学出版会・明治三十七年））
・羽仁五郎「明治維新史解釈の変遷」（史学会編『明治維新史研究』（冨山房・昭和四年））
・堺利彦「維新史の新研究」（『堺利彦全集』第六巻（中央公論社・昭和八年））
・故山川男爵記念会編『男爵山川先生遺稿』（岩波書店・昭和十二年）
・クローチェ／羽仁五郎訳『歴史の理論と歴史』（岩波書店・昭和二十七年）
・原圭一郎編『原敬日記』第四巻（福村出版・昭和四十年）
・『日本共産党綱領問題文献集』（日本共産党中央委員会出版局・昭和四十五年）
・林健太郎『史学概論（新版）』（有斐閣・昭和四十五年）
・スイス政府編『民間防衛』（原書房・昭和四十五年）
・靖國神社編『靖国神社百年史　資料篇　上』（靖國神社・昭和五十八年）
・大久保利謙『佐幕派史談』（吉川弘文館・昭和六十一年）

・吉海直人「〈資料紹介〉『新島八重子刀自懐古談』の紹介―（全文翻刻）―」（『同志社談叢』第二十号（同志社大学人文科学研究所　同志社社史資料室・平成十二年））
・畑敬之助『戊辰怨念の深層―萩と会津、誇り高く握手を』（歴史春秋社・平成十四年）
・松浦光修『いいかげんにしろ日教組』（ＰＨＰ研究所・平成十五年）
・太田龍『長州の天皇征伐』（成甲書房・平成十七年）
・原田伊織『明治維新という過ち』（毎日ワンズ・平成二十七年）
・原田伊織監修『日本近代史「明治維新」という嘘』（宝島社・平成二十七年）
・西鋭夫『新説・明治維新』（ダイレクト出版・平成二十八年）
・大村大次郎『龍馬の家計簿』（河出書房新社・平成二十八年）
・ステファヌ・クルトワ＋ニコラ・ヴェルト／外川継男訳『共産主義黒書〈ソ連篇〉』（筑摩書房・平成二十八年）
・油井大三郎『（改訂新装版）未完の占領政策』（東京大学出版会・平成二十八年）
・高橋史朗「日本を取り戻す教育」第二十七回（『日本の息吹』平成三十年四月号）
・江崎道朗『コミンテルンの謀略と日本の敗戦』（ＰＨＰ研究所・平成二十九年）
・小川榮太郎『徹底検証「森友・加計事件」朝日新聞による戦後最大級の報道犯罪』（飛鳥新社・平成二十九年）
・小堀桂一郎『和辻哲郎と昭和の悲劇』（ＰＨＰ研究所・平成二十九年）

第二章　豊臣秀吉と〝大東亜四百年戦争〟

・村上直二郎訳注「異国往復書翰集」（『異国叢書』（雄松堂・昭和四年））

参考文献

・ラス・カサス／染田秀藤訳『インディアスの破壊についての簡潔な報告』（岩波書店・昭和五十一年）
・和辻哲郎『鎖国　日本の悲劇』（『和辻哲郎全集』第十三巻（岩波書店・昭和三十八年））
・徳富猪一郎『近世日本国民史　豊臣氏時代　乙編』（時事通信社・昭和三十八年）
・徳富猪一郎『近世日本国民史　豊臣氏時代　丁編　朝鮮役』上巻・中巻・下巻（時事通信社・昭和三十九年）
・小堀桂一郎『鎖国の思想　ケンペルの世界史的使命』（中央公論社・昭和四十九年）
・高瀬弘一郎『キリシタン時代の研究』（岩波書店・昭和五十二年）
・ノエル・ペリン／川勝平太訳『鉄砲を捨てた日本人』（中央公論社・平成三年）
・パブロ・パステルス／松田毅一訳『一六－一七世紀　日本・スペイン交渉史』（大修館書店・平成六年）
・『欧米植民地支配の世界史的展開と大東亜戦争』（日本を守る国民会議・平成七年）
・レジナルド・カーニー／山本伸訳『20世紀の日本人－アメリカ黒人の日本観一九〇〇－一九四五』（五月書店・平成七年）
・篠田謙一『日本人になった先祖たち　DNAから解析するその多元的構造』（NHK出版・平成十九年）
・平川新「前近代の外交と国家－国家の役割を考える」（小塚荒武賢一郎・太田光俊・木下光生編『日本史学のフロンティア』一（法政大学出版会・平成二十七年））
・堀新「信長・秀吉の国家構想と天皇」（池亨編『天下統一と朝鮮侵略』（吉川弘文館・平成十五年））
・小林達雄『縄文人追跡』（筑摩書房・平成二十年）

・小林達雄『縄文の思考』（筑摩書房・平成二十年）
・国分拓『ヤノマミ』（NHK出版・平成二十二年）
・ダニエル・L・エヴェレット／屋代道子訳『ピダハン』（みすず書房・平成二十四年）
・平川新『戦国日本と大航海時代』（中央公論新社・平成三十年）

第三章　「尊皇」とは何か？　「攘夷」とは何か？

・吉田松陰「天下は一人の天下に非ざるの説」（『丙辰幽室文稿』・『吉田松陰全集』（岩波書店・昭和十年））
・高須芳次郎編『水戸学大系　第七巻　栗山潜鋒　三宅観瀾集』（井田書店・昭和十六年）
・井野邊茂雄『新訂　維新前史の研究』（中文館書店・昭和十七年）
・景岳会編『橋本景岳全集』上巻・下巻（畝傍書房・昭和十八年）
・後藤丹治・釜田喜三郎校注『太平記』一～三（岩波書店・昭和三十五年～三十七年）
・塚本虎二訳『新約聖書　福音書』（岩波書店・昭和三十八年）
・アーノルド・トインビー／黒沢英二訳『文明の実験』（毎日新聞社・昭和三十八年）
・岩佐正・時枝誠記・木藤才蔵校註『日本古典文学大系八七／神皇正統記　増鏡』（岩波書店・昭和四十年）
・葦津珍彦『大アジア主義と頭山満』（日本教文社・昭和四十年）
・市井三郎『明治維新の哲学』（講談社・昭和四十二年）
・今井宇三郎・瀬谷義彦・尾藤正英校註『日本思想大系五三／水戸学』（岩波書店・昭和四十八年）
・松本三之介・小倉芳彦校註『日本思想大系四八／近世史論集』（岩波書店・昭和四十九年）

参考文献

・新井白石『読史余論』（『新井白石全集』第三巻（国書刊行会・昭和五十二年））
・森田康之助『湊川神社史』景仰篇（湊川神社社務所・昭和五十三年）
・葦津珍彦「日本型放伐思想史の展開」（『みやびと覇権―類纂天皇論』（神社新報社・昭和五十五年））
・西順蔵・阿部隆一・丸山真男校註『日本思想大系三一　山崎闇斎学派』（岩波書店・昭和五十五年）
・宮地佐一郎『中岡慎太郎全集』（勁草書房・平成三年）
・長谷川端校注訳『太平記』一〜四（小学館・平成六年〜十年）
・藤田覚『幕末の天皇』（講談社・平成六年）
・坂田新校註『江戸漢詩選』第四巻「志士」（岩波書店・平成七年）
・兵藤裕巳『太平記〈よみ〉の可能性　歴史という物語』（講談社・平成七年）
・梅津一朗『楠木正成と悪党―南北朝時代を読み直す』（筑摩書房・平成十一年）
・原剛「ペリーの白旗書簡と砲艦外交」（『日本歴史』平成十四年九月号）
・山崎正董『横井小楠遺稿』（マツノ書店・平成十八年）
・山本真鳥編『オセアニア史』（山川出版社・平成十二年）
・一坂太郎『高杉晋作』（文藝春秋・平成十四年）
・一坂太郎編『高杉晋作史料』第二巻（マツノ書店・平成十四年）
・菅野覚明『武士道の逆襲』（講談社・平成十六年）
・岡野友彦『北畠親房』（ミネルヴァ書房・平成二十一年）
・松浦光修編訳『〔新訳〕南洲翁遺訓』（ＰＨＰ研究所・平成二十年）
・松原久子『驕れる白人と闘うための日本近代史』（文藝春秋・平成二十年）
・松浦光修『〔新訳〕留魂録　吉田松陰の「死生観」』（ＰＨＰ研究所・平成二十三年）

・高校日本史教科書『最新日本史』（明成社・平成二十四年）
・松浦光修編訳『〔新釈〕講孟余話　吉田松陰、かく語りき』（ＰＨＰ研究所・平成二十七年）

第四章　「五箇条の御誓文」への道

・箕作省吾『坤輿図識』（弘化二年・豊橋市立中央図書館所蔵　版本）
・箕作省吾『坤輿図識・補』（弘化二年・豊橋市立中央図書館所蔵　版本）
・青地林宗『輿地誌略』（『文明源流叢書』第一〔国書刊行会・大正二年〕）
・尾佐竹猛『維新前後に於ける立憲思想』前篇（文化生活研究会・大正十四年〔増補改版・邦光堂・昭和四年〕）
・柴崎新一『赤松小三郎先生』（信濃毎日新聞社・昭和十四年）
・開国百年記念文化事業会編『鎖国時代　日本人の海外知識』（原書房・昭和五十三年）
・川端太平『松平春嶽』（吉川弘文館・昭和四十二年）
・松浦玲「理想のゆくえ―思想は政治となりうるのか」（『日本の名著』三〇〔中央公論社・昭和四十五年〕）
・福沢諭吉『西洋事情』初編（『福沢諭吉全集』第一巻〔岩波書店・昭和三十三年〕）
・圭室諦成『横井小楠』（吉川弘文館・昭和四十二年）
・坂元盛秋『森有礼の思想』（時事通信社・昭和四十四年）
・松平春嶽全集刊行会編『松平春嶽全集』一（原書房・昭和四十八年）
・山内家史料刊行委員会『山内家史料　幕末維新　第六巻　第十六代　豊範公紀』（山内神社宝物史料館・昭和五十九年）

・荒川久壽男「伊勢の国からロシアの国―漂流と探検」（『伊勢の国の歴史』〔皇学館大学出版部・昭和六十一年〕）
・平尾道雄監修『坂本龍馬全集』増補四訂版（光風社・昭和六十三年）
・江村栄一校註『近代日本思想大系九／憲法構想』（岩波書店・平成元年）
・河内和夫『玉里島津家文書』下巻（南方新社・平成十八年）
・磯田道史『龍馬史』（文藝春秋・平成二十五年）
・松尾正人『木戸孝允』（吉川弘文館・平成十九年）
・知野文哉『「坂本龍馬の誕生―船中八策と坂崎紫瀾―」』（人文書院・平成二十五年）
・松浦光修『龍馬の「八策」　維新の核心を解き明かす』（ＰＨＰ研究所・平成二十九年）

第五章　「五箇条の御誓文」の発布

・加部厳夫編『於杼呂我中　亀井勤斎伝』（中山和助・明治三十八年）
・加部厳夫『木園福羽美静小伝』（福羽逸人・明治四十一年）
・日本史籍協会編『大久保利通日記』上巻（日本史籍協会・昭和二年〔大久保家蔵版〕）
・多田好問『岩倉公実記』中巻（岩倉公旧蹟保存会・昭和二年）
・日本史籍協会編『木戸孝允文書』八（東京大学出版会・昭和六年）
・赤塚忠『新釈漢文大系第二巻／大学　中庸』（明治書院・昭和四十二年）
・宮内庁『明治天皇紀』第一（吉川弘文館・昭和四十三年）
・西田幾多郎「御進講草案」（『続思索と体験　「続思索と体験」以後』〔岩波書店・昭和五十五年〕）
・大久保利謙「五箇条の御誓文」（『国史大辞典』第五巻〔吉川弘文館・昭和五十九年〕）

・大久保利謙「五箇条の御誓文に関する一考察」（大久保利謙歴史著作集一『明治維新の政治過程』（吉川弘文館・昭和六十一年）
・高橋紘『陛下、お尋ね申し上げます』（文藝春秋社・昭和六十三年）
・江村栄一校注『日本近代思想体系九／憲法構想』（岩波書店・平成二年）
・小島憲之他校註訳『日本書紀』一・二（小学館・平成六年）
・森清人撰『みことのり』（錦正社・平成七年）
・吉野作造「我国近代史に於ける政治意識の発生」（『吉野作造選集』十一（岩波書店・平成七年）
・武田秀章『維新期天皇祭祀の研究』（大明堂・平成八年）
・家近良樹『幕末の朝廷』（中央公論新社・平成十九年）
・上代語辞典編纂委員会『時代別　国語大辞典　上代編』（三省堂・平成十九年）
・松浦光修『大国隆正の研究』（大明堂・平成十三年）
・八木秀次『明治憲法の思想』（ＰＨＰ研究所・平成十四年）
・坂本是丸『近代の神社神道』（弘文堂・平成十七年）
・田尾憲男「国体から見た大御心と臣民の道」（『伝統と革新』二十二号・平成二十八年）
・『正論ＳＰ　ｖｏｌ・２／天皇との絆が実感できる一〇〇の視座』（産経新聞社・平成二十九年）

終章　ハワイ王国と東郷平八郎と大東亜戦争

・東久邇稔彦『やんちゃ孤独』（読売新聞社・昭和三十年）
・高橋昌郎『近代国家への道』（講談社・昭和五十年）
・島田利彦『昭和の激流』（講談社・昭和五十年）

・新名丈夫編『海軍戦争検討会議記録』（毎日新聞社・昭和五十二年）
・金井圓訳『ペリー日本遠征記』（新異国叢書　第Ⅱ輯1（雄松堂・昭和六十年））
・ASEANセンター『アジアに生きる大東亜戦争』（展転社・昭和六十三年）
・寺崎英成／マリコ・テラサキ・ミラー編『昭和天皇独白録　寺崎英成御用掛日記』（文藝春秋・平成三年）
・クリストファー・ソーン／市川洋一訳『太平洋戦争における人種問題』（草思社・平成三年）
・伊藤隆他編『続・現代史資料／海軍　加藤寛治日記』（みすず書房・平成六年）
・岡田幹彦『東郷平八郎　近代日本をおこした明治の気概』（展転社・平成九年）
・名越二荒之助・拳骨拓史『これだけは伝えたい　武士道のこころ』（財団法人防衛弘済会・平成十九年）
・猿谷要『ハワイ王朝最後の女王』（文藝春秋社・平成十五年）
・岡田幹彦『小村寿太郎　近代随一の外交家　その剛毅なる魂』（展転社・平成十七年）
・渡部昇一『「昭和大戦」への道』（ワック・平成二十二年）
・百田尚樹・渡部昇一『ゼロ戦と日本刀　強い日本を取り戻せ』（ＰＨＰ研究所・平成二十五年）
・江崎道朗『日本占領と「敗戦革命」の危機』（ＰＨＰ研究所・平成三十年）

おわりに

・古森義久『憲法が日本を亡ぼす』（海竜社・平成二十四年）

松浦 光修（まつうら　みつのぶ）

著者略歴

（平成 26 年撮影）

昭和 34 年、熊本市生まれ。皇學館大学文学部を卒業後、同大学大学院博士課程に学ぶ。現在、皇學館大学文学部国史学科教授。博士（神道学）。専門の日本思想史の研究のかたわら、歴史、文学、宗教、教育、社会に関する評論、また随筆など幅広く執筆。

著書には、専門書として、『大国隆正の研究』（神道文化会・平成 13 年）、『大国隆正全集（編者）』第八巻・補遺（国書刊行会・平成 13 年）などがある。その他に、『竹内式部』（皇學館大学出版部・平成 7 年）、『やまと心のシンフォニー』（国書刊行会・平成 14 年）、『いいかげんにしろ日教組』（PHP 研究所・平成 15 年）、『夜の神々』（慧文社・平成 17 年）、『永遠なる日本のために―“女系天皇”は天皇といえるのか』（四柱神社・平成 18 年）、『不朽の人　吉田松陰と安倍晋三』（明成社・令和 6 年）、『〔新訳〕南洲翁遺訓　西郷隆盛が遺した「敬天愛人」の教え』（PHP 研究所・平成 20 年）、『日本の心に目覚める五つの話』（明成社・平成 22 年）、『〔新訳〕留魂録　吉田松陰の「死生観」』（PHP 研究所・平成 23 年）、『楠公精神の歴史』（湊川神社・平成 25 年）、『日本は天皇の祈りに守られている』（致知出版社・平成 25 年）、『〔新釈〕講孟余話　吉田松陰、かく語りき』（PHP 研究所・平成 27 年）、『龍馬の「八策」　維新の核心を解き明かす』（PHP 研究所・平成 29 年）、『坂本龍馬と明治維新』（皇學館大学出版部・平成 30 年）』などがある。

また、共著には、『名画にみる国史の歩み』（近代出版社・平成 12 年）、『高等学校　最新日本史』（明成社・平成 14 年）、『日本を虐げる人々　偽りの歴史で国を売る徒輩を名指しで糺す』（PHP 研究所・平成 18 年）、『日本人として知っておきたい皇室のこと』（PHP 研究所・平成 20 年）、『日本史の中の世界一』（育鵬社・平成 21 年）、『日本人として。皇学』（神社新報社・平成 22 年）、『君たちが、日本のためにできること』（明成社・平成 23 年）、『伊勢の神宮と式年遷宮』（皇學館大学出版部・平成 24 年）などがある。

明治維新《めいじいしん》という大業《たいぎょう》
――“大東亜四百年戦争《だいとうあよんひゃくねんせんそう》”のなかで

平成三十年十月二十三日　初版第一刷発行
令和六年　十二月　八日　初版第二刷発行

著　者　松浦光修

発行者　田尾憲男

発　行　株式会社明成社
〒一五〇―〇〇三一
東京都渋谷区桜丘町二十三番十七号
シティコート桜丘四〇八
電　話　〇三(六四一六)四七七二
ＦＡＸ　〇三(六四一六)四七七八
https://meiseisha.com

印刷所　モリモト印刷株式会社

乱丁・落丁は送料当方負担にてお取り替え致します。
ただし古書店で購入したものはお取り替えできません。

ISBN978-4-905410-52-2 C0021